「慈善」と「不穏」の近代社会史

大川 啓 著

有志舎

「慈善」と「不穏」の近代社会史【目次】

凡　例

一、人名は、すべて敬称を略した。
二、固有名詞等については、旧字体をそのまま用いた場合もある。
三、引用文中の〔　〕は、引用者による注記である。
四、引用文中の旧字体は、原則として新字体に改めた。
五、引用文中の変体仮名・合字は、ひらがな・カタカナに置き換えた。
六、引用文中には、適宜句読点を補った。
七、引用文中の誤字等には、右行間にママを付した。
八、引用文中には、現代では不適切とされる表現もあるが、原文のまま記載した。

序章　「仁政」と「福祉国家」のあいだを問う

第一節　本書の課題と視角

本書は、近代転換期から一九一八（大正七）年の米騒動前後にかけて、日本の都市部の生活を支えた仕組みを明らかにすることを課題とする。具体的な対象となるのは、秋田県秋田市である。当該期の秋田町（市）に供給されていた恒常的な救貧のほか、災害救助支援や米価騰貴への対応の局面に着目して、行政や民間が果たした役割を明らかにする。また、福祉の供給側が、そうした役割を担った歴史的・社会的背景について検討したい。

各章のもとになった既発表論文は、次のとおりである。

第一章　①「近代民間福祉の出発―明治前期の秋田町を対象として―」（大門正克・長谷川貴彦編著『「生きること」の問い方―歴史の現場から―』日本経済評論社、二〇二二年）。

第二章　②「近代日本の地域福祉と米価騰貴―秋田市の事例を中心に―」（『歴史評論』第八〇六号、二〇一七年六月）。

第三章　③「明治期の都市火災と地域社会―地方都市秋田を事例として―」（『史苑』第七三巻第二号、二〇一三年三月）。

第四章　④「近代日本における『慈善』と『不穏』―一八九〇年の秋田市における米価騰貴への対応を中心に―」(『歴史学研究』第八〇四号、二〇〇五年八月)。
第五章　⑤「近代日本における名望と地域福祉の社会史―二〇世紀初頭の秋田市における資産家の福祉活動を中心に―」(『歴史学研究』第九二九号、二〇一五年三月)。
第六章　⑥「『慈善』を促す地方都市社会―明治後期の米価騰貴をめぐる秋田市の動向を事例として―」(『人文学報』(東京都立大学人文学部、首都大学東京都市教養学部人文・社会系)第四一五号、二〇〇九年)。
第七章　⑦「一九一八年の米価騰貴と地域社会―秋田市の動向を中心に―」(『秋大史学』第五六号、二〇一〇年)。

ただし、第一章第一節、第二章第二節、第六章第二節第3・4項、第七章第三節は書き下ろしであり、第四章は大幅に構成を組み替えた。その他についても、本書の課題に即して、大幅な加筆・修正・削除・論文構成の入れ替えをおこなっている。

次に、各章のもとになった既発表論文を、研究史や近年の研究動向のなかに位置づけ、それをふまえて本書の課題と視角を説明してみたい。

1　民衆史・民衆運動史をめぐって

安丸良夫は、勤勉・倹約・正直・孝行などからなる通俗的諸徳目が、広汎な民衆をとらえる生活規範として構成されていったこと、そして、その主体的・能動的な生活実践こそが、日本を近代化する原動力だったことを論じている。そこでは、民衆の自己規律・自己鍛錬による主体形成であると同時に、きびしい自己抑制（自己抑圧や自己帰責）でもあるという「通俗道徳」の両義性が強調された。[*1] 安丸はまた、こうした「通俗道徳」を家族や生存維持との関係からとらえ直すことで、議論の射程を現代社会まで広げている。「家型家族」は、近世のある時期以降に市場経済ときしみあいながら生存維持のために自立してきたものであり、「通俗道徳」とは、そうした家族を単位とする民衆の自立・自律の論理にあたる。家族は、その存続のため、市場関係の実態に応じて構成員それぞれの労働を組み合わせ、状況への柔軟な対応を実現してゆく、あるいはそうせざるを得ない存在とされる。[*2]

負債農民騒擾やコレラ騒動など、明治一〇年代の民衆運動については、近代的な政治・経済原理とは異質な民衆の独自性・自律性が強調されてきた。[*3] 安丸良夫は、一八八四（明治一七）年の秩父事件が「百姓一揆や世直し一揆が不可能となる一揆的結集様式の最後の段階で、敢えて選ばれたぎりぎりの選択だった」とする。そこには、民衆の創造性とともに、「前近代的所有観念にもとづく社会から近代的所有観念にもとづく社会への転換」が読み取れるという。この転換は、モラル・エコノミーの回復が不可能となったこと、自己帰責の原則が確立していくことを意味する。警察や軍隊といった、政府の暴力機構が有効に機能したこともそれを促したとされる。[*4] 安丸によれば、秩父事件後の地域社会は、暴力機構と「通俗道徳」的な自助努力の浸透によって、相対的に安定したことになる。

秩父事件から六年後の一八九〇年、米騒動が全国に広がった。[*5] 秋田市でも米騒動が起こり、米の廉売が実施された。[*6] 拙稿④では、市行政や米商、地方新聞などの動向、そして「貧民」の動向と「不穏」が、富者に生活危機への対応を促したことを明らかにした。そうした対応は「慈善」と呼ばれていた。秩序の安定には、富者らの「慈善」も関わっていたといえる。拙稿⑥⑦では、一八九七～九八、一九一二、一九一八年の米価騰貴の際にも、秋田市では、「慈善」とそれを促した複数の社会的圧力がみられることを明らかにした。明治後期から大正期にかけての米価騰貴の局面では、生活危機を一定程度緩和するような対応がとられており、富者はその重要な担い手だったことになる。それはまた、「通俗道徳」だけでは、当該期の生活を支えた仕組みを説明できないことを示している。[*7]

明治期の富者について、牧原憲夫は、自由主義経済のもとで、「仁政」など「強者としての責務」から解放されたことを強調している。明治政府のそうした文明開化政策は、地域秩序の再建を図る「富裕な地域指導者層」の多くに支持されたほか、「近世社会の『徳義』を拘束と感じ、それからの脱却を望んでいた富裕な商人・農民たち」、新興の資産家などを後押ししたという。[*8]

明治期の秋田町（市）では、前述した米価騰貴時の「慈善」以外にも、火災時の救助支援や恒常的な救貧を富者が担っていた。拙稿③では、一八八六年の大火後、民間の富者による救助支援が大きな役割を果たしていたことその歴史的・社会的背景を明らかにした。拙稿⑤では、一九〇五年の火災を契機として現れた社会意識に着目して、富者の福祉活動が、名望を獲得・再生産する機会になっていたことを指摘した。当該期の秋田町（市）には、「強者としての責務」から解放された富者も、地域の福祉を支えざるを得ないような条件や磁場があったことになる。

また、拙稿③で一八八六年の大火における救助支援に着目したことにより、国・地方行政・民間が果たした役割が浮かび上がった。そうした福祉の多元的な担い手を歴史的に位置づけるには、「福祉の複合体」史の方法が有効になる。イギリス史の高田実は、「福祉を独自の共同性と救済原理をもつ多様な担い手が相互に関係性をもった構造的な複合体ととらえ、その動態的変化を描」く方法とする。[*9] 拙稿⑤では、そうした方法をふまえて、秋田市の一部地区には、富者・中間団体・国という重層的なセーフティネットが形成されていたことを指摘した。秋田町（市）の米価騰貴や火災の関係史料には、従来の民衆史・民衆運動史研究では十分に説明できない事実関係がみられた。そうした史料との出会いから、私は新たな問いを得て、それにふさわしい方法や説明を模索してきた。[*10] 具体的な場や（展開）過程に視点をおくことも、その一つである。拙稿③〜⑦では、明治・大正期の秋田町（市）を根拠として、民衆史・民衆運動史の厚い研究蓄積に対峙したことになる。

2 「生存」「いのち」の視点をめぐって

大門正克は、一九九〇年代から二〇一〇年代にかけて、歴史学で「生きること」に関わる「いのち・生存・福祉」の三つの視点が提起されたことを指摘している。[*11] このうち、「生存」の視点は、二〇〇八（平成二〇）年に大門自身が「『生存』の歴史学」として提起したものである。大門は、新自由主義の時代において、歴史における「生存」を問う意義を強調し、「生存」が「労働」と「生活」の両方を含む概念であること、人びとの行為（生存する）と市場・国家・社会との関係やそこに含まれる矛盾・葛藤を検討すべきこと、などをあげた。具体的には、一九三〇〜六〇年代の農村において、「家と村（名望家）」から、「医療・保健・衛生・家族計画・生活改良」へと生存システムが転換したことを指摘している。[*12] 大門は、その後の研究で、「生存の仕組み」を「家や村や社会的諸関係、国家の政策など、保護と依存、共同のつながりで生存を成り立たせるもの」と位置づけた。[*13] また、高度成長の時代を検討する前提として「近代社会・現代社会の枠組み」を論じ、第一次世界大戦後の「現代社会」では、「民衆の生活維持（生活保障）が政治的課題として浮上」し、それに取り組むことで、近代国家が「生活保障のための国家」＝「現代国家」へと変容したと論じている。[*14]

大門の提起を受けて、複数の歴史系学会が、大会テーマや雑誌特集などの企画に取り組み、多くの研究成果が蓄積されてきた。[*15] 社会経済史・農業史・都市史・地域社会論・ジェンダー史・マイノリティ史など、多様な研究領域で、人びとの「生存」に即して歴史がとらえ返され、同時にそうした個別の分野を超えて議論の場が共有されたことになる。

高岡裕之は、大門の「『生存』の歴史学」が、事実上「構造」よりも「主体」、「市場」や「国家」よりも「民衆」を重視しているとして、国家や社会の「構造」についても「生存」との関連で問い直される必要があることを指摘した。[*16] 大門自身も、「生存の状況を指摘するだけでなく、生存の仕組みに焦点を合わせることが重要」であることを強調し、[*17] 東日本大震災との関わりもふまえて、「『生存』の仕組み」を「A人間と自然（人間と自然の物質代謝）、B労働と生活（支配的経済制度、労働といのち、地域循環型経済）、C国家と社会（国家の性格、社会の編成）」ととらえ直した。[*18]

「いのち」の視点を提起した一人である、倉地克直は、こうした大門の再提起について「『仕組み』として構成的に考えられていますが、やや静態的な印象です。以前のものには動きがあります」と評している。[*19] 「いのち」の視点は、「人々のいのちを守る砦としての『家』の維持・存続とかかわらせて性と生殖をとらえ、一人ひとりのいのちやライフサイクルの視座から近世史像を再構成する試み」とされる。[*20] 倉地は、近世の「いのち」や生活について、「領主支配・身分団体・『家』」という三つの関係で守られていたと論じている。三つの関係は、「義務と保護、奉仕と扶養の関係」にある。個人の「いのち」を守る基本となるものは「家」であり、「家」は血縁や婚姻などで結ばれた親族のネットワークに支えられながらその機能を果たしたが、そこで守りきれない場合には、村や町《ちょう》（道路を挟んだ両側の町並みの一区画。両側町）が扶助した。それでも担いきれない場合は、領主による救恤が施された。地域や都市の発展により、そうした直接的な関係の「外部」が広がるようになるが、そこでは富者に「公共」的な役割が期待されていたという。[*21] 倉地はまた、現代において、そうした関係に相当するものとして、「家族・集団・行政」をあげている。[*22]

近世の「領主支配」「身分団体」「家」に相当するのが、現在の「行政」「集団」「家族」だとすれば、近現代史研究で注目すべきは、その間の変化ということになる。私は、三つの関係とその変化が、近現代日本の「『生存』の仕組み」を考えるうえで重要な指標になると考えた。[*23] 拙稿②では、一九一八年の米騒動後に社会事業・社会政策が本格的に開始される以前には、「集団」や「家（家族）」の役割が大きかったこと、「外部」を支えた主体の検討が必要であることを指摘し、拙稿④⑤もふまえて、明治後期の秋田町（市）に救貧を供給した担い手として富者・中間団体・国の役割をとらえ直した。また、拙稿①では、近世の救貧の担い手だった富者と感恩講が、明治維新後もそうした役割を担い続けた歴史的な背景を明らかにした。

倉地克直は、高田実が論じた「福祉の複合体」史の意義をふまえて、「徳川日本から明治以降にかけて、多層的な救済の担い手がどのように消長し、その関係がどのように変化するか」を明らかにすることの重要性を強調している。拙稿⑤で論じた、二〇世紀初頭における近世以来の旧家の福祉活動とその世評についても、「こうした状況を徳川日本からの歴史的展開として跡づけることが、日本に即した『福祉の複合』を解くことにつながるのだろう」とする。[*24] 拙稿①は、明治前期を対象としたが、そうした課題に十分には応えられていない。本書では、秋田町（市）の「福祉の複合」を「徳川日本からの歴史的展開として跡づけること」が大きな課題の一つとなる。

また、拙稿②では、明治後期の秋田町（市）の「『生存』の仕組み」を指摘したが、大正期の変容については論じていない。一九一八年の米騒動後、都市部では、行政による社会事業や社会政策が本格的に開始された。都市部の「『生存』の仕組み」は、一九一八年前後で大きく変容したことになる。本書では、一九一八年前後のそうした変容とそれ以前の「『生存』の仕組み」との関係を明らかにすることも課題の一つとしたい。

こうした二つの課題に応えることで、秋田町（市）の「『生存』の仕組み」を、近代転換期から一九一八年の米騒動前後までの歴史過程に位置づけられるはずである。その際、「労働」と「生活」の両方を含む「生存」ではなく、「生活」を支える仕組みとして検討したい。それは、第一に、個人・家族の「労働」が、福祉をめぐる「包摂・排除」の局面に関わっているためである。高田実は、福祉には「包摂と排除」と「安定と拘束」の二重の両義性がともなってきたと指摘している。[*25] 一八七四年制定の恤救規則で「産業ヲ営ム能ハサル者」が救助の要件となっていたように、[*26]「労働」の能力の有無や有償労働の状況は、福祉への「包摂・排除」の線引きを左右してきた。そうした線引きを歴史的にとらえようとする本書の場合、「労働」を含む「生存」よりも、「生活」のほうがふさわしいと思われる。

第二に、民衆史研究における「生活」への着目との関わりである。安丸良夫は、民衆を「生活についての専門家」と定義した。[*27] 牧原憲夫は、それをふまえた政治意識として「客分」意識を論じた。[*28] 他方、安田常雄は、安丸の定義を批判して、「生活者としての原型」を論じている。安田は、「生活」が「生活者性のようなもの、抜き差しならないものとして通底」しており、知識人や権力者のなかにも存在しているとする。「おそらく政治が消え、権力が消滅しても、暮らしていくこと自体は存続して残る」、「特定の歴史的状況のなかではこの原型に足をおいて行動することになる」という。[29]三者の民衆論には、「生活」の両義性が関わっている。[30]本書においても、そうした「生活」の両義性を基礎において、都市部の「生活」を支えた仕組みを明らかにしたい。

第二節　先行研究をめぐって

以下では、近世の生活を支えた仕組み、および一九一八年の米騒動後における都市固有の変化に関わる研究動向に注目してみたい。

1　近世史・近代転換期の研究動向

深谷克己は、一七世紀中葉の初期藩政改革において、領主は百姓を保護し、百姓はそれに応えて年貢を皆済するという関係意識＝仁政イデオロギーが形成されたとする。米穀や金銭を貸し付ける「御救」は、小農経営を支えるためのものであり、百姓の側からも「御救」や「仁政」が要求されるようになった。百姓の経営は、そうした「御救」や村役人層の私的貸付によって支えられていた。後者は、村請制のもとで村の「成立」を支える「助合」の論理のなかでおこなわれており、上層農民の金融も同様だったという。[31]ただし、深谷には、近世社会では「富の社会的還元が当然」とされており、富者による貸付や施行も「民衆世界内部の救済機能」だったとの指摘もある。[32]

倉地克直は、前述したように、「領主支配」「身分団体」「家」という三つの関係が、近世の「いのち」を支えたと論じている。そうした直接的な関係の「外部」では、富者の合力による飢人施行が、延宝・天和期の飢饉（一六七四〜七五、八一〜八二年）から本格化したとする。そこには、仏教の「四恩」や儒学の「仁」との関わりが認められる。こうした「いのち」を支える仕組みは、一七世紀末までには、おおむね機能するようになった。だが、災害が頻発した一八世紀には、それへの対応をめぐり、「家」と身分団体、身分団体と領主支配、「外部」と富者とのあいだで、「せめぎあいや対立」が顕在化したという。[*33]

若尾政希は、幕藩領主の「御救」が、享保期に民間の富者の負担を組み込んだものへと転換され始めたことを指摘している。一七三二（享保一七）年の享保の飢饉の際、幕府は「御救」を実施するとともに、民間の富者に施行を促す触れを出した。京・大坂などの富者は施行をおこなったが、将軍吉宗はこれを褒賞し、施行者の名を記した名簿『仁風一覧』を官版で出した。書名の「仁風」は、将軍の「仁政」を指し、富者の施行も将軍の風化（教化）によるものとされたという。「仁風」の語は、その後の施行者の名簿にも採用され、慶応期の『仁風集覧』まで引き継がれた。また、「御救」のこうした転換は、一七八九（寛政元）年の貯穀令・郷倉設置令で全国的に展開されることになった。[*34] 一七九一年には、江戸でも七分金積立による囲籾が始まり、その運営機関として町会所が設立された。[*35] 囲籾購入・窮民救済・低利貸付などの日常的な運営は、民間の富者が担った。一八世紀には、幕藩財政の逼迫により、「御救」における領主の負担が後退し、民間の富者への依存が高まっていったことになる。

須田努は、暴力・放火によって自らの要求を実現しようとする「悪党」の登場によって、天保期（一八三〇〜四四年）に幕藩領主と百姓との合意である仁政イデオロギーが崩壊し、「人びとは自助の海に投げ出された」と論じている。[*36] 他方、久留島浩は、「『暴力』へ向かう道と、地域社会の運営を民主化しそれをもとに合法的な訴願闘争を積み上げていく道との分岐が、宝暦・天明期〔一七五一〜八九年〕に始まる」とする。[*37] 谷山正道も「窮民に救恤の手を差しのべるとともに、訴願などを通して、地域の百姓の生産や生活、生命を守ろうと奔走していた人々の動向にも目を向ける必要」があるとして、幕末には「彼ら〔小前層〕の闘争を下から激しく受けながら、惣代庄屋や庄屋らも広域訴願をはじめとする運動をさらに活発に展開するようになっていった」ことを強調している。[*38] 久留島や谷山の指摘にしたがえば、天保期以降の社会は、仁政イデオロギーの崩壊により「人びとは自助の海に投げ出された」面だけではとらえられないことになる。

松沢裕作は、近世後期に「御救」における領主の負担が後退したことにより、村請制のもと、「一方的かつ恒常的に貧者を救う義務を負うことになった富裕層は、新しい秩序に対する希求を持つに至」ったとする。地租改正による村請制の解体により、そうした義務の制度的な根拠は消滅した。「市場による無境界的・多方向的結合が、諸個人の再生産を保障するような社会」になり、「政治権力は、そのような市場の円滑な機能を保障する主体」になったという。[*39]

こうした近世史・近代転換期の研究をふまえると、近世の富者は、一七世紀に民間における貸付や施行の担い手となり、一八世紀半ば以降は、幕藩領主の責務である「御救」「仁政」の実質的な担い手にもなった。そうした富者の役割には、村請・町請という制度的な根拠や、仁政イデオロギーとの関わりがあった。明治維新以降には、そうした制度的な根拠や理念が失われることになる。他方、そうした富者の役割については、「民衆世界内部の救済機能」との位置づけや、仏教の「四恩」や儒学の「仁」との関わりも指摘されてきた。富者の役割には、村請・町請や仁政イデオロギーに規定されながらも、それにとどまらない面があったことをうかがわせる。
また、「四恩」や「仁」などは、牧原憲夫が富者の責務として概念化した「徳義」に重なるが、[*40] 本書では、それら個々の社会的な文脈や機能をより重視する。近世からの歴史的・社会的な文脈をふまえて、明治期から大正期の秋田町（市）の生活を支えた仕組みを明らかにしてみたい。

2　都市史の研究動向

都市史の研究成果のうち、ここで注目したいのは、一九一八年の米騒動後における都市固有の変化に関わる研究である。芝村篤樹は、一九一四年から三五（昭和一〇）年まで高級助役・市長として大阪市政を担った関一が、社会改良主義を背景とした専門家主導の都市政策によって、明治期以来蓄積されてきた都市問題に先駆的に対応したとする。[*41] 関を中心に推進された電気軌道・電気事業の市営化、社会事業・社会政策の拡充、都市計画事業などは、市行政の機能や役割を拡大し、財政規模を膨張させた。芝村は、こうした変化を第一次世界大戦後の「大都市行政構造の転換」と位置づけている。[*42]

小路田泰直は、関一ら都市行政を担った官僚層による都市改良や社会政策について、市会から相対的に自立した「上からの社会政策的統合」の方法であり、その積極的な推進によって都市名望家支配の崩壊後における都市支配の再編を図ったと指摘し、こうした官僚優位の市政を「都市専門官僚制」と呼んだ。[*43] また、原田敬一は、一八九〇年代の大阪市で「予選」方式（有権者による被選出候補者の事前審査）を介した地域有力者の合意形成による支配が成立したとする「予選体制」論を提起した。[*44] 都市大阪を対象とする小路田や原田らの研究成果は、当該期における都市固有の支配の変化を「予選体制」から「都市専門官僚制」への移行ととらえる枠組みを成立させた。

二〇〇〇年代の都市政治史研究の多くは、「予選体制」や「都市専門官僚制」の議論をふまえて、自身の研究を位置づけたとされる。[*45] それらの研究成果には両概念への批判もみられたが、杉本弘幸は、後者を「不明確」とする複数の批判について、「実際の都市問題の展開の中でおこなわれた、都市社会政策の具体像が明らかでないことに大きな要因がある」と指摘している。[*46]「都市専門官僚制」の議論では、その名称自体にも表れているように、都市支配のヘゲモニーや担い手の変化が重視されてきた。社会政策のような、都市行政の機能や役割の拡大については、そうした支配との関わりで位置づけられるにとどまってきた面がある。

近年、源川真希は、第一次世界大戦後の大都市行政の変化を、日本における「社会都市」の成立と位置づけている。ドイツでは、一八七〇年代の不況後に顕在化した社会問題に対応するため、都市自治体が「生存配慮」をはかる給付行政を国家に先駆けて実施し、住民全体に一定の生活条件を保障した。救貧の再編、エネルギー供給、社会インフラ、保健衛生、住宅、文化・教育などを含む給付行政は、その担い手の専門化・官僚化を余儀なくした。こうした都市自治体のあり方は「社会都市」と呼ばれる。源川は、「都市専門官僚制」の議論をふまえ、第一次世界大戦後の大阪市や東京市でも、社会都市が成立したとする。[*47] こうしたとらえ方は、芝村篤樹のいう第一次世界大戦後の「大都市行政構造の転換」を全体として把握するとともに、その展開や解体までを視野に入れた議論を期待できるように思われる。

社会都市への変容のうち、社会事業や社会政策は、都市部の生活を支える仕組みを構成していくことになる。社会事業・社会政策の導入とそれ以前の生活を支える仕組みとの関係を明らかにすることは、大きな課題の一つとなる。その場合、重要となるのが、小路田泰直の「中流の生活難」に関する指摘である。小路田は、明治三〇年代以降に「中流の生活難」が深刻化し、それを「解消しようとすれば、自由競争に任せたのでは不可能であり公権力による積極的な生活改善の動きが必要であり、そこに生活難問題と明治三〇年代以降活発になる都市改良主義の運動との接点があった」と論じている。[*48] 都市改良主義（社会改良主義）は、前述したように「大都市行政構造の転換」の思想的背景とされるが、「中流の生活難」とその改善の必要によって成長したことになる。だが、「中流の生活難」という認識の変化や一九一八年の米騒動との関係は、具体的には明らかにされていない。本書では、秋田市において「中流の生活難」が問題化し、その対応が模索される過程をとらえることで、米騒動前後における生活を支える仕組みの変化の歴史的背景を明らかにしたい。

第三節　研究対象地の概要

現在の秋田市は、秋田県の沿岸中央部に位置し、人口が三〇万一九八四人（一三万八四〇二世帯）、面積が九〇六・〇七平方キロメートルで、同県の県庁所在地である。[*49] 秋田市の都市としての起源は、近世初期に遡る。一六〇二（慶長七）年に常陸から転封された佐竹氏は、久保田城の築城に着手し、〇四年に入城して、城下町の建設を開始した。[*50] 城下町久保田は、寛永年間（一六二四〜四四年）までにほぼ完成し、中央部を流れる旭川を境に東側を武家地（内町）、西側を町人地（外町）とされた。久保田城下は、穀倉地帯の雄勝・平鹿・仙北郡と藩の外港である土崎湊を結ぶ雄物川水運の要衝に位置した。外町は、藩と家臣団の需要に応えるとともに、藩の流通や経済の中心地となった。

明治維新後の一八七一年、町名が「秋田」に改称され、県庁が置かれた。[*51] 一八七八年には南秋田郡の郡役所も置かれたが、一八八九年に市制が施行され、秋田市となった。市政施行当時の現住人口は二万九五六八人（現

図 0-1：秋田市域の変遷（1909 ～ 1955 年）

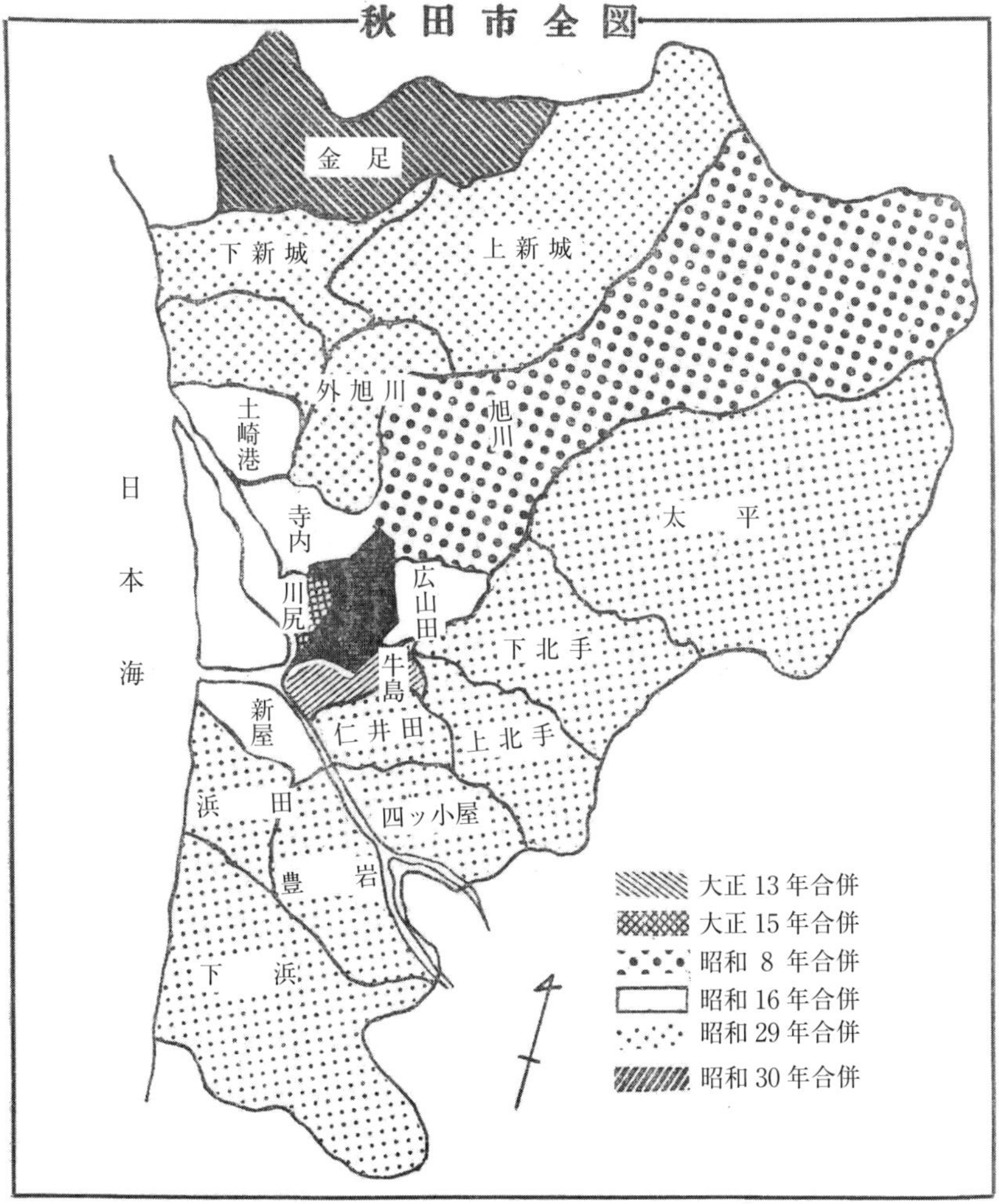

出所：秋田市『秋田市の歴史』（1960 年）。

注：秋田市は、1905 年に広山田村・寺内村・旭川村の各一部（約 0.39㎢）、1909 年に旭川村の一部（約 0.15㎢）を編入し、2005 年に河辺郡河辺町・雄和町と合併した。

住戸数六四七三戸)[*52]、面積が六・八七平方キロメートルだった。[*53] 図0―1は、一九〇九年から五五年までの市域の変遷を示しており、本書の対象時期には、黒塗りの部分までが市域だった。いわゆる「旧市内」は、この市域にあたる。

人口構成では、県内の他町村に比べて士族の比率が高く、一八八三年には本籍人口の約四四%を占めている。[*54] 以後、士族の占める割合は低下し続けたが、一九一八年でも約二九%を占めていた。[*55] 職業構成は、資料の残る一九一〇年の「専業」の場合、商業二一・九%、工業二〇・八%、公務及自由業一八・三%、日雇及労働者一〇・六%、救助ヲ受クル者二・一%、雑業一・五%、農業〇・七%、土地家屋等ノ収入ニ依リ生活スル者〇・六%、無職業及職業不詳二一・七%だった。[*56] 商業、手工業、官吏・兵士(歩兵第一七連隊)・教員等の占める割合が高く、商業・行政・軍事といった性格が強い地方都市だったといえる。なお、歩兵第一七連隊の移駐は、一八九八年である。

註

*1　安丸良夫『日本の近代化と民衆思想』(青木書店、一九七四年)。

*2　安丸良夫「『通俗道徳』のゆくえ」(初出一九九九年。同『安丸良夫集1　民衆思想史の立場』、岩波書店、二〇一三年、所収)、同前「20世紀―日本の経験―」(初出二〇〇二年。「二〇世紀日本をどうとらえるか」と改題し、同『現代日本思想論―歴史意識とイデオロギー―』岩波書店、二〇〇四年、所収)。安丸は、「生存維持のための共同体」について、家族だけにそうした役割や機能が認められるわけではないとしながらも、近代化過程を民衆の生活世界との関わりでとらえようとする場合、「家族とその生活の問題」に軸をおくべきと強調している(同前「二〇世紀日本をどうとらえるか」、二一七~二一八頁)。

＊3　安丸良夫「困民党の意識過程」（初出一九八四年。同『安丸良夫集2　民衆運動の思想』、岩波書店、二〇一三年、所収）、鶴巻孝雄『近代化と伝統的民衆世界―転換期における民衆運動とその思想―』（東京大学出版会、一九九二年）、困民党研究会編『民衆運動の〈近代〉』（現代企画室、一九九四年）、など。

＊4　安丸同前「困民党の意識過程」、三五〇、三五二～三五四頁。

＊5　青木虹二『明治農民騒擾の年次的研究』（新生社、一九六七年）。

＊6　秋田近代史研究会『近代秋田の歴史と民衆』（一九六九年）、秋田市編『秋田市史　第四巻　近現代Ⅰ通史編』（二〇〇四年）。

＊7　農村部についても、地主や名望家の保護がみられたことが指摘されてきた。地主は、安定した小作料の確保を目的として、小作人に様々な「温情」を施していた（大門正克『明治・大正の農村』岩波書店、一九九二年）。こうした地主の役割については、日本の小作制度の特徴として、在村地主の温情主義的な性格を指摘した、R・P・ドーアの研究がある（R・P・ドーア著・並木正吉ほか訳『日本の農地改革』岩波書店、一九六五年）。庄司俊作は、大地主層の温情的支配を明治三〇年代から大正中期を中心に機能した社会システムとして論じている（庄司俊作『近代日本農村社会の展開―国家と農村―』ミネルヴァ書房、一九九一年、など）。

＊8　牧原憲夫『客分と国民のあいだ―近代民衆の政治意識―』（吉川弘文館、一九九八年）、七四～七八、一三〇頁。

＊9　高田実「福祉の歴史学」（歴史学研究会編『現代歴史学の成果と課題　第4次第1巻　新自由主義時代の歴史学』績文堂出版、二〇一七年、二三九頁）、同「『福祉の複合体』史が語るもの―〈包摂・排除〉と〈安定・拘束〉―」（『九州国際大学経営経済論集』第一三巻第一・二合併号、二〇〇六年）、など。

＊10　大川啓「焼ケナイモノハ有徳ナル者？」（『評論』第二二一号、二〇二一年四月）。

＊11　大門正克「歴史のなかで『生きること』を問う―問い方をめぐる課題と方法―」（同・長谷川貴彦編著『「生きること」の問い方―歴史の現場から―』日本経済評論社、二〇二一年、四頁）。三つの視点それぞれの研究動向については、沢山美果子「『いのち』とジェンダーの歴史学」（歴史学研究会前掲『現代歴史学の成果と課題　第4次第1巻　新自由主義時代の歴史学』）、大門正克「『生存』の歴史学」（同前）、高田前掲「福祉の歴史学」がある。

＊12　大門正克「序説『生存』の歴史学―『一九三〇～六〇年代の日本』と現在との往還を通じて―」（『歴史学研究』第八四六

号、二〇〇八年)、一〇頁。

＊13　大門正克『全集日本の歴史　第15巻　戦争と戦後を生きる』(小学館、二〇〇九年)、一五頁。

＊14　大門正克「高度成長の時代」(同ほか編『高度成長の時代1　復興と離陸』大月書店、二〇一〇年)、一八～二一頁。

＊15　大門正克「『生存』を問い直す歴史学の構想―「一九六〇～七〇年代の日本」と現在との往還を通じて―」(『歴史学研究』第八八六号、二〇一一年一一月)、同「コメント　三・一一以後、歴史における『生存』の問題の所在を考える」(『人民の歴史学』第一九三号、二〇一二年九月)。

＊16　高岡裕之「『生存』をめぐる国家と社会―二〇世紀日本を中心として―」(『日本史研究』第五九四号、二〇一二年二月)、七頁。

＊17　大門前掲「コメント　三・一一以後、歴史における『生存』の問題の所在を考える」、一八頁。

＊18　大門正克「『生存の歴史』―その可能性と意義―」(同ほか編『「生存」の東北史―歴史から問う3・11―』大月書店、二〇一三年)、一八二～一八四頁。

＊19　倉地克直「徳川社会をどうみるか」(『「生きること」の歴史学―徳川日本のくらしとこころ―』敬文舎、二〇一五年)、一四一頁。

＊20　沢山前掲「『いのち』とジェンダーの歴史学」、二二三頁。

＊21　倉地克直『全集日本の歴史　第11巻　徳川社会のゆらぎ』(小学館、二〇〇八年、一九～二二、三四四～三四六頁)、同『江戸の災害史』(中央公論新社、二〇一六年、二二五～二二七頁)、など。

＊22　倉地前掲「徳川社会をどうみるか」、一四七頁。

＊23　大川啓「『いのち』の視座と全体史の構想―倉地克直『「生きること」の歴史学』を読む―」(『岡山地方史研究』第一三八号、二〇一六年四月)、同「近代日本の米価騰貴と地域福祉―秋田市を事例として―」(大会準備号)(『歴史評論』第七九九号、二〇一六年一一月)。

＊24　倉地克直「災害と生存の歴史学」(歴史学研究会前掲『現代歴史学の成果と課題　第4次第1巻　新自由主義時代の歴史学』)、二六六頁。

＊25　高田前掲「『福祉の複合体』史が語るもの―〈包摂・排除〉と〈安定・拘束〉―」。
＊26　『法令全書　明治七年』（内閣官報局、一八八九年）、三七二頁。
＊27　安丸良夫『出口なお』（朝日新聞社、一九七七年）、五頁。
＊28　牧原前掲『客分と国民のあいだ―近代民衆の政治意識―』。
＊29　牧原憲夫編『〈私〉にとっての国民国家論―歴史研究者の井戸端談義―』（日本経済評論社、二〇〇三年）、一八七頁。
＊30　農村の名望家の保護について従属と生存維持の両面が論じられているように、「生存」の視点を提起した大門正克の研究においても、両義性への着目が重要な位置を占めている（大門前掲「序説『生存』の歴史学―『一九三〇～六〇年代の日本』と現在との往還を通じて―」、など）。
＊31　深谷克己『増補改訂版　百姓一揆の歴史的構造』（校倉書房、一九八六年）。
＊32　深谷克己『百姓成立』（塙書房、一九九三年）、五〇～五一頁。
＊33　倉地前掲『全集日本の歴史　第11巻　徳川社会のゆらぎ』（二五九～二六八頁）、同前掲『江戸の災害史』（二二五～二二九頁）。
＊34　若尾政希「近世後期の政治常識」（明治維新史学会編『講座明治維新10　明治維新と思想・社会』有志舎、二〇一六年）。
＊35　藤田覚『松平定信』（中央公論社、一九九三年）、中嶋久人『首都東京の近代化と市民社会』（吉川弘文館、二〇一〇年）、など。
＊36　須田努「自助と自浄の一九世紀―暴力という主体的行為の記憶―」（『人民の歴史学』第一九七号、二〇一三年九月）、二頁。
＊37　久留島浩「百姓一揆と都市騒擾」（大津透ほか編『岩波講座日本歴史　第13巻（近世4）』岩波書店、二〇一五年）、二三二頁。
＊38　谷山正道「近世後期の民衆運動」（大津透ほか編『岩波講座日本歴史　第14巻（近世5）』岩波書店、二〇一五年）、二八〇頁。
＊39　松沢裕作『明治地方自治体制の起源―近世社会の危機と制度変容―』（東京大学出版会、二〇〇九年）、四一七、四二一頁。
＊40　牧原前掲『客分と国民のあいだ―近代民衆の政治意識―』。
＊41　芝村篤樹「関一における都市政策の歴史的意義」（初出一九七六年。「関一の都市政策」と改題し、同『日本近代都市の成立

―一九二〇・三〇年代の大阪―』松籟社、一九九八年、所収)。

＊42 芝村篤樹「大正期の大都市行政に関する考察―大阪市の例を中心として―」(初出一九七七年。「大都市行政構造の転換」と改題し、芝村同前『日本近代都市の成立―一九二〇・三〇年代の大阪―』所収)。

＊43 小路田泰直「『政党政治』の基礎構造―都市と地租委譲問題―」(初出一九八二年。「都市と地租委譲問題」と改題し、同『日本近代都市史研究序説』柏書房、一九九一年、所収)、二七五頁。

＊44 原田敬一「都市支配の構造―地域秩序の担い手たち―」(初出一九八三年。「都市支配の構造」と改題し、同『日本近代都市史研究』思文閣出版、一九九七年、所収)。

＊45 中村元「都市政治史の新展開」(『歴史評論』第八五一号、二〇二一年三月)、同「都市史2―『都市史の自立』とその展開―」(松沢裕作・高嶋修一編『日本近・現代史研究入門』岩波書店、二〇二二年)。

＊46 杉本弘幸『近代日本の都市社会政策とマイノリティ―歴史都市の社会史―』(思文閣出版、二〇一五年)、八頁。

＊47 源川真希「都市行政」(社会経済史学会編『社会経済史学事典』丸善出版、二〇二一年)、同『東京史―七つのテーマで巨大都市を読み解く―』(筑摩書房、二〇二三年)。

＊48 小路田泰直「帝国主義的都市の成立と生活難問題」(『部落問題研究』第九八号、一九八九年四月)、同「報告の概要」(『部落問題研究』第九九号、一九八九年五月、九四頁)。

＊49 「市政情報」秋田市役所ホームページ、https://www.city.akita.lg.jp/shisei/tokei/1003666/index.html(二〇二三年二月二八日閲覧)。

＊50 秋田市編『秋田市史 第三巻 近世通史編』(二〇〇三年)。

＊51 秋田市編『秋田市史 第四巻 近現代I通史編』(二〇〇四年)。

＊52 内閣統計局『日本帝国統計年鑑 第十』一八九一年。

＊53 秋田市『秋田市の歴史』(一九六〇年)、七七頁。

＊54 秋田県『秋田県統計書 明治一六年』一八八六年。

＊55 秋田県『秋田県統計書 大正七年』一九二一年。

＊56　秋田県内務部庶務課『明治四十三年　秋田県戸口統計（第十一回）』（一九一一年）。明治四一・四二年版にも、同基準のデータが所収されているが、「職業不詳」が最も少ないのが、引用した四三年版である。秋田市前掲『秋田市史　第四巻　近現代Ｉ通史編』（三〇五〜三〇六頁）も、明治四三年版を引用している。

第一章　近代民間福祉の出発

はじめに

近世の秋田市は、久保田町と呼ばれ、二〇万石を有した外様大名佐竹家（秋田藩）の城下町だった。一八二九（文政一二）年二月、秋田藩の御用聞町人だった那波三郎右衛門は、恒常的な救貧事業の設立を藩に願い出て、町人有志七二名で献金をおこなった。[*1] 藩は、那波らの願いを認め、その事業を「感恩講」と命名した。感恩講は、藩の保護のもと、知行地（新田開発の報労として士民に与えられ、売買も認められていた辛労免）を買い入れて「備高」とし、その年貢として給付された収入を久保田町の町人地（外町《とまち》）の救貧に充てた。表1―1は、設立から一八八二（明治一五）年までの救助実績を示す。天保の飢饉に際しては、一八三三（天保四）年から翌年にかけて、延べ四三万人に施行をおこなった。

一七世紀前半の寛永の飢饉で、民衆の生活や生命を守ることを求められた幕藩領主は、「仁政」の担い手を標榜するようになった。[*2] 米穀や金銭を貸し付ける「御救」は、小農経営を支えるためのものであり、民衆の側からも「御救」や「仁政」が要求されるようになる。「仁政」は、近世を通じて幕藩領主の責務とされたが、一八世紀半ば以降の財政逼迫により、実際の「御救」機能は、民間の富者に依存されるようになった。若尾政希は、

表 1-1：久保田（秋田）町における感恩講の救助実績

	受給者延数（合計）	受給者数（合計）	救助品	
			米（石）	金（円）
1829-1838 年（文政 12-天保 9 年）	937,219		2,277.389	
1839-1848 年（天保 10-嘉永元年）	324,365		788.23	
1849-1858 年（嘉永 2-安政 5 年）	347,044		843.293	
1859-1868 年（安政 6-明治元年）	363,920		884.313	
1869-1878 年（明治 2-11 年）	328,913		599.541	650
1879-1881 年（明治 12-14 年）	76,752		189.299	
1882 年（明治 15 年）	32,400	192	76.154	

出所：加賀谷長兵衛編『感恩講誌』（感恩講、1908 年、秋田県公文書館所蔵、AH369-32）。

感恩講の創設について、本来、領主の責務だった「仁政」が、民間の富者に担われ、それらも含めて「御仁政」と呼ばれていたとして、秋田では一九世紀の初めに仁政観念が変容したと論じている。[*3]

感恩講は、明治維新後も救貧事業を継続した。秋田市には、一八九四年に内町（旧武家地）の救貧事業として東部感恩講が、一九〇五年には貧困児童の養育・教育施設として感恩講児童保育院が設立された。[*4] 敗戦後の農地改革で救貧事業を停止したが、児童保育院は、児童養護施設として現在も活動を続けている。

本章では、近世後期の「仁政」の系譜にあった感恩講が、明治維新以降も存続した歴史的・社会的背景を明らかにする。

第一節　秋田藩の「仁政」と感恩講

感恩講の創設を主導した那波三郎右衛門は、同家八代目の祐生（一七七二―一八三七）である。那波家は、京都の豪商だったが、大火に類焼して家産を失い、一七一一（宝永八）年に大口融資先だった秋田藩の城下町久保田に移住したとされる。[*5] 秋田藩では、代々の当主が御用聞町人を務め、八代目祐生は、藩の殖産興業政策のもと、絹方や酒造方に登用され、経済的にも大きな成功をおさめた。

秋田藩では、九代藩主佐竹義和《よしまさ》（一七七五―一八一五）の治世から没後の一八三〇年代まで、藩政改革が展開された。[*6] 殖産興業政策のほか、間引きの禁止や乳幼児の育児助成、医薬品の給付なども実施されている。義和が明君化されるとともに、「仁政」を標榜した民政の再編が実施され、藩権力と改革派官僚の正当化も図られた。那波祐生は、絹織物の殖産論を藩に提案してその運営を請け負うなど、藩政改革に積極的に呼応してその力量を示した町人とされる。

感恩講創設の動機について、那波祐生は「若年の頃困窮に迫り患難の心能知れり」と語ったという。[*7] 那波家は、祐生の父である七代目祐之（一七四三―一八〇六）の代に家産が傾いて困窮に陥り、秋田藩の経済的な援助で経営を再建した。[*8] 八代目祐生は困窮のなかで、「御上は永世御軍事御備え金子奉献上少しは君恩を報奉り、下は永世平年ともに窮民御救御備を献奉らん」ことを発願した。[*9] 前述した「備高」による救貧も、家経営の浮沈に左右されず、事業を永続するために考案したとされる。また、一八三四年に感恩講の年番が藩に提出した「感恩講発端ヨリ是迄之大旨御尋ニ付乍恐御答」によれば、那波祐生は「永世保候には衆とともに建立致候外無之。夫には頻与人望を得候而已」と述べたという。祐生は、一八二八年秋から人脈を頼りに有志の勧誘を始めたが、「加入」のある都度、加入者とその紹介者らを自宅に招いて酒食を振る舞い「同志結ヒ」をした。「凡三ヶ年之間」昼夜を問わず続けた結果、延べ数千人を供応するに及んだとされる。「同志」は、前述した一八二九年二月までに七二名、同年中には一九一名に達した。[*10] そうした供応も、「人望」の獲得により「衆とともに」救貧事業を永続するためだったと考えられる。那波祐生が、藩の保護のもと、久保田町の「同志」とともに「備高」による救貧を実現したのは、事業の永続を強く期してのことだった。

藤田覚は、一七八九（寛政元）年の貯穀令・郷蔵設置令が、村の富者の負担が大きい制度でありながら、必ずしも損にはならなかったとして、「郷蔵の貯穀の存在は、飢饉時などに激化する村内の矛盾――それは打ちこわしや一揆などの騒動に発展しかねない――を緩和し、村の安定という効果を期待」できたと論じている。[*11] 庄司拓也は、那波家が感恩講の維持に尽力した背景にも、そうした打ちこわしの回避への期待があったと論じている。[*12]「仁政」の下降化とその担い手にとってのメリットの指摘といえるが、若尾政希は、「貧窮にあえぐ窮民が、領主ではなく、富裕者に対して、施しを望むとともに怒りの矛先を向ける構造が、出来上がっている」ととらえ返している。[*13]

八代目の祐生没後、那波家の家督と感恩講の年番を引き継いだ子の三郎右衛門祐章（一八〇五―一八七六）は、飢饉によって支出が増大していた感恩講に融資をおこない、救貧活動を維持した。[*14] 一八五〇（嘉永三）年には、感恩講への出金の奨励策として、出金者とその次代まで裃ないしは袴の着用を許可することを藩に上申して採用された。[*15] この奨励策により、一二五名から一四一一両の出金があった。感恩講では、この出金を元手に知行高を買い増して財政基盤を強化するとともに、非常用の籾の備蓄を開始した。

第二節　明治初期における感恩講の危機

1　感恩講の危機

感恩講の「備高」は、創設当初には約二三〇石だったが、前述した買い増しなどにより、一八七一年には約九一一石に達した。[*16] 秋田藩の保護のもと、財政基盤を強化してきたことがわかる。だが、同年の廃藩置県後には、知行高収入の給付が停止され、財政危機に直面することになった。感恩講は、給付の再開を求める請願をおこない、秋田県庁との交渉を続けた。この件に関する県庁の照会にたいして、秋田藩庁・秋田県庁で大参事を務めた須田盛貞は一八七二年一一月一七日付で、感恩講・土崎感恩講には「従来租税ノ内ヨリ渡シ米致シ来」たが、廃藩置県以降「不体裁ニ属シ候ニ付」、両講への給付分を県の租税収入に組み入れた、こうした対応について大蔵省には照会しなかった、と答えている。[*17]給付の中止は、藩から県への移行における手続き上の不備だったことになる。だが、一八七三年五月から一八七五年五月まで地方官を務めた国司《くにし》仙吉のもとでは、「単ニ貧民ニ施行スルハ宜シカラスト擯斥」されたという。[*18]

一八七四年八月三日、大蔵省は、今後の補償請求を放棄することや講名の廃止などを条件に、感恩講への手当として五五四三円八九銭五厘の交付を秋田県に指令した（土崎感恩講に四五六円一〇銭五厘）。秋田県庁は、この指令の条件とともに「旧来ノ姑息法ヲ改、自今物産蕃殖窮民授産ノ為、新ニ樹芸等ヲ興シ、以テ従来ノ素心徹底致候様方法取調ノ上、右金請取方可申出」ことを、感恩講に指示している。[*19]県庁から窮民授産事業への再編を迫られた感恩講は、桑・桐・茶などを栽培する授産植物場の設立を計画し、一八七六年四月一〇日に二五四三円余の手当を交付された。差額の三〇〇〇円については、県庁が民間の製糸会社に貸し付けることになった。貸付先から回収するまでの間、感恩講には利子を支弁するとされたが、実際には支払いが滞ったという。[*20]また同年、感恩講は、従来の米の現物支給を、米代相当の現金支給に切り替えている。前年の県庁からの指示に従ったとされ、「生業従事ノ資金貸与ノ名義」で支給したという。当該期の秋田県庁は、感恩講の救貧を「旧来ノ姑息法」とみなして、事業の再編を迫っていたことがわかる。倉地克直は、一八世紀の「救恤の繰り返し」によって社会階層の境界が明確となり、「中下層」には「倹約・勤勉の徳目を身につけて救恤を受けずに『自立』すること」が求められ、「最下層」が「『従順』に救恤を受けるばかり」になったと指摘している。[*21]授産事業への再編は、救貧を受けていた「最下層」にも「自立」が求められたことを示す。牧原憲夫は、「お上に仁政を求めず、富者に徳義を求めず〔中略〕ひたすら勤勉に働き、誰の厄介にもならない『独立』した『個人』になること、それが文明開化というものなのだった」と指摘している。[*22] 国司仙吉や秋田県庁は、文明開化と殖産興業の担い手として、近世後期の「仁政」の系譜にあった感恩講に介入したといえる。

秋田県庁の支持を得られなかったことは、感恩講の地域社会での立場にも負の影響を及ぼしていたと考えられる。感恩講の代表者である年番（講名廃止にともない「旧感恩講総代」）は、創設以来五〜七名で推移してきたが、一八七五年に三名となり、後述する那波家の代替わりを除けば、一八八一年まで補充されなかった（表1―2）。また、廃藩置県以降、同講への寄付は、一八七六年の一名（三円）にとどまっていた。[*23] 運営の担い手や住民の寄付を得られなかったことは、当時の感恩講が、地域社会の支持を十分に確保し得なかったことを示している。

こうした危機状況のもと、感恩講の運営と財政面を支えたのが、那波家だった。明治維新後の那波家は、呉服太物商・織物製造・酒造・質店などを営み、秋田町有数の資産家となった。廃藩置県後の感恩講は、備蓄米を取り崩して救貧活動の財源としていたが、それが払底した後は、那波家などの融資によって活動を継続した。感恩講創設以来、那波一族が拠出した資産は、一八八二年時点の概算で、七九〇〇円余・知行高三四一石余にのぼるという。[*24] なお、一八七六年五月、九代目の祐章が没し、子の三郎右衛門祐富（一八三一―一九〇四）が、旧感恩講総代を継承した。

以上のように、感恩講は、廃藩置県によって知行高収入を失い、財政面の危機に晒された。さらに、秋田県庁から、国の手当交付の条件として窮民授産事業への再編を迫られ、近世以来の救貧事業の存続も困難に直面して

表 1-2：感恩講・東部感恩講の年番（1874 ～ 1894 年）

氏名	年番の就任時期		備考
加賀谷長兵衛茂定	感恩講	1874 年在任（1875 年以前退任）	金穀貸付業、質屋
佐々木弥左衛門	感恩講	1874 年在任（1875 年以前退任）	質屋
那波三郎右衛門祐章	感恩講	1874 年在任（1876 年 5 月退任）	呉服太物商、織物製造、質屋
齊藤直治	感恩講	1874 年在任（1880 年以前退任）	
吉川総右衛門	感恩講	1874 年在任（1888 年 7 月 27 日退任）	荒物茶紙商、戸長
那波三郎右衛門祐富	感恩講	1876 年 5 月（1902 年 5 月退任）	呉服太物商、織物製造、質屋、大地主
加賀谷長兵衛茂景	感恩講	1881 年 4 月（1924 年 1 月 4 日退任）	金穀貸付業、質屋、銀行役員、大地主、市会議員
村山三之助	感恩講	1883 年 4 月 20 日（1918 年 4 月 19 日退任）	質屋、銀行役員、大地主、市会議員
佐藤文右衛門	感恩講	1886 年 9 月 22 日（1913 年 9 月 20 日退任）	質屋、大地主、市会議員
湊彌七	東部感恩講	1894 年 1 月 29 日	士族、貸金業、銀行役員、大地主
西宮藤長	東部感恩講	1894 年 1 月 29 日	士族、漢学者
御代信成	東部感恩講	1894 年 1 月 29 日	士族、南秋田郡長
高久景福	東部感恩講	1894 年 1 月 29 日	
船山忠定	東部感恩講	1894 年 1 月 29 日	士族、貸金業、市会議員
那波三郎右衛門祐富	東部感恩講	1894 年 1 月 29 日	呉服太物商、織物製造、質屋、大地主
辻兵吉	東部感恩講	1894 年 1 月 29 日	呉服太物商、織物製造、銀行役員、大地主、市会議員
高堂兵右衛門	感恩講	1894 年 4 月 25 日（1919 年 5 月 22 日退任）	酒造、市会議員
本間金之助	感恩講	1894 年 4 月 25 日（1924 年 5 月 2 日退任）	洋物小間物商、書籍商、銀行役員、大地主、貴族院議員

出所：「御巡幸関係書類　天覧物取調之部三番之別簿　感恩講書類」（秋田県公文書館所蔵、930103 － 12037）、「東部感恩講書類」明治 27 ～ 28 年（秋田県公文書館所蔵、930103-00863、件番号 1）、加賀谷長兵衛編『感恩講誌』（感恩講、1910 年）、感恩講編『感恩講誌略』（1928 年、秋田県立図書館所蔵）、白崎五郎七編『日本全国商工人名録』（日本商工人名録発行所、1892 年）、鈴木喜八・関伊太郎編『日本全国商工人名録』（日本全国商工人名録発行所、1898 年）、大森卯助編『秋田市詳密地図　附商工人名記』（1901 年）、瀬谷純一『秋田県紳士名鑑』（秋田県紳士名鑑発行所、1919 年）、井上隆明『新版　秋田の今と昔』（東陽書院、1994 年）、秋田市編『秋田市史　第三巻　近世通史編』（2003 年）、秋田市編『秋田市史　第四巻　近現代Ⅰ通史編』（2004 年）。

いた。こうした危機のもと、那波祐章・祐富父子は、財政や運営面で同講を支えるとともに、県庁へのはたらきかけを続けていた。次に、こうした感恩講や那波家について、近代に登場した新たなメディアである新聞は、どのように報じていたのかを確認してみたい。

2　感恩講・那波家と地方新聞

秋田県の最初の地方新聞である『遐邇《かじ》新聞』は、一八七四年二月に創刊された。一八七八年九月に『秋田遐邇新聞』と改題され、一八八一年一一月まで発行された。前述した感恩講が危機に直面していた時期は、前者の発行時期とも重なっている。ただし、『遐邇新聞』の所在については、一八七四年二月～一二月、一八七七年一月～一八七八年八月の発行分は確認できるものの、一八七五年から一八七六年までの二年分の現存が不明である。『秋田遐邇新聞』は、発行分がほぼ現存している。

現存する地方紙において、管見の限りでは、感恩講に関する報道を確認できなかった。他方、同講の創設を主導し維持してきた那波家については、以下のように複数の記事を確認できる。

『遐邇新聞』で、那波三郎右衛門の名を確認できるのは、管見の限りでは、一八七七年五月一六日付が最初である。

一昨々十三日洪水に付、二小区□丁目川端那波三郎右衛門、同三丁目川端瀬川徳助の両人より白米五俵ツ、其外香物、鮭の塩引等を水患〔水害〕に罹りし難渋の者え施行致し度とて、一二三小区□処え献納に成りしゆえ、酒屋〳〵へ申付け飯を炊せて、四十間堀川端の角なる長谷川某家を出張所として、戸長さん并惣代さん方ハ舟にて通漕し、楢山辺其外へ施されましたハ実に有難いこと。

同年五月一三日、前日明け方から続いた降雨により秋田町の中央を流れる旭川が氾濫し、楢山周辺が浸水した（『遐邇新聞』同年五月一四日雑報）。この際、那波三郎右衛門祐富は、瀬川徳助とともに、被災者への食糧支援をおこなっていたという。前述したように、那波家は、感恩講の創設や維持に貢献してきた旧家だった。だが、瀬川と並べて報じられているように、そうした貢献に関わる言及はみられない。

これ以降、一八七九年までの間、那波祐富の福祉活動に関する記事は、少なくとも三件を確認できる。第一に、一八七七年一一月二八日に土崎湊町（現秋田市）で発生した火災の救助支援活動を伝えた『遐邇新聞』同年一二月四日付である。

去月廿八日土崎湊一騎町の火災に類焼したのは八十四軒て、県庁下川端町三丁目の那波三郎右衛門さんより白米八十四俵を軒別に施与せられ、湊町の佐々木清一郎さんより同一□つゝを施与したるは、一視同仁の愛心より出て奇特の至りなり。又金澤なる人よりも何か差出されたるよし。追々聞糺て申し上けましやう。

那波は、被災世帯に白米を施与していた。『遐邇新聞』は、佐々木清一郎と並べて「一視同仁の愛心より出て奇特の至り」と顕彰しているが、やはり特別な表現はみられない。

第二に、一八七八年八月八日に発生した秋田町の楢山・川口周辺での洪水に関する記事である。『遐邇新聞』同年八月一〇日付は、被災者への食糧支援のため、那波祐富が、瀬川徳助・山中新十郎とともに五円ずつ寄付したことを伝えている。だが、ここでも特別な言及はみられない。

第三に、一八七九年に秋田町で実施された民間有志の米廉売に関する記事である。西南戦争後のインフレーションにより、秋田町の地廻米も、一八七八年年末から一八七九年一月にかけて一石四円台から六円前後にまで急騰し、以降も徐々に上昇を続け、九月以降は七円台を推移していた（『秋田遐邇新聞』秋田物価欄）。秋田町では、一〇月八日から一一月一六日までの四〇日間、大規模な廉売（一升六銭）が実施された。[*25] 受給者数は売上石高から算出すると、一日あたり三六〇三名となる。[*26] 火防組（消防組）の要請に富者が協力して実現したもので、有志七四名から計九五九円強の寄付が寄せられた。『秋田遐邇新聞』同年一二月一四日付は、この廉売の実施状況を伝えたうえで、寄付者の姓名と金額を列挙している。実施状況では、那波祐富と瀬川徳助が大口の寄付をしたことも報じられているが、やはり特別な言及はみられない。

以上の四件の記事では、災害や米価騰貴の際の福祉活動を伝え、顕彰をしているものの、近世以来の福祉への貢献に関わるような表現はなかった。それは、当時の地方新聞が、那波家を県内の富者一般から特筆すべき存在とまではみなしていなかったことを示している。他方、秋田県最初の地方新聞である『遐邇新聞』には、すでに福祉活動を顕彰する記事が現れていたことも確認できる。以下では、そうした顕彰記事を歴史的に位置づけてみたい。

3　地方新聞の創刊と富者の福祉活動

福祉活動を顕彰するような記事の初出は、同紙創刊の一八七四年まで遡ることができる。『遐邇新聞』が、初めて福祉活動を報じたのは、同年六月二八日付である。そこでは、秋田町で六月一九日に発生した洪水とその被災状況とともに、豪商小野組の瀬川安五郎による食料支援が伝えられている。同月一九・二〇日の両日で、瀬川が支援した戸数は八〇〇戸余、その費用は一〇〇円余という。

瀬川安五郎（一八三五―一九一一）は、盛岡町（現盛岡市）の両替商に生まれ、一八五九（安政六）年に家督を継いだ。[*27] 行商などで資産を築き、一八七二年に小野組が東北に支店を開いた際、青森・秋田を任され、為替や生糸の仲買を統括した。この記事の掲載された一八七四年の年末には、小野組が破産するが、瀬川は、米・生糸・洋物雑貨等を扱う商店を開き、盛岡に本店、福島・東京などに支店を置いた。一八七六年、秋田県仙北郡荒川村（現大仙市）の荒川鉱山の払い下げを受け、新しい鉱脈の発見などによって経営を安定させた。[*28] 後述する佐々木高行の巡視や明治天皇の巡幸の際には、秋田町の瀬川の邸宅が宿所となった。前出の瀬川徳助は、安五郎の子である。

六月二八日付の記事では、瀬川安五郎の救助支援活動を次のように論じている。

瀬川氏の此挙たるや、人の急を救ひ、人の災を助く、能く人生の職務を尽す、実に仁人君子の行を称するに足れり。且夫商法の上にて論ずれば、一百円を以て数千人の歓心を買ふ、其費す処を以て其得る処を計算するに其贏《えい》利啻百倍のみならず、所謂目下汲々の利を貪らず、子孫冥々の福を謀るものなり。商法の深旨といふ可し。

ここでは、瀬川の福祉活動を道徳的に称賛するとともに、そうした活動が「商法上」の利得に適うことを強調している。そうした顕彰の一方で、次のようなはたらきかけもみられる。

抑水の災たるや、実に天の為ることにして、決して人の為せし誤より出るならず。されば水の災に罹るものこそ、惨しきうちの尤も惨ましきものなり。苟も世の富る人たち、勤めて之を助け之を救はずんばあらず。

水害の被災者は、自業自得ではないので、富者が救うべきという。瀬川の活動は、その模範とされている。『遐邇新聞』が、福祉活動を最初に報じた記事には、そうした活動を富者に促す表現も登場していた。他方、「決して人の為せし誤より出るなら」ざるゆえに救助すべきという『遐邇新聞』の主張は、論理的には、自業自得であれば救助は不要ということになる。

西田長寿によれば、日本の地方新聞は、府県庁の保護・指導のもと、一八七二年前後から各地で創刊され、一八七七年以降、紙面の形態や発行回数など本格的な体裁が整えられていったという。[*29] 秋田県の場合も、最初の地方新聞である『遐邇新聞』は、県庁の保護・指導により、一八七四年二月に創刊された。[*30] その後身である『秋田遐邇新聞』は、一八八二年一月に民権派によって『秋田日報』と改題され、同年六月の秋田改進党結成後にその機関紙となった。県会で秋田改進党との対立を深めた、県令石田英吉は、『秋田日報』を抑圧するとともに、一八八二年七月に保守派が創刊した『秋田日日新聞』(立憲帝政党系)を支援していった。なお、『秋田日報』は一八八四年七月に廃刊となったが、数回の改題を経て、一八八九年創刊の『秋田魁新報』に継承され、現在に至る。『秋田日日新聞』は、一九〇五年に『秋田時事』、一九一六(大正五)年に『秋田時事新聞』と改題を経て継承されたが、一九一七年七月に廃刊となった。

『遐邇新聞』は、一八七四年二月二日付の創刊号冒頭に、県庁の布達や裁判、県内外の情報を伝え、「人民をして遠近の事情に達し内外の形勢を知らしめ、以て知識開広勧懲稗補の一助となさんと欲す」との辞を掲げている。同紙の刊行趣旨は、文明開化と勧善懲悪に資することにあった。

そうした刊行趣旨には、秋田県の新聞政策が関わっていた。秋田県庁は、一八七二年九月の告諭で、東京や開港場から離れた秋田で、文明開化や新政府の政策などを知るには新聞が有益であることを強調するとともに、「殊ニ、節義篤行の褒賞、盗賊姦徒の刑罰等の事は、勧善懲悪の端にて世教の助ともなる事ゆへ、四民職事の暇にハ必す求めて見るへきなり」としている。[*31] 翌七三年には「活版新聞局ヲ設」ける旨を告諭しているが、そこでは「近キハ奥羽ノ新事ヲ、中ハ海内ノ珍説ヲ輯メ、遠キハ各国ノ異聞ヲ採リ、善ノ以テ人ヲ勧ムルニ足リ悪ノ以テ人ヲ懲スニ足ル者、及ヒ人事ノ得失、物価ノ高低ニ至ルマテ詳細記載シ、以テ文明ノ進歩ヲ助ケントス」としている。[*32] 前述した『遐邇新聞』の刊行趣旨は、後者を擬えたものだったことがわかる。

『遐邇新聞』の発行元である聚珍社で編集を担当したのは、狩野徳蔵（旭峰）や江帾運蔵（澹園）らだった。狩野（一八三二―一九二五）は、佐竹西家重臣の家系出身の漢学者・詩人で、同紙創刊に参画し、一八八四年までに『山形新聞』へ移籍した。[*33] 江帾運蔵（一八四二―一九〇九）は、漢学者の家の出身で、漢学や詩歌に優れ、一八七六年聚珍社に入社し、一八八二年の『秋田日日新聞』創刊時に移籍した。聚珍社は、県庁関係の印刷物を請け負うとともに、一八七八年から一八八〇年にかけて、詩歌中心の文芸雑誌を複数刊行している。[*34]『遐邇新聞』の系統が、近世の学問や文化を色濃く継承していたことをうかがわせる。

戦前の『秋田魁新報』で主筆や社長を務めた安藤和風は、一八八二年に一六歳で『秋田日日新聞』に入社したが、その職務は、官庁取材と江帾運蔵が執筆した雑報記事の清書だった。[*35] 江帾執筆の記事について、安藤は次のように記している。

雑報は江帾澹園翁執筆したが、それは探訪者が四方に奔走し、見聞の事を探訪帳に記入し差出したものから、澹園翁が選択し、自ら修飾的執筆したが、翁には美濃半分の薄葉罫紙の帳面を綴ぢたものに「心の種」と題し、曲亭馬琴、為永春水又は支那小説から、美事妙句を抄記し、これを以て雑報を修飾したから、現在の雑報の如く巡査報告書の如き拙文でなく、頗る美文的のものであつたが〔以下省略〕。

江帾が、探訪者の取材内容を、戯作や漢学の用語・用例で修飾して雑報を執筆していたことがわかる。前項で引用した災害救助支援活動を顕彰した記事にも、そうした表現技術が用いられており、『遐邇新聞』在籍時も同様だったと考えられる。津金澤聰廣によれば、初期の小新聞の担い手となった戯作者たちは「単なる雑報娯楽情報を実用的に転化する技術として〔中略〕記事内容における事実性の尊重および勧善懲悪イデオロギーの添付」を採用したとされる。[*36] 漢学出身の士族が担い手だった秋田の地方新聞にも、同様の表現技術が認められる。こうした表現技術を介して、近代のメディアである地方新聞の紙面が、近世の学問・文化の断片で修飾されていたことの意味は小さくなかったはずである。秋田の地方新聞は、近世の学問・文化の文脈をもつ表現によって、社会の出来事を位置づけていたことになる。

だが、一八七九年までの『遐邇新聞』『秋田遐邇新聞』では、災害救助支援活動は数多く報じられているものの、前述したように、近世後期の「仁政」の系譜にあった感恩講の名を確認することはできなかった。感恩講の創設と維持に貢献してきた那波家も、県内の富者一般から特筆すべき存在とまではみなされていない。『遐邇新聞』のいう「勧懲」のなかには、災害救助支援活動は入っていても、近世以来の恒常的な救貧が含まれていなかったことになる。そこには、同紙の刊行趣旨として勧善懲悪とともに掲げられた、文明開化の論理をうかがうことができる。

第三節　一八七八年以降における感恩講の再生

1　備荒貯蓄政策と感恩講

廃藩置県後に存続の危機に晒された感恩講だったが、一八七八年に秋田県の対応が変化したことによって、そうした状況を脱することになった。一八七八年前後は、秋田県庁が、県独自の備荒貯蓄政策を推進していた時期にあたる。結論を先取りすれば、県庁の対応が変化した要因として、備荒貯蓄政策との関わりを指摘することになる。

維新後の備荒貯蓄政策を概観すると、一八七二年一〇月二五日の大蔵省第一五八号によって、明治政府は従来の備荒貯蓄政策を放棄した。[*37] だが、一八七六年一一月、内務卿大久保利通は、「凶荒予備ノ方法適宜相立見込可申出」ことを地方長官宛に内達する。[*38] 地租改正の完了による租税の定額化のもと、豊凶を問わず地租収入を確保することが課題となっていた。大久保は、一八七八年五月の地方官会議で「救荒ノ備相立候様」と再び備荒貯蓄制度の導入を促した。[*39] そうした課題を引き継いだ大蔵卿大隈重信は、一八七九年六月に備荒貯蓄政策の導入を主張し、翌一八八〇年六月一五日、備荒儲蓄法が公布された。

以下では、秋田県の対応を確認する。一八七六年一一月の地方官宛内達を受けて、秋田県庁は、同年一二月二五日に「貯蓄方法ヲ設ケ」「窮民凶荒ノ予備」とすべき旨の告諭を出した。[*40] この告諭に続いて、新たな備荒貯蓄制度の導入が進められていく。一八七七年一二月の区長会議臨時会、翌一八七八年四月の県会の議定を経て、県庁は、同年六月一一日の触示第一七六番で「凶荒予備」の「方法相立可申出」と管下に通達した。[*41] 各町村において、町村人口四割の一年分にあたる食糧（籾米）を一五年間で備蓄することが求められた。[*42] 備蓄は、各町村の「共用」とされ、供出方法や管理なども裁量に任されたが、郡長の監督を受けるとされた。

翌一八七九年には、一〇月一八日の告諭で、県内全域用の備蓄を増設することを周知した。前年の触示第一七六番で創設された町村単位の備蓄を「第一予備」、新設の備蓄は「第二予備」と位置づけている。[*43] 続いて、一〇月三一日の甲第一八六号で「救荒予備設置方法」を布達し、「第二予備」は、県内人口二割の半年分にあたる食糧（籾米）を六〇年間で備蓄するとした。「人民ノ出金」を募り、それに内務省からの委託金一万二二四四円余を加えて原資とし、公債証書を購入して運用するという。その管理には、県庁があたり、県長官の監督を受けるとされた。[*44] この一八七九年布達甲第一八六号により、町村単位の「第一予備」とそれを補完する「第二予備」という、秋田県独自の備荒貯蓄制度が形成された。

だが、一八八一年には、備荒儲蓄法が施行された。秋田県独自の備荒貯蓄制度、特に県内全域用の備蓄である「第二予備」は、同法の内容と重なる面が少なくなかった。一八八七年には、「第二予備」の廃止を求める秋田県会議長名義の「第二救荒予備之儀ニ付建議」が県知事に提出されているが、その理由の一つとして、備荒儲蓄法によって不要となったことをあげている。[*45] 結局、一八八九年の秋田県令第四九号により、一八七九年布達甲第一八六号が廃止され、「第一予備」は「市町村公共財産」へ編入、「第二予備」は「其募集金寄付金等」を還付することになった。[*46] 一八七九年に確立された秋田県独自の備荒貯蓄制度は、一〇年程度で解体されたことになる。

以上のような秋田県の備荒貯蓄をめぐる対応で注目されるのは、一八七八年六月に県独自の制度が導入された点である。先行研究によれば、内務卿大久保利通による一八七六年一一月の内達後、滋賀県は、新たな制度の整備を進め、一八七七年四月に備荒金の具体的運用を定めた備荒概則を布達した。[*47] また、埼玉県と群馬県は、一八七八年五月の口達を契機として独自の制度を導入したとされる。[*48] 秋田県は、一八七六年の内達を契機として導入を進めた、全国的にも早期の事例だったと考えられる。一八八〇年当時、東北六県でそうした制度を導入していたのは、秋田県のみだった。[*49] こうした積極的な対応は、秋田県が、備荒貯蓄を重視していたことを示している。当時の地方官は石田英吉（一八七五年五月一九日就任、一八八三年三月八日退任）、次官は白根専一（一八七五年一〇月三〇日就任、一八七九年六月七日退任）だった。[*50]

感恩講が、授産植物場の設立を延期し、備蓄米の補充に取り組むことを秋田県庁に願い出たのは、一八七八年五月一四日付だった。[*51] 同講では、前述したように一八五〇年以来非常用の籾を備蓄してきたが、現在の備蓄量では、米価昂騰の際にも不十分であり、まして凶荒には対応できない。天保飢饉から五〇年が近づいており、飢饉の発生周期を考慮すれば、備蓄米の補充こそ最優先の課題という。当時の県庁は、前年一二月の区長会議臨時会、同年四月の県会を経て、新たな備荒貯蓄制度の導入を進めていた。県庁が備荒貯蓄に積極的だった状況のもとで、感恩講が、備蓄米補充の優先を願い出ていたことを確認できる。県庁は、前述したように、同年六月一一日に触示第一七六番を管下に通達した。備蓄計画等の提出を経て、県庁が、感恩講の願い出を認可したのは、その直前の同月六日付だった。[*52] 県権令代理少書記官白根専一の名で出された認可には「凶荒予備并授産植物場開設方法」を「可成年限前完全候様精々尽力可致事」とあるが、そこには、「凶荒予備」に実績を有する感恩講への期待も示されているように思われる。

同じく一八七八年「後半」、「県庁モ本講創立ノ旨趣ヲ諒トシ、直接施米ヲ是認セラレタルヲ以テ、更ニ稟申許可ヲ受ケ」、感恩講は「六十年来ノ慣行ニ復シ」、米の現物支給を再開した。[*53] 文明開化と殖産興業の論理から授産事業への再編を迫ってきた秋田県庁が、これまで否定してきた従来の救貧方法を一転して認めたことになる。「後半」の詳細については今後の研究の進展を待ちたいが、前述した同年六月の認可、すなわち備荒貯蓄への期待を契機とした県庁の姿勢の変化だったと考えられる。『感恩講誌』(一九二一年)によれば、同講を訪ねた白根専一は、前述した手当金貸付分の利子の支払いが滞っていることを知り、県庁での調査を同講に内示していたという。一八七九年六月の白根の転出間際だったため、実現しなかったとされるが、[*54] 感恩講にたいする県庁中枢の対応が好意的になっていたことをうかがわせる。

『感恩講誌』（一九二一年）は、そうした白根専一に関する記述に続けて、「本講ノ窮途ニ於テ、石田権令ヲ得タルハ、世ノ所謂冥府ニ仏ヲ見タルモノニシテ実ニ感激ニ堪ヘサリシ」という那波「祐章」の言を紹介している。[*55] 感恩講の正史は、一八七八年当時の地方官・次官である石田英吉と白根専一を顕彰していた。それは、秋田県庁が備蓄米補充を優先する方針や従来の救貧方法に復することを認めた同年が、感恩講にとって重要な画期だったことを明瞭に示している。

近世以来の救貧事業の存続を認められた感恩講は、翌一八七九年、田地一一町二反一畝四歩・金禄公債証書三三九〇円（年七分利付）を購入している。[*56] 講運営の財政基盤が築かれるとともに、所有地からの収穫米に依拠した活動が可能となった。

2　感恩講の再生

感恩講の存続にとって、もう一つの大きな画期となったのが、一八八一年七月の国からの手当金交付、および同年九月の巡幸における那波家の顕彰である。庄司拓也は、両者が当時の元老院副議長佐々木高行の尽力によって実現したと指摘している。[*57] だが、感恩講と佐々木の関係については、後者が奥羽地方を巡視した一八七九年に始まったとされるものの、その詳細までは十分に明らかにされてこなかった。以下では、その詳細を明らかにするとともに、佐々木の巡視以降における感恩講の経営再建についてふれてみたい。

奥羽地方の巡視を命じられた宮内省御用掛・元老院議官の佐々木高行は、一八七九年一〇月二九日から翌一八八〇年三月一一日にかけて、福島・山形・秋田・青森・岩手の順に各県を視察した。この巡視については、随行した宮内省雇・藤田一郎が「奥羽記行」と題した詳細な記録を残している。同書巻之九・十によれば、秋田町に到着したのは一八七九年一二月四日だったが、佐々木の発病と療養で長期滞在となった。秋田町滞在中の巡視一行は、前述した豪商瀬川の自邸に宿泊したが、那波祐富と感恩講を随行員の藤田に紹介したのは、当主の安五郎だったという。同月一六日、那波祐富は瀬川邸に呼び出されたが、病後の佐々木の「疲労」により面会は中止となった。

佐々木高行は、一二月一七日に県南内陸部への巡視に出発した。だが、健康を害した藤田一郎は随行せず、秋田町で静養した。静養中の藤田は、那波祐富に招かれ、同月二〇日に感恩講を視察している。当日は救貧の実施日であり、米支給の様子を実見するとともに、籾倉などの施設を見学した。この際、那波は、「祖先ノ遺教」を藤田に披露したという。

注目されるのは、藤田一郎が、救貧の受給者について記した部分である。藤田は、感恩講が、救貧の対象者を「全ク久保田市街人民ノ赤貧者ニ限」り、「常ニ監査人二名ヲ置キ、以テ貧富ノ可否ヲ鑑別セシム」としたうえで、実見した受給者の様子を「皆竹器及ヒ布袋ヲ携ヒ相来テ哀与ヲ乞フ。其容貌時既ニ寒時ナルヲ以テ、破衣ヲ以テ一身ヲ襲ス。塵垢面□ニ満チ髪乱レテ櫛ラス。盲者アリ、病者アリ。或ハ頸項ニ悪瘡ヲ生シ、或ハ病弱一身骨痩、実ニ其風名状シ難シ」と表現している。[*58] こうした「実ニ見ルニ忍ヒ」ない「不幸」な姿によって強調されているのは、感恩講の救貧が、「自立」の困難な人びとに供給されているという点である。それは、救貧に相応しい対象者を適切に選別していることを示す。藤田が、感恩講を高く評価したのは、そうした受給者の適切な選別にあったといえる。

県南巡視を終えた佐々木高行は、一二月二二日に秋田町に戻った。感恩講視察の報告を受けた佐々木は、「奥羽記行」巻之十一によれば、同月二四日に那波祐富を招請して、「貧民救助ノ篤志ヲ賞」した。那波の「悦フコト限リナシ」という。佐々木は、同月二五日に土崎湊町へ出発した。翌々二七日まで同町に滞在したが、那波は瀬川安五郎らとともに佐々木の宿所を連日訪れており、「悦フコト限リナ」かった様子がうかがえる。[*59]

佐々木高行の知遇を得たことは、感恩講の再建を後押しすることになった。一八八一年の東北・北海道巡幸（七月三〇日〜一〇月一一日）において、明治天皇は、九月一六日から一八日まで秋田町に滞在した。この際、那波祐富は、感恩講創設・維持の功績により褒状と目録（紅白縮緬二匹）を授与され、天皇に拝謁をしている。[*60] 佐々木克によれば、一八八〇年の山梨・三重・京都巡幸以降、「天顔奉拝」の規定が「正七位以下、勲七等以下および維新前後の勲労により賞典を受けた者」に厳密化されており、那波はその規定外だったため「特別」とされた。こうした例外は、那波以外に一件（二名）という。[*61] 感恩講の創設と維持の功績を賞されたことは、同講の事業が、天皇に認められたことを意味する。明治政府にとって、それは「巡幸を通じて、まず〔中略〕地域の有力者や名望家を把握し、そのエリート層を介在させて、広範な民衆を統合する」戦略に他ならない。[*62] 他方、感恩講にとっては、秋田県に続いて、天皇の支持を獲得したことになる。それは、廃藩置県以降、地域社会の支持を失っていた同講にとって、社会的信用を回復する大きな契機になったと考えられる。

一八八一年は、感恩講の財政面でも画期となった。前年一八八〇年の五月二七日、感恩講は、一八七四年交付の手当では従前の知行高に比して過小であるとして、知行高からの給付再開、ないしは、それに相当する金額か公債証書の交付を求める請願をおこなった。[*63] また、那波祐富の実弟良助を同講総代代理として上京させ、関係者へのはたらきかけや同年一〇月五日の再願にあたらせた。[*64] 翌一八八一年七月、大蔵省は、請願に応じた措置として、感恩講に手当として四万九二九六円九九銭八厘を交付した（土崎感恩講に四〇五五円七四銭二厘）。

この請願が認められた背景として、庄司拓也は、佐々木高行の尽力を強調している。上京した那波良助の頼った先が、元老院副議長の佐々木だったという。[*65]だが、この請願の過程では、秋田県庁の後押しがあったことも確認できる。一八八〇年五月の請願において、地方官の石田英吉は、その正当性を認め適切な措置を求める副書を大蔵卿に上申していた。[*66]また、同年一〇月の再願では、石田の代理として次官の小野修一郎が、感恩講備高は「辛労免高ニ比スレハ、旧藩以来取扱方鄭重且所有ノ権限一層堅固ノ者ニ有之」とする副書を上申している。[*67]小野は、内務省本省に転じた白根専一の後任として、一八七九年六月七日に秋田県少書記官に着任した、土佐の大庄屋出身の官僚である。[*68]地方官の石田とともに、交代後の次官である小野も、感恩講の請願を強く後押ししていた。

新次官の小野修一郎が感恩講の請願を後押しした要因として、一つには、前任者と同じく備荒貯蓄への期待があったと考えられる。前述した一八七九年の一〇月一八日告諭と布達甲第一八六号は、県令代理の少書記官小野の名で出された。小野が備荒貯蓄を重視していたことは、佐々木高行の「復命書」[*69]や藤田一郎「奥羽記行」巻之十で確認できるが、後者の一八七九年一二月一八日付には、次のような記述がある。秋田県独自の備荒貯蓄制度を称賛した藤田にたいして、小野は「乱モ恐ル、ニ足ラス、暴動モ亦然リ。如何ントナレハ、多クハ一地方ニ止マルカ如シ。恐ルへキハ、歳ノ凶ナリ。之ニ依テ拙官、勉メテコノ事ヲ挙ケ、以テ大厄ヲ人民ト共ニ免レントス」と応えたという。小野が、県独自の備荒貯蓄制度を確立したことに強い自負を抱いていたことをうかがえる。そして、感恩講についても、前述した一八八〇年一〇月の再願の副書では、「救荒ノ予備モ即今ノ急務ニ有之」として、同講による備荒貯蓄の重要性を強調している。[*70]

小野修一郎が感恩講の請願を後押しした要因として、もう一つは、一八七九年以降、秋田県でも米価騰貴が深

表1-3：感恩講への寄付申請者とその直接国税納税額

名義	職業・業種	感恩講寄付（1881年）		東部感恩講寄付（1893年）		直接国税納税額（1889年）		直接国税納税額（1898年）	
		寄付申請（円）	寄付申請額順	金額（円）	寄付額順	総額（円）	納税額順	総額（円）	納税額順
瀬川徳助		1,000	1			38	−		
山中新十郎		150	2	15	132				
土屋善三郎	小間物商	150	2	50	25			63	41
佐野八五郎	薬種売薬商	150	2	70	21			78	34
辻兵吉	呉服太物商兼機業及金銭貸付	150	2	500	3	1,663	1	2,902	1
本間金之助	小間物商兼金穀貸付業	150	2	300	5	1,058	2	2,009	2
森沢利兵衛〔善吉〕	呉服太物藍商	150	2	〔40〕	〔45〕	321	11	〔60〕	〔43〕
加賀谷長兵衛	質物商	100	8	300	5	776	4	1,869	3
山崎良兵衛	呉服太物商兼古着織物商	100	8	40	45	22	66	49	49
村山三之助	質屋営業、秋田県紙類元売捌所	100	8	200	7	417	9	628	10
鈴木喜右衛門	呉服太物商兼古着商兼金銭貸付業	100	8	50	25	149	19	224	20
佐藤文右衛門	質屋	100	8	200	7	478	7	805	7
加賀谷源右衛門	清酒醸造	75	13	30	57	38	39	59	45
加賀屋富太郎	金銭貸付業	75	13	200	7	287	12	533	12
三浦傳六	紙荒物商兼茶雑貨商	75	13	120	13	216	16	684	8
田宮太七	清酒醸造	70	16	20	88	55	36	106	30
遠藤小太郎	呉服太物商兼国産織物商	70	16	50	25	56	34	60	43
高堂兵右衛門	清酒醸造兼醤油醸造	60	18	30	57	31	49	63	41
高堂祐蔵		60	18						
加藤茂八郎		60	18						
森川鉄五郎		50	21						
池田祐之助		50	21						
山形善之助		50	21	15	132				
武田長松	各地瀬戸物卸小売最上醤油醸造販売	50	21						
佐藤多吉	呉服太物商兼畝織製造販売	50	21	50	25			100	32
佐藤忠蔵		50	21						
和島屋亀太郎		50	21						

佐藤山三郎	醤油製造	50	21	70	21	233	15	520	13
平野三郎兵衛	貸金貸家業	50	21	200	7	648	6	871	6
平野政吉	金穀貸付業	50	21	120	13	399	10	661	9
斎藤直治		50	21						
23 名		30	32						
1 名		27	55						
3 名		25	56						
14 名		20	59						
102 名		15	73						
計 174 名		6,097							

出所：「（明治十四年）出金者姓名簿」（青木美智男監修・庄司拓也校訂『近世社会福祉史料―秋田感恩講文書―』校倉書房、2000 年、所収、史料 18）、「東部感恩講書類」明治 27 年～28 年（秋田県公文書館所蔵、930103-00863、件番号 4）、渡辺真英『秋田県管内名士列伝―国会準備―』（北辰堂、1890 年）、白崎五郎七編『日本全国商工人名録』（日本商工人名録発行所、1892 年）、鈴木喜八・関伊太郎編『日本全国商工人名録』（日本全国商工人名録発行所、1898 年）、渡辺真英編『改正秋田県国税拾五円以上納税名鑑』（北辰堂、1899 年）、大森卯助編『秋田市詳密地図　附商工人名記』（1901 年）、鈴木吉祐『大正の秋田　附商工人名録』（大正堂書店、1913 年）。

注 1：瀬川徳助の 1889 年の所在は、仙北郡荒川村。同地所在の父安五郎の納税額は、209 円。

注 2：〔〕は、代替わり後の次代における寄付額や納税額、それらの順位を示す。

刻化したこともあげられる。秋田町の地廻米は、前述したように、一八七九年九月に七円台まで上昇していたが、翌一八八〇年二月に八円前後、同年五月末に九円台へとさらに高騰し、感恩講が再願した同年一〇月には、一〇円台の値が付いたこともあった（『秋田遐邇新聞』秋田物価欄）。こうした米価騰貴によって、備荒貯蓄の必要性が再認識されるとともに、生活危機への対応という課題も生じていた。小野は、再願の副書で「殊ニ即今米価非常ノ騰貴ニ際シ窮民増加候折柄、救助ノ資金□ント欠乏危急ノ場合ニ相逼候実況、傍観致候テハ治安上不相済義」として、感恩講の救貧の重要性を強調している[*71]。秋田県庁が、感恩講による一八八〇年の請願を後押しした背景には、備荒貯蓄とともに救貧事業への期待もあったといえる。

佐々木高行や秋田県の後押しによって、一八八一年七月に国から手当が交付されたことにより、感恩講の財政状況は大幅に改善された。また同年には、一七四名から計六〇九七円の寄付申請があった（表1―3）。一部未納が多く、実際の寄付額は三九〇九円余にとどまったが[*72]、多数の住民から支持を獲得したことこそ重要だったはずである。石田英吉も三〇円を寄付しており、地方官の支持も表明されていた。前述したように、廃藩置県以降の寄付は、一名（三円）にとどまっていた。一七〇名強もの支持を集めたことは、感恩講の地域社会での立場や信用も大いに回復していたことを示している。財政状況の大幅改善とともに地域社会の支持を回復した一八八一年以降、感恩講は、秋田県庁の監督のもと、田地の買い増しなどで安定した財政基盤を築き、組織・運営体制の再建を進めていった。[*73]

3　「積善の家」の登場

那波三郎右衛門をめぐる新聞報道に変化が現れるのは、一八八〇年以降である。前述したように『秋田遐邇新聞』の発行は一八八一年一一月までとなり、同紙を改題した『秋田日報』が一八八二年一月に発刊された。『秋田日報』も、発行分がほぼ現存している。

宮内省御用掛・元老院議官の佐々木高行は、前述したように、一八七九年一〇月から一八八〇年三月にかけて奥羽地方を巡視し、秋田県滞在中の一二月には、那波祐富とも面会した。『秋田遐邇新聞』では、佐々木の秋田県内視察中もその動静を逐次報じていたが、巡視後の明治天皇への復命についてもその概略を伝えている。一八八〇年五月九日付では、佐々木が、那波について報告した内容として、以下を報じた。

> 秋田県下秋田大町商《ママ》那波三郎右衛門の略歴　三郎右衛門子は、高祖父より国恩の尊きを知り、之を奉せんとの念慮より、旧領主参勤の度には、必ず金を献し、亡父三郎右衛門子の時に至り、発意して慈善の同志を募り救恤の事に心を尽し感恩講と名け、該市街中極貧の者へは一月両度の日を定め衣米を施し、国恩に報せ

んとす。文政年間より今に至る迄間断なく、往年天保の度凶荒之に依て飢餓を免れし者多しと。旧領主之を賞し若干の金を賜与するも該講の旨趣に戻《ママ》るを以て受けずといふ。祖孫四世の間、斯く慈善の行ある実に感賞すへし。

那波家の「慈善」は、「国恩に報せん」とするものだったという。「国恩」とは、仏教の「四恩」の一つとされ、「国」との関係を「恩」としてとらえるものである。[*74]「恩」には「報恩」が求められる。深谷克己は、「四恩」の観念が近世の早い時期に広まり、「危難にさいして助け合うことに倫理的な意義を与える根拠にもなった」と指摘している。[*75]本記事には、家系に混乱もみられるが、旧藩時代に感恩講の創設を主導し、代々その事業を支えてきたとして、那波家が顕彰されている。他方、感恩講以外の福祉活動にはふれられていないことも確認しておきたい。

また、この記事は、管見の限りでは、地方新聞における感恩講の初出となる。掲載当時は、感恩講にたいする秋田県庁の対応が一変した後であり、同月末には、廃藩置県で没収された知行高の補償を求める請願の提出を控えていた。注目されるのは、近世後期には「御仁政」と称されていた感恩講が、「慈善」と呼ばれている点である。秋田県庁の監督を受け、明治天皇の公認を得た後も、感恩講が再び「御仁政」と呼ばれることはなかったと考えられる。

一八八一年一月、那波祐富は、秋田町旧武家地の貧困層への白米一〇〇俵の寄付を県庁に願い出た。一八七八年末に四円台だった秋田町の地廻米は、前述したように、一八八〇年五月末には九円台まで高騰していたが、一八八一年四月に下落するまで九円以上を推移した(『秋田遐邇新聞』秋田物価欄)。旧町人地では、感恩講の救貧に期待することもできたが、旧武家地は対象外だった。『秋田遐邇新聞』同年一月二七日付では、願書の文面を付して、以下の内容を報じている。

本庁下川端三丁目□商《ごうしょう》□□《なは》氏の慈善心の深きや□□□事にして今更ら贅を俟たざれ□も、過日の□□□掲けし貧者に衣裳を恵まれしは今茲《ことし》始めての挙にあらず、先年より例以て行はれし事なるか、その他折に触れ時につけ数多の施与ありしは其数其蹟枚挙に遑あらさるなり。去れは祖先業を創《はじめ》しより綿々として富有の統を全ふせしも、人復爰疑《ひとまたなんぞ》ん。時に即今士族輩の窘蹙《くんしく》を諒察せられ、左の願を申立ら《マ》たる《マ》は、其心善にして其事美なりといふへし。〔中略〕右等の事共を始として、同氏が平生の美事善行は猶ほ之れを詳悉し、記して以て一の陰隲録とせまほしき事にこそ。〔以下省略〕

那波家による貧困者への衣類の恵与は、今年が初めてではなく慣例であることなどが強調されている。そのうえで、那波家の福祉活動を詳細に記録して「一の陰隲録」にすべきという。「陰隲録」とは、中国明代の代表的な善書の一つである。だが、そうした記録を欠いていたためか、この顕彰記事では、「平生の美事善行」の具体性が乏しい。とはいえ、個人ではなく、那波家として顕彰されていることが重要である。そして、そうした変化は、同家の功績が、佐々木高行によって明治天皇に報告されたことを契機としていたと考えられる。なお、冬季における衣類・薪炭等の恵与は、祐章の代だった嘉永年中（一八四八～一八五四）から継続されてきたものだった。[*76]

また、『秋田遐邇新聞』は、同年二月一八日付に、旧武家地への白米寄付を顕彰する「庁下寒貧生信太新」からの投書を、原文のままとして掲載した。投書は、那波祐富の福祉活動を顕彰すべきという同紙の主張の支持となっており、その掲載によって、そうした主張が新聞読者に共有されていることを印象づけたと考えられる。

一八八一年の東北・北海道巡幸において、明治天皇は、九月一六日から一八日まで秋田町に滞在した。この際、那波祐富は、前述したように、褒賞を受け、天皇に拝謁した。だが、『秋田遐邇新聞』同年九月一九日付では、秋田町での動静は、連載記事「本県管内御通輦《れん》之記」で詳述すると予告し、ごく簡略な滞在日程を紹介するにとどめている。

同日付の『秋田遐邇新聞』には、那波祐富方の「四隣」の住民が、巡幸に際して、那波への褒賞を求める上申書を県令宛に提出したことが報じられている。同紙は、その上申書の書面を同年九月二四・二五・二七日付に三分割して掲載した。感恩講関係の功績のほか、以下のような記述もみられる。

> 当主祖父三郎右衛門ノ節、祖先ノ□風ニ基キ百□勤倹ヲ以家法トナシ必虚飾ヲナサス。爾来三代ノ今日ニ至リ聊変スルコトナク産業弥繁昌ニシテ、又慈善篤行衆ノ知ル処ニ有之候事。〔中略〕同氏家法ノ勤倹ナルハ前記ノ通リナリト雖、自ラ減ラシテ人ヲ救フ美徳ヲ存シ、祖父三良《ママ》右衛門ノ節モ当主ノ今日ニ至ル迄、年々歳々年末ニハ市街貧者ヲ捜索シテ其分ニ応シテ衣服或ハ木炭ヲ賑恤スルコト毎年必不欠、其他不時ノ火災水難等必ス米金ヲ出シテ貧者ヲ賑ハス。抑三代ノ久シキ毎歳ノ賑恤スル所ヲ精算セハ実ニ巨大ノ額ニ可有之。然リト雖、所謂陰徳ニシテ必世間ヲシテ之ヲ知ラシメス、〔以下省略〕

ここでは、那波家が三代にわたって、恒常的な救貧や災害時の救助支援活動に多額の資金を投じてきたことが強調されている。そうした実績とそれを支えてきた「家法」は、おそらく、「四隣」の住民には、よく知られていたと思われる。近隣住民に認められていた代々の福祉活動、感恩講関係以外の実績が、三回にわたる新聞連載によって、広く県内に周知されることになった。この上申の背景やその後の経過などは不明であるが、近隣住民の主張として報じられたことは、こうした内容にリアリティを与えたと考えられる。

連載記事「本県管内御通輦之記」に、秋田町滞在中の動静が掲載されたのは、翌月だった。『秋田遐邇新聞』

一八八一年一〇月一一日付は、九月一八日の動静を報じ、那波祐富が「特別に拝謁被仰付」たことや、その際に下賜された褒状も全文掲載している。褒状では、感恩講の創設と維持の功績が賞されていた。この報道によって、同講の事業が天皇の公認を得たことが、広く県内の読者に周知されることになった。それは、那波家の名望を獲得する機会になるとともに、感恩講の社会的な信用を高めることになったと考えられる。

『秋田遐邇新聞』の後身にあたる『秋田日報』は、一八八二年一月二八日付で、那波祐富の福祉活動を次のように報じている。

世に慈善者の多き中にも、庁下川反三丁目商那波三郎右衛門氏は、家法正しく節倹を守りて究民を憐れむことは普ねく諸人の知るところなるが、例年歳末に至れば究民へ米銭若くは衣類抔恵与せしより、本年も最早旧年末に至りたるより目今取調べ中なる由。

那波祐富が旧暦年末の救貧を準備していることを報じた内容であるが、注目されるのは「家法正しく節倹を守りて究民を憐れむことは普ねく諸人の知るところ」とされている点である。前述したように、地方紙上で那波家の「家法」などが報じられたのは、前年九月の三回にわたる連載記事だった。その数ヶ月後に掲載された、この記事では、そうした知見を広く知られた所与の前提として扱っている。『秋田日報』は、那波家が地域の福祉に代々貢献してきた特筆すべき旧家であることを、いわば常識とみなしていたことになる。前掲した一八八〇年以降の新聞記事では、那波家の功績が、仏教の「四恩」や、「陰騭録」「陰徳」といった漢学の用語・用例などで修飾され強調されてきた。そうした報道の積み重ねにより、同家が特筆すべき旧家であることを常識とするようなメディア表象が形成されたといえる。また、この記事が報じた現在進行中の救貧活動も、そうした那波家のメディア表象を裏付け、補強したはずである。

第五章で後述するように、一九〇五年の『秋田時事』は、那波家を「積善の家」と目していた。[*77] 那波家は、善行を多く積み重ねた家とみなされており、一八八二年の『秋田日報』にみられたメディア表象が数十年後の地方新聞にも継承されていたことになる。那波家のように地域の福祉に代々貢献してきた旧家について、本書では、「積善の家」と呼んでみたい。

他方、一八八二年の『秋田日報』には、那波家の救貧にたいする批判も現れている。同紙は、同年二月二一・二四・二五日付に掲載した社説「小恵ハ寧ロ徒善ニ属スルカ」で、那波家の救貧を「慈恵ヲ受ルモノ、或ハ慣レテ同氏ノ恒例トナシテ恩賜視セサルノ態アリ。或ハ之ヲ坐食シテ情遊ニ供スルアリ。以テ生計ノ一資トナシ命脈ヲ維持スルノ微補トスルカ如キハ、殆ント稀レナリ」として「無益ノ徒善」と断じた。そのうえで代案として、商工業の開業資金を提供し、受給者が「年々歳々該家ノ厄介者トナリ小恵ヲ甘受センヨリハ、寧ロ憤発黽《びん》勉シテ一家保続ノ道ヲ立テ、一箇自由ノ権理ヲ暢ンコトヲ」論じている。『秋田遐邇新聞』から『秋田日報』への改題は、自由民権派によるもので、この社説にも「自由ノ権理」「自治ノ精神」といった民権派の論理を確認できる。中嶋久人は、一八八一年の東京府会で、「納税者」の立場に立つ民権派が、貧民を「惰民」とみなして救済事業の大幅な縮小を主張したことを指摘している。[*78] 一八八二年の『秋田日報』は、そうした「惰民」批判を民間である那波家の救貧に向けていたことになる。一八八二年の地方新聞において、那波家の「積善の家」イメージが確立されるとともに、その救貧を「惰民」との関わりで批判する論調も登場していたことを確認しておきたい。

おわりに

近世以来の救貧事業である感恩講は、一八七一年の廃藩置県後、財政と事業内容の面で存続の危機に直面した。同講がそうした危機を克服した背景には、①財政・運営面で那波祐章・祐富父子の尽力があった。②一八七八年、備荒貯蓄の実績への期待から、秋田県が感恩講の支持へと対応を転じた。③一八七九年に宮内省御用掛の佐々木高行、一八八一年に明治天皇の支持を得られたことがあった。感恩講の存続は、①那波家二代の貢献なしには不可能だったが、②県庁の対応が支持に転じ、そうした県の姿勢が③天皇の公認によって永続的になったことがある。それは、民間の福祉事業とはいえ、行政が、その活動に必要な枠組みや環境を整備することがいかに重要かを示している。[*79]

明治期の慈善事業について、池田敬正は、「産業革命の進行のなかでようやく各種の施設が増設されはじめ、とりわけ日露戦争後になって本格的に設立された」が、その「圧倒的部分を占める民間の慈善事業施設は、いずれも規模としては弱小であり基礎も脆弱であった」とする。[*80] 大杉由香は、感恩講について、「多くの寄付金を直接救済に使わず、田畑等の開発・買収にあてたり、各種公債を購入して資産運用を行い、着実にストックを増やして」いったとして、経営面での先進性を強調している。[*81] 明治期の慈善事業において、感恩講のような経営や資産状況は、例外的だったことになる。それは、少なくとも一九世紀において、国家や皇室が、福祉に必要な枠組みや環境を整備する役割を十分に果たしていなかったことを示している。

また、感恩講の存続が、「自立」を強いる政治的・社会的な圧力とのせめぎ合いのなかで実現したことも明らかとなった。近世以来の感恩講の救貧について、国司仙吉や県庁は、文明開化と殖産興業の立場から「姑息の法」と断じて、授産事業への再編を迫っていた。自業自得ではないとして災害支援を促していた地方新聞には、等閑視された。他方、③感恩講を高く評価した宮内省雇の藤田一郎も、「自立」の困難な人びとの適切な選別を強調しており、結果として「自立」を強いるベクトルが認められる。感恩講は存続したが、「自立」を強いる圧力がなくなったわけではなかった。

③佐々木高行が明治天皇への復命で那波家を顕彰したことを契機として、一八八〇年以降、地方新聞で同家代々の功績などが報じられ、その積み重ねによって「積善の家」というメディア表象が形成された。こうしたメディア表象は、これ以降の秋田町（市）や秋田県の福祉に大きな影響を与えていくことになる。

註

＊1　庄司拓也「久保田町における感恩講の設立─近世後期の町方における相互扶助の公共的制度化について─」（『秋田近代史研究』第四〇号、一九九九年）、青木美智男監修・庄司拓也校訂『近世社会福祉史料　秋田感恩講文書』（校倉書房、二〇〇〇年）。

＊2　深谷克己『増補改訂版　百姓一揆の歴史的構造』（校倉書房、一九八六年）、小川和也『牧民の思想─江戸の治者意識─』（平凡社、二〇〇八年）、など。

＊3　若尾政希「近世後期の政治常識」（明治維新史学会編『講座明治維新10　明治維新と思想・社会』有志舎、二〇一六年）。

＊4　秋田県社会福祉協議会編『秋田県社会福祉史』（一九七九年）。

＊5　「出羽国秋田郡久保田町　那波家文書」（冊子目録、秋田市立図書館明徳館所蔵）。

＊6　金森正也『藩政改革と地域社会─秋田藩の「寛政」と「天保」─』（清文堂出版、二〇一一年）。

＊7　「日記　文政十二ヨリ天保五年マテ」（秋田感恩講文書、日本福祉大学付属図書館所蔵マイクロフィルム、FT二三八四）。

＊8　庄司前掲「久保田町における感恩講の設立―近世後期の町方における相互扶助の公共的制度化について―」、一八頁。

＊9　前掲「日記　文政十二ヨリ天保五年マテ」。

＊10　「感恩講発端ヨリ是迄之大旨御尋ニ付乍恐御答」一八三四年（東山文庫、秋田県公文書館所蔵、AH三六九―〇四）。

＊11　藤田覚『松平定信』（中央公論社、一九九三年）、六三～六四頁。

＊12　庄司拓也「天保の飢饉下における感恩講の活動と財政」（秋田姓氏家系研究会編『あきた史記　歴史論考集5』秋田文化出版、二〇〇二年）。

＊13　若尾政希『百姓一揆』（岩波書店、二〇一八年）、二二三～二二四頁。

＊14　庄司前掲「天保の飢饉下における感恩講の活動と財政」。

＊15　加賀谷長兵衛編『感恩講誌』（感恩講、一九〇八年）、七～八頁。

＊16　加賀谷同前『感恩講誌』（一九〇八年）、二、八頁。

＊17　「明治五年ヨリ同七年ニ及ブ感恩講備高等ニ関スル書類」（写）（東山文庫、秋田県公文書館所蔵、AH三六九―一七）。土崎感恩講は、前年設立の感恩講に倣い、一八三〇年に土崎湊町（現秋田市）で設立された。

＊18　加賀谷長兵衛編『感恩講誌』（感恩講、一九二一年）、一三頁。

＊19　「御巡幸関係書類　天覧物取調之部三番之別簿　感恩講書類」（秋田県公文書館所蔵、九三〇一―〇三―一二〇三七）。

＊20　加賀谷前掲『感恩講誌』（一九二一年）、一七頁。

＊21　倉地克直「『生きること』の歴史学・その後」（『日本史研究』第六〇四号、二〇一二年一二月、三六頁）、同『江戸の災害史』（中央公論新社、二〇一六年、二三二頁）。

＊22　牧原憲夫『全集日本の歴史　第13巻　文明国をめざして』（小学館、二〇〇八年）、一二四頁。

＊23　青木・庄司前掲『近世社会福祉史料　秋田感恩講文書』、史料18。

＊24　「篤行及奇特ノ者取調回送ノ儀賞勲局副総裁ヨリ依頼」（「庶務課庶務掛事務簿　賞与献金等之部　四番」明治一五年一〇～一二月、秋田県公文書館所蔵、九三〇一―〇三―〇八五二八、件番号五）。

＊25 『秋田遐邇新聞』一八七九年一〇月一一日雑報、同前一二月一四日雑報。
＊26 「庶務課諸務掛事務簿　賞誉献金等之部　八番五」明治一三年七月（秋田県公文書館所蔵、九三〇一〇三―〇八五〇四）。
＊27 盛岡市史編纂委員会編『盛岡市史　別篇第２』（一九六一年）。
＊28 瀬川安五郎は一八九六年、産出量が最盛期に達していた荒川鉱山を三菱会社に売却した（盛岡市史編纂委員会同前『盛岡市史　別篇第２』）。その後は、米穀・生糸の販売を再開するも振るわなかった。
＊29 西田長寿「明治初期新聞発達史概説」（初出一九三七年。同『日本ジャーナリズム史研究』みすず書房、一九八九年、所収）。
＊30 秋田魁新報社調査部編『秋田県新聞史』（秋田魁新報社、一九五四年）。
＊31 「新聞紙購読告諭書」明治五年九月（写）（秋田県公文書館所蔵、九三〇一〇三―一一五三八）。
＊32 「管内布達留」明治六年九月（秋田県公文書館所蔵、九三〇一〇三―一一〇三五、件番号一〇七）。
＊33 荒谷浩「狩野旭峰　江帾澹園」（秋田県総務部秘書広報課編『秋田の先覚―近代秋田をつちかった人びと―　第２』秋田県、一九六九年）。
＊34 秋田市編『秋田市史　第四巻　近現代Ⅰ通史編』（二〇〇四年）。
＊35 安藤和風『秋田五十年史』（秋田郷土会、一九三二年）、一三～一四頁。
＊36 津金澤聰廣「大衆ジャーナリズムの源流〝小新聞〟の成立」（初出一九六五年。同『現代日本メディア史の研究』ミネルヴァ書房、一九九八年、所収）、五九頁。
＊37 松沢裕作「備荒貯蓄と府県会」（同『明治地方自治体制の起源―近世社会の危機と制度変容―』東京大学出版会、二〇〇九年）。
＊38 「諸官省公達留」明治九年（秋田県公文書館所蔵、九三〇一〇三―一一七二〇、件番号一四三）。
＊39 「諸官省公達留」明治一一年（秋田県公文書館所蔵、九三〇一〇三―一一七二二、件番号三九）。
＊40 「本県触示留」明治九年一二月（秋田県公文書館所蔵、九三〇一〇三―一一〇二五、件番号三二）。
＊41 「本県触示留」明治一一年六～一〇月（秋田県公文書館所蔵、九三〇一〇三―一一〇三四、件番号六）。
＊42 「甲第百八十六号」一八七九年一〇月三一日（「本県布達留」明治一二年九～一二月、秋田県公文書館所蔵、九三〇一〇三―

一一〇四七、件番号二六)。
＊43 「告諭」一八七九年一〇月一八日(同前「本県布達留」明治一二年九〜一二月、件番号五九)。
＊44 前掲「甲第百八十六号」。
＊45 「明治廿一年度県会書類綴」(秋田県公文書館所蔵、九三〇一〇三―〇九一〇九、件番号四一)。
＊46 「秋田県令」明治一二年(秋田県公文書館所蔵、九三〇一〇三―一〇九九七、件番号五一)。
＊47 大月英雄「明治初期の備荒貯蓄と民間社会―滋賀県の事例を中心に―」(『ヒストリア』第二六六号、二〇一八年二月)。
＊48 松沢前掲「備荒貯蓄と府県会」。
＊49 佐佐木高行「復命書　天・地」(佐佐木高行家旧蔵書、國學院大學図書館所蔵、一五九七)。
＊50 秋田県編『秋田県史　五巻』(一九六四年、復刻版、加賀谷書店、一九七七年)、一〇八頁。
＊51 前掲「御巡幸関係書類　天覧物取調之部三番之別簿　感恩講書類」。
＊52 「日記　明治七年〜明治十七年」(秋田感恩講文書、日本福祉大学付属図書館マイクロフィルム、FT二三三六)。
＊53 加賀谷前掲『感恩講誌』(一九二一年)、一八頁。
＊54 加賀谷同前『感恩講誌』(一九二一年)、一七〜一八頁。
＊55 加賀谷同前『感恩講誌』(一九二一年)、一八頁。
＊56 加賀谷前掲『感恩講誌』(一九〇八年)、一一頁。
＊57 庄司拓也「明治前期における感恩講の存続をめぐって」(『東北社会福祉史研究』第二〇号、二〇〇二年)。
＊58 藤田一郎「奥羽記行(佐々木高行奥羽巡回)」巻之十、明治一二・一三年写(宮内庁書陵部図書寮文庫所蔵、C三・一〇六)。
＊59 藤田一郎「奥羽記行(佐々木高行奥羽巡回)」巻之十一、明治一二・一三年写(宮内庁書陵部図書寮文庫所蔵、C三・一〇六)。
＊60 加賀谷前掲『感恩講誌』(一九〇八年)、一三〜一四頁。
＊61 佐々木克『幕末の天皇・明治の天皇』(講談社、二〇〇五年)、二一七〜二一八頁。
＊62 佐々木同前『幕末の天皇・明治の天皇』、二二八頁。

＊63　前掲「御巡幸関係書類　天覧物取調之部三番之別簿　感恩講書類」。
＊64　加賀谷前掲『感恩講誌』（一九〇八年）、一二頁。
＊65　庄司前掲「明治前期における感恩講の存続をめぐって」。
＊66　加賀谷前掲『感恩講誌』（一九〇八年）、一一～一二頁。
＊67　前掲「御巡幸関係書類　天覧物取調之部三番之別簿　感恩講書類」。
＊68　鈴木しづ子「福島県大書記官小野修一郎」（初出一九九八年。同『明治天皇行幸と地方政治』日本経済評論社、二〇〇二年、所収）。
＊69　佐佐木前掲「復命書　天・地」。
＊70　前掲「御巡幸関係書類　天覧物取調之部三番之別簿　感恩講書類」。
＊71　同前「御巡幸関係書類　天覧物取調之部三番之別簿　感恩講書類」。
＊72　青木・庄司前掲『近世社会福祉史料　秋田感恩講文書』、史料18。
＊73　大川啓「『仁政』と近代日本―地方都市秋田の感恩講事業を事例として―」（趙景達編『儒教的政治思想・文化と東アジアの近代』有志舎、二〇一八年）。
＊74　深谷克己『百姓成立』（塙書房、一九九三年）、倉地克直『全集日本の歴史　第11巻　徳川社会のゆらぎ』（小学館、二〇〇八年）。
＊75　深谷同前『百姓成立』、五四頁。
＊76　前掲「御巡幸関係書類　天覧物取調之部三番之別簿　感恩講書類」。
＊77　「最近秋田故人（四）那波三郎右衛門君（下）」『秋田時事』一九〇五年一一月一三日。
＊78　中嶋久人『首都東京の近代化と市民社会』（吉川弘文館、二〇一〇年）。
＊79　高田実「ゆりかごから墓場まで―イギリスの福祉社会一八七〇～一九四二年―」（同・中野智世編著『近代ヨーロッパの探究15　福祉』ミネルヴァ書房、二〇一二年）。
＊80　池田敬正『日本社会福祉史』（法律文化社、一九八六年）、三三六、三三八頁。

＊81　大杉由香「明治近代化の中の公的扶助と私的救済―今何を学び取るべきか―」（『法政大学イノベーション・マネジメント研究センター　ワーキングペーパーシリーズ』第三〇号、二〇〇七年）、三一頁。

第二章　近代の救貧と富者

はじめに

近世の「いのち」や生活について、倉地克直は、「領主支配・身分団体・『家』」という三つの関係で守られており、その「外部」にも、富者の「仁風」がみられたとする。[*1] また、現代において、そうした関係に相当するものとして、「家族・集団・行政」をあげている。[*2]

一九一八（大正七）年の米騒動以降、都市部では、行政による社会事業・社会政策が本格的に開始される。本書の対象時期は、そうした都市行政の変化以前であり、集団や「家」（家族）の役割が大きかったと考えられる。前者には、地主小作関係、職人・職工・鉱夫等の同職集団などがあげられるが、それらに保護の役割も認められることは先行研究でも指摘されてきた。[*3] 明治一〇～二〇年代に全国各地で設立された結社についても、「身分団体」の解体のもと、生活を支える役割を果たした事例が明らかにされている。[*4] だが、行政・集団・「家」（家族）の「外部」については、「近代的」な慈善事業に関心が集中してきたように思われる。

前章でふれた感恩講は、そうした「外部」を救貧によって支えていた。本章では、社会事業・社会政策が本格化する以前の秋田町（市）に供給されていた複数の救貧とその担い手を明らかにする。また、そうした救貧の対象となった恒常的な貧困以外の生活危機についてふれてみたい。

第一節　秋田町（市）の救貧

1　救貧に関する法律とその実施状況

当該期における救貧に関する法律には、恤救規則や棄児養育米給与方などがある。前者は、一八七四（明治七）年一二月に制定された救貧法であるが、その前文には「済貧恤窮ハ、人民相互ノ情誼ニ因テ其方法ヲ設ヘキ筈ニ候得共」とあり、[*5]家族・親戚・隣保などでお互いに助け合うのが本来のあり方と強調されている。原則として、「極貧」で「独身」、かつ「廃疾」（障がい者）・「老衰」（高齢者）・「疾病」（病気の者）により「産業ヲ営ム能ハサル者」、および「十三年以下ノ者」（孤児）を対象として、米代を支給するものだった。

表2―1は、一九一〇年代までの秋田町（市）における恤救規則の救助人員、および後述する感恩講・東部感恩講それぞれの救助戸数・人員とその保護率を示している。秋田町（市）での恤救規則の実施状況は、一八八五年から一九一〇年までの受給者数が〇～五人程度で推移しており、一九一一～一八（大正七）年までは〇人、一九一九～二〇年が数名である。当該期の保護率（人口千人あたりに占める受給者の割合）は、最も高い一九〇六年でも〇・一五‰（千分率）にとどまっている。

全国における恤救規則の実施状況は、明治中後期が保護率〇・三～〇・四‰台で、内務省地方局通牒「済貧恤救ハ隣保相扶ノ情誼ニ依リ互ニ協救セシメ国費救助ノ濫給矯正方ノ件」の出された一九〇八年から大正末までが

表 2-1：秋田町（市）における恤救規則の実施状況および感恩講・東部感恩講の救助実績

	恤救規則		感恩講・東部感恩講			秋田市の現住人口（人）
	国費受給者数	地方費受給者数	受給者数（合計）	受給戸数（合計）	保護率（単位：人、‰）	
1882 年（明治 15 年）			192	89		
1883 年（明治 16 年）			279	120	9.27	30,102
1884 年（明治 17 年）			319	138		
1885 年（明治 18 年）	0		683	300	22.69	30,105
1886 年（明治 19 年）	0		534	282	18.27	29,225
1887 年（明治 20 年）	0		270	167	8.90	30,343
1888 年（明治 21 年）	0		249	166	8.45	29,454
1889 年（明治 22 年）			243	179	8.22	29,568
1890 年（明治 23 年）	4		569	345	19.50	29,175
1891 年（明治 24 年）	2		617	359	21.29	28,977
1892 年（明治 25 年）	1		382	255	13.42	28,468
1893 年（明治 26 年）	3		286	191	10.13	28,229
1894 年（明治 27 年）	3		266	175	9.79	27,175
1895 年（明治 28 年）	2		213	145	7.78	27,368
1896 年（明治 29 年）	2		264	177	9.74	27,114
1897 年（明治 30 年）	2		339	213	13.02	26,028
1898 年（明治 31 年）	0		359	226	13.25	27,094
1899 年（明治 32 年）	2		305	190	11.09	27,490
1900 年（明治 33 年）			349	190	12.66	27,558
1901 年（明治 34 年）			267	162	8.73	30,594
1902 年（明治 35 年）	2		248	165	7.87	31,514
1903 年（明治 36 年）	2		331	151	10.25	32,294
1904 年（明治 37 年）	4		279	168	8.28	33,695
1905 年（明治 38 年）	3		534	257	15.37	34,746
1906 年（明治 39 年）	5		485	252	14.59	33,239
1907 年（明治 40 年）	4		335	195	9.85	34,014
1908 年（明治 41 年）	4		288	172	8.37	34,401
1909 年（明治 42 年）	3					34,471
1910 年（明治 43 年）	1		249	166	7.08	35,194
1911 年（明治 44 年）	0		347	196	9.77	35,501
1912 年（明治 45 年）	0		381	215	10.55	36,115
1913 年（大正 2 年）	0		358	218	9.88	36,249
1914 年（大正 3 年）	0	0	320	190	8.61	37,155
1915 年（大正 4 年）	0	0	240	155	6.24	38,475
1916 年（大正 5 年）	0	0	214	139	5.54	38,611
1917 年（大正 6 年）	0	0	197	138	5.04	39,073
1918 年（大正 7 年）	0	0	184	143	4.60	40,004
1919 年（大正 8 年）	0	3	218	159	5.40	40,368
1920 年（大正 9 年）	0	1				40,790

出所：加賀谷長兵衛編『感恩講誌』（感恩講、1908 年、秋田県公文書館所蔵、AH369-32）、湊彌七編『各感恩講概要』（東部感恩講、1908 年、秋田県公文書館所蔵、AH369-33）、『秋田県統計書』明治 16・18 ～ 21・23 ～ 32・35 ～ 45・大正 2 ～ 9 年、『日本帝国統計年鑑』第 7 ～ 18、秋田市編『秋田市史　第四巻　近現代Ⅰ通史編』（2004 年、310 頁）、より作成。

注：保護率（千分率）は、「感恩講・東部感恩講の受給者数合計」÷「秋田町（市）の現住人口」× 1000 で算出している。

〇・一‰前後から〇・一‰台と極めて低い状態で推移している。秋田県全体では、一八九七年までは全国の保護率の半分未満の低い水準だったが、一八九八年以後は全国的にも高い部類となった。大杉由香によれば、県内各地の感恩講事業や強固な本家分家関係によって抑制されていた保護率は、前者が組織的停滞に入り始めたこともあって上昇に転じたという。[*6] 秋田町（市）の場合、全国平均よりも一貫して低い水準にあり、また一八九八年以後高い水準に転じた秋田県全体の傾向とも一線を画していたことになる。恤救規則は、「人民相互ノ情誼」を前提とした極端な制限主義で知られる。国の供給する救貧が極めて限定的だった当該期において、秋田町（市）の保護率が、全国平均をさらに下回る水準だったことに注目しておきたい。

2　感恩講の救貧活動

当該期の秋田町（市）における民間の救貧活動には、感恩講の事業がある。感恩講は、一八二九（文政一二）年に久保田町の町人地（外町）在住の貧民や孤児などを恒常的に救済する事業・施設として創設された。明治維新後も、前章でふれたように、民間有志によって運営が継続されている。田地等を開発・買収し、その収穫米を中心に救貧を実施した。一八九四年には、旧武家地（内町）を対象とする東部感恩講が創立され、市内全域への救貧が実現した。

感恩講・東部感恩講の活動状況は、保護率でいえば、明治中後期には一〇‰前後から、高い年度では二〇‰前後に及んだこともあったが、一九一五年から一九一九年までは五‰前後で推移している（表2―1）。前述した恤救規則の保護率と比較すると、感恩講で供給していた救貧が、桁違いの規模だったことを確認できる。なお、感恩講の活動区域の住人は、少なくとも同講の救貧を受給できなかった場合に、恤救規則を適用される可能性が生じたことになる。感恩講事業は、当該期の秋田町（市）において、恤救規則の適用が抑制されていた大きな要因の一つだったといえる。

救貧の内容は、『感恩講慣例』（一八九二年）によれば、旧町人地に「永住スル貧民」のうち、「鰥寡《かんか》孤独」（身寄りのない者）、「不具、廃疾、疾病、瘋癲《ふうてん》、白痴」（障がい者や病者）、「窮困ニテ老幼ノ家族多キ者」のいずれかに該当し、かつ「自ラ生計ヲ為スコト能ハス、且他ニ頼ル所ナキ者及ヒ其家族」に、米などを支給するものだった。対象者には、一人一日あたり白米二合六勺（七歳未満にはその半分）を一ヶ月に二回まとめて支給した。救助期間は、一～三ヶ月以内であるが、生活環境が向上しない場合には更新することも可能だった。ただし、受給者のうち「強壮ナル者」には、「職業ヲ奨励シ、自活ノ道ヲ立テシムルコト」に努め、「遊惰ニシテ貧困ヲ招クモノ」には警告の後、救貧を打ち切ることも規定されている。[*7]

恤救規則よりも大規模な救貧を供給していた感恩講の事業だったが、その受給資格については、厳密な実地調査がおこなわれていた。一九〇五年に県が発行した『秋田県慈善事業一班』によれば、「隋《ママ》民助成ノ弊ヲ避クルガ為メ」、「月二回、受救者ノ家宅ニ就キ実状ヲ調査スル等、力メテ其査定ヲ厳ニシ」ていたという。[*8]前章でふれた一八七九年の佐々木高行の巡視以降も、感恩講が受給者の適切な選別に努めていたことがわかる。それはまた、「自立」や「自活」を強いる立場から「惰民助成」とみなされるリスクも続いていたことをうかがわせる。

感恩講の経営状況は、前章でふれたように、一八八一年の国からの手当金交付により大幅に改善され、田地の買い増しなどで安定した財政基盤が築かれた。また、前章でふれた一八八一年の感恩講の増資、一八九三年の東部感恩講設立時のように大規模な寄付募集も実施されている。表2―2は、後者における寄付額とその上位者の

表 2-2：東部感恩講への寄付者とその直接国税納税額

名義	職業・業種	東部感恩講寄付（1893年）		感恩講寄付（1881年）		直接国税納税額（1889年）		直接国税納税額（1898年）		直接国税納税額（1920年）	
		寄付額（円）	寄付額順	寄付申請（円）	寄付申請額順	総額（円）	納税額順	総額（円）	納税額順	総額（円）	納税額順
侯爵　佐竹義生		1,000	1								
那波三郎右衛門	呉服太物商卸商兼機業	700	2			876	3	1,290	4	6,000	5
湊彌七〔貞輔〕	〔貸金業〕	500	3			659	5	1,233	5	〔5,390〕	〔6〕
辻兵吉	呉服太物商兼機業及金銭貸付	500	3	150	2	1,663	1	2,902	1	14,926	1
加賀谷長兵衛	質物商	300	5	100	8	776	4	1,869	3	8,740	3
本間金之助	小間物商兼金穀貸付業	300	5	150	2	1,058	2	2,009	2	11,504	2
佐藤文右衛門	質屋	200	7	100	8	478	7	805	7	1,611	18
平野三郎兵衛〔温之助〕	貸金貸家業	200	7	50	21	648	6	871	6	〔6,483〕	〔4〕
村山三之助	質屋営業秋田県紙類元売捌所	200	7	100	8	417	9	628	10	3,256	8
加賀谷富太郎	金銭貸付業	200	7	75	13	287	12	533	12	2,370	10
那波喜助	官鹽元売捌業	150	11							158	138
那波亥之助		150	11					18	114	256	85
平野政吉	金穀貸付業	120	13	50	21	399	10	661	9	4,014	7
三浦傳六	紙荒物商兼茶雑貨商	120	13	75	13	216	16	684	8	2,831	9
船山忠定	貸金業	100	15			61	33	107	29	149	145
奈良右左衛門	紙及荒物商貸金貸家業	100	15			76	27	234	18	789	31
小西傳助		100	15								
伊勢多右衛門		100	15								
麻木松治郎		100	15								
新田目小助	小間物商兼呉服太物商金穀貸付業	75	20					75	36	1,032	25
佐野八五郎	薬種売薬商	70	21	150	2			78	34	408	51
加賀谷正司	呉服太物商	70	21	30	32			66	40	270	80
佐藤山三郎	醤油製造	70	21	50	21	233	15	520	13	2,320	11
羽生氏熟		60	24			444	8	27	78	171	129
坂本南右衛門	畝織八丈	50	25			45	37	32	66	255	86
日理宗憲		50	25			17	71				

佐藤小太郎	塩砂糖商兼紙、蝋油商	50	25					59	45	301	70
大野民也	貸金業	50	25			75	29			231	89
栗本庸勝		50	25								
池田謙三		50	25								
大陽寺順儀		50	25								
江畑忠夫〔省三〕	〔貸家貸金〕	50	25			82	25	458	14	〔2,016〕	〔13〕
嘉藤治兵衛	金物商兼塗物商、□器製作	50	25			62	31	29	76		
土屋善三郎	小間物商	50	25	150	2			63	41		
松井吉太郎		50	25								
猿谷利左衛門	薪炭商兼竹材商金穀貸付業	50	25	30	32	159	18	150	24	483	46
佐藤左吉	清酒醸造	50	25			62	31	136	26	475	47
佐藤多吉	呉服太物商兼畝織製造販売	50	25	50	21			100	32		
鈴木喜右衛門	呉服太物商兼古着商兼金銭貸付業	50	25	100	8	149	19	224	20	639	37
金子文蔵	呉服太物商卸商	50	25					67	39	〔2,034〕	〔12〕
遠藤小太郎	呉服太物商兼国産織物商	50	25	70	16	56	34	60	43		
仁平直記		50	25								
2名		45	43								
9名		40	45								
3名		35	54								
18名		30	57								
13名		25	75								
44名		20	88								
96名		15	132								
那波良助	清酒醸造	田2反歩				76	27	46	50		
寄付金(227名)計		10,125									

出所:「東部感恩講書類」明治 27 ～ 28 年（秋田県公文書館所蔵、930103-00863、件番号 4)、「(明治十四年) 出金者姓名簿」(青木美智男監修・庄司拓也校訂『近世社会福祉史料—秋田感恩講文書—』校倉書房、2000 年、所収、史料 18)、渡辺真英『秋田県管内名士列伝—国会準備—』(北辰堂、1890 年)、鈴木喜八，関伊太郎編『日本全国商工人名録』(日本全国商工人名録発行所、1898 年)、渡辺真英編『改正秋田県国税拾五円以上納税名鑑』(北辰堂、1899 年)、大森卯助編『秋田市詳密地図　附商工人名記』(1901 年)、鈴木吉祐『大正の秋田　附商工人名録』(大正堂書店、1913 年)、瀬谷純一『秋田県紳士名鑑』(秋田県紳士名鑑発行所、1919 年)、渡辺真英編『秋田名誉鑑』(秋田名誉鑑発行所、1920 年)。

注：〔〕は、代替わり後の次代における職業、納税額とその順位を示す。

直接国税納税額等を示す。二二八名から、計一万一二五円と田二反歩の寄付が寄せられており、前者の寄付申請者数・寄付申請額（一七四名・六〇九七円）を上回っていた。後者に高額の寄付をしている湊彌七や船山忠定、羽生氏熟、江畑忠夫といった富裕な士族は、旧町人地の救貧である前者ではその名を確認できない。後者の規模が前者を上回ったのは、一つには、旧武家地を対象とする東部感恩講の設立により、士族層の支持を新たに獲得したことがあった。感恩講事業は、一八八一年の外町在住者を中心とする一七四名の支持に続き、一八九三年には市内全域の二二八名から支持を得たことになる。ただし、寄付額の面では、外町の富者による寄付が大きな割合を占めていた。内町の救貧である東部感恩講にたいして、外町から多額の寄付が寄せられたのは、その設立を主導した那波三郎右衛門祐富らの尽力があったとされる。[*9]

秋田町（市）の富者の多くは、寄付者として感恩講の財政面を支えていた。一部の富者には、感恩講・東部感恩講の年番（理事）として、実際の救貧活動に従事する機会もあった（表1―2）。年番の任命について、『感恩講慣例』には、「在任ノ年番ニ於テ〔中略〕救恤区域内ヨリ名望及ヒ財産アル者ヲ選定シ、県庁ノ認可ヲ経テ依嘱スヘシ」とある。[*10]

3　盆暮れの救貧

秋田市（町）の富者による救貧は、感恩講の事業に限定されるものではなかった。前章でふれたように、那波三郎右衛門家では、冬季における衣類・薪炭等の恵与を、嘉永年中（一八四八～五四年）から続けていた。第一章で引用した『秋田日報』一八八二年一月二八日付では、那波が、旧暦年末の恒例として「究民」への米や金銭、衣類などの恵与を実施していたことを報じている。一九世紀半ば以降、那波家が、衣類や米などの恵与を慣習として続けていたことがわかる。

こうした慣習的な救貧は、那波家に限られたものではなかった。一八八八年の『秋田日日新聞』は、次のように報じている（以下、『秋田日日』と略す）[11]。

> 庁下保戸野愛宕町なる船山忠定氏に於ては、例年の如く、旧歳暮の節には保戸野、中嶋、北ノ丸辺の貧困者へ白米薪炭等若干つゝを恵与せられたるにぞ。貧困者の喜ひ一方ならず、地獄で仏の思にて、一同目出度二十一年の初春を迎ひたるは、全く仝氏の慈恵に依るなりと、只管感泣し居ると云ふ。

船山忠定は、居住地である保戸野愛宕町（現保戸野すわ町・保戸野中町・保戸野八丁・保戸野原の町）周辺において那波家と同様の救貧活動をおこなっていたことがわかる。船山（一八四八—一九二五）は、貸金業を営んだ士族で、救貧の対象地区も旧武家地にあたる[12]。このため、「例年」とは、明治維新後のことと考えられる。また、同年の『秋田日日』は、佐藤文右衛門が、旧暦年末に衣類や食料の恵与を準備していたことを伝えている[13]。佐藤（一八五七—一九一三）は、質屋業を営む秋田町有数の資産家で、大地主だった[14]。

なお、『秋田日日』は、前年一八八七年一二月二八日付の雑報「貧民救助」で、那波家による年末の救貧についても報じている。一八八七年年末から一八八八年の旧暦正月にかけて、秋田町では、少なくとも那波三郎右衛門・船山忠定・佐藤文右衛門による救貧活動がみられたことを確認できる。

一八九〇年の『秋田日日』は、土崎港町（現秋田市）の富者による米の恵与を報じた記事で「最早旧暦の歳末に接せるを以て、各地方の富豪者は続々貧困者を憐むの挙ありて毎度本紙上に報道せしが」と前置きしており[15]、そうした慣習的な救貧が秋田県内で広がりをもっていたことがうかがえる。

そして、こうした救貧の広がりは、少なくとも二〇世紀初頭までみられていた。一九〇一年の『秋田魁新報』（以下、『魁』と略す）は、「今吾が富豪の慈善救恤の様を見るに、概して一時的なり。即ち盆暮れに米何斗宛を施すとか、金何拾銭宛を恵むとか云ふ風にして、其の上乗のものと雖、一家と其の生命を同ふし、家運の衰ふるあれは、その家の慈善救恤も則ち止むを常とす。斯る姑息にして浅墓《マ》なき《マ》慈善救恤法は〔中略〕開国文明の今日には寧ろ害あるとも益なきことたり」と批判的に論じている。[*16] 第一章でふれたように、一八八二年の『秋田日報』には、那波家の救貧を批判する論調がみられたが、『魁』は同紙の後身にあたる。ここでは、二〇世紀初頭においても、そうした批判の対象になるほど、富者による盆暮れの救貧が、秋田県内で広がりをみせていたことを確認しておきたい。

4　米の無利子での貸付

秋田市内の一部地区では、米の無利子での貸付も実施されていた。一九〇八年の『魁』は、次のように報じている。[*17]

市内上川口加賀谷長兵衛氏方にては、先代より、毎年旧暦詰には同町及中川口、川口新町の細民百余戸に対し、各戸□粳玄米一俵宛を翌年十一月迄に無利子にて貸与し、同期間内に返納せさるものには翌年より貸与せさる慣例のよしにて、一昨日同町民一般に貸与せるか、馬喰町村山三之助氏方にても町内細民に限り、粳糯各一俵宛を貸与せるよしにて、町民等は感心し居れり。

加賀谷長兵衛は先代以来、居住地である上川口（現旭南三丁目）や近隣の中川口（同前）、川口新町（同前・

川元小川町）の「細民百余戸」にたいして、毎年米一俵を無利子で貸し付けていたという。加賀谷長兵衛家は、秋田藩の御用聞商人も務めた近世以来の旧家で、秋田市有数の資産家だった。質屋業や金融業などを営み、一八八〇年代には急速に土地集積をすすめて県内有数の大地主に成長した。[*18] 一九〇八年当時の長兵衛である茂景（一八五八―一九二四）は、先代の父・茂定の隠居により一八七八年に家督を継いだ。[*19] 引用記事によれば、遅くとも一八七八年までには、米の無利子での貸付を始め、一九〇八年まで三〇年以上継続していたことになる。

村山三之助（一八五八―一九一八）も、居住していた馬口労町（現旭南一～三丁目・楢山登町）の「細民」に粳《うるち》米・糯《もち》米を一俵ずつ貸し付けていたという。村山家は近世初期以来の旧家で、酒造業（一八八七年まで）や質屋業を営んだ市内有数の資産家であり、大地主だった。[*20] ここでは、加賀谷や村山といった旧家が、少なくとも一九〇八年頃まで、居住地区レベルでの恒常的な生活支援を実施していたことを確認できる。

加賀谷家と村山家が、近世以来の旧家であることは、米の無利子での貸付が、前述した町《ちょう》による扶助の系譜にあることを思わせる。その場合、身分団体としての町が解体された後も、その扶助の役割を町在住の富者が担い続けることもあったことになる。

居住地区レベルのこうした生活支援については、市全体にまで発展していなかったといった評価にとどめるべきではないだろう。当該期の秋田市では、前述したように、感恩講と東部感恩講が、市内全域を対象として、米などを無償で支給する恒常的な救貧事業を展開していた。加賀谷長兵衛らの生活支援は、米の無利子での貸付であり、いわば感恩講よりも手前の段階の安全網だったといえる。高田実は「福祉の複合体」史の視点として、福祉を担う「共同性」が多層化すればするほど安定し、一元化へ近づくほどに不安定となっていくことを強調している。[*21] 上川口周辺や馬口労町といった地区には、感恩講や恤救規則による救貧とともに、加賀谷らの生活支援も供給されていた。秋田市内の限定された地区ではあるものの、富者・感恩講・国という複数の担い手による重層的なセーフティネットが形成されていたことこそが重要である。

明治期の慈善事業について、池田敬正は、一九一一年末に現存した五四七軒の施設のうち、一八八七年までの設立が五七軒（約一〇・四％）にたいして、一八九八年以降が四一一軒（約七五・一％）を占めるとして、「維新直後から各種の施設が創設されそれが挫折している点も考えなければならないが」、「そうした施設の7割以上が〔中略〕資本主義の本格的な形成期に設立された」とする。[*22] 秋田市では、一八九〇年代から、秋田慈善会（一八九一年・貧民授産事業）、私立福田小学校（一八九五年・貧困児童教育施設）、秋田県陶育院（一九〇四年・青少年の更生施設）といった慈善事業が開始されるが[*23]、第五章でもふれるように、富者が大きな役割を果たしていた事業も少なくなかった。秋田町（市）では、富者が福祉の重要な担い手だったことを確認しておきたい。

第二節　救貧の担い手と近代転換期

地方都市秋田では、感恩講が創設された一八二九年以降、富者が救貧の重要な担い手となっていた。その代表格といえるのが、感恩講の創設と維持に貢献した那波三郎右衛門家である。そうした福祉活動を可能にしたのは、前章でふれたように、那波家が一九世紀を通じて秋田有数の商家だったことがある。だが、同家のように最上層の資産家の地位を維持し続けることは、一九世紀において一般的だったわけではなかった。

宮本又郎は、一八四九（嘉永二）・一八六四（文久四）・一八七五・一八八八・一九〇二年に刊行された長者番付・資産家録を、「江戸期」「幕末」「維新期」「企業勃興期」「工業化期」と位置づけて、商家・起業家最上層の盛衰を分析し、一九世紀後半には最上層の交替が激しかったと指摘している。そうした交替に最も大きな影響を与えたのは、一八七五年から一八八八年の時期に含まれる松方デフレと企業勃興という。[*24] 谷本雅之は、宮本の分析をふまえて「開港・明治維新と続く制度改革は、新たな事業機会を提供し、新興資産家の登場と近世来の資産家の退場とを促した。しかしその新興資産家も、その多くは経済変動の荒波のもとで、資産家の地位を失っていった。工業化期長者の多くは、この変動期の終了後に、はじめてその地位を築いていたのである」と論じている。[*25] 経営史研究において、一九世紀が、経済的な変動が大きく、新旧商人の交替も激しかった時期として位置づけられていることがわかる。

地方都市秋田の場合も、前掲した表1―2、1―3、2―2を参照すると、そうした新旧商人の交替がみられたことがうかがえる。「名望及ヒ財産アル者」とされる感恩講・東部感恩講の年番として、表1―2では、前述した那波三郎右衛門・加賀谷長兵衛・村山三之助らの名を確認することができる。表2―2の直接国税納税額を参照すると、近世以来の旧家である那波らが一九二〇年頃まで市内有数の資産家の立場を維持していたことがわかる。他方、同じく年番を務めていた吉川総右衛門や佐々木弥左衛門の名は、表1―3、2―2の納税額の出典では確認できない。吉川は、近世初期以来の有力な商家で荒物茶紙商を営んでいたが、[*26] 明治維新以降にそうした立場を維持し得なかったと考えられる。佐々木弥左衛門家は、平鹿郡の農家出身だった初代が古着商や質屋を営み、一九世紀前半にかけて藩の御用聞町人の地位を得るまでの急成長をとげた。[*27]『秋田市史　第三巻　近世通史編』では、近世後期の久保田町における新旧町人の交替の激しさを象徴する家として、佐々木家を紹介している。[*28] だが、佐々木家も明治維新以降には、そうした上層の立場を維持できなかったとみられる。吉川家や佐々木家の事例は、秋田町においても「近世来の資産家の退場」がみられたことを示している。それはまた、近世後期に「仁政」や救恤を担っていた富者が「退場」したことを意味する。

これにたいして、「新興資産家の登場」にあたるのが、表1―3では、山中新十郎・辻兵吉・本間金之助らである。山中新十郎は、典型的なマニュファクチュアとして注目された「山新木綿」の経営で知られる。[*29] 平鹿郡出身の初代新十郎信廣（一八一八―一八七七）は、一八四一（天保一二）年に久保田町で呉服太物商を開業した。一八五二（嘉永五）年に秋田藩の郡方織物用達に取り立てられ、一八五五（安政二）年には衣料品の移入制限による領内産業の保護育成を献策して採用された。一八五九（安政六）年、藩から縞木綿の生産を認められ、工場生産方式を採用して量産化を図った。明治維新後も順調に経営を続けていたが、会社設立途上の一八七七年に信廣が亡くなった。家督を継いだ長男の二代目新十郎は、「十年ノ間ニ潰ト成ル」ともいわれる。[*30] 表1―3では、一八八一年の寄付が一五〇円にたいして、一八九三年には一五円にとどまっており、少なくとも先代のような立場までは維持できなかったと考えられる。山中新十郎家は、一九世紀中頃から一代で急成長を遂げた新興資産家だったが、代替わり後にそうした地位を失っていた。激しい経済変動のもと、秋田町でも新興資産家の「退場」がみられたことを確認できる。

他方、辻兵吉家は、初代兵吉（一八二三―一八八〇）が、奉公先の質店太物商から独立し、一八五〇（嘉永三）年頃に露天の古着商として創業した。[*31] その経営の特徴は、自ら江戸に出向いて古着や織物を仕入れたことにある。地方に販路を拡げていた江戸の新興織物問屋と結びつき、秋田藩領内で高まった織物の需要に応えて成長した。金銭貸付業・質屋業など順調に経営を拡大していったが、秋田町有数の資産家となったのは、二代目兵吉（一八五二―一九二六）の代である。一八八〇年の代替わりの頃から、取引先を京阪地区まで広げて、呉服太物商として経営を拡大した。一八八〇年代に所有地を急増させ、県内有数の大地主にまで成長した。一八八九年の直接国税納税額は、市内第一位となっている（表2―2）。辻家の経営動向を分析した差波亜紀子は、その急速な成長の要因として、新たな需要や流通手段にたいする先見性と積極性を指摘している。[*32]

本間金之助家は、初代の善十郎が、奉公先の小間物問屋から独立して、一八五〇年に小間物屋を創業した。[*33]創業間もない頃から、江戸・京都などの商人を仕入先としている。秋田町有数の資産家へと成長したのは、二代後の二代目金之助（一八四五―一九二九）の代である。自ら東京・京阪に出向いて、日用品をはじめ、洋風品や輸入品、学用品などを仕入れ、家業を成長させた。洋風品需要の増加も、本間家の経営拡大を後押しした。明治一〇年代に所有地を急増させ、県内有数の大地主へと成長した。一八八九年の直接国税納税額は、市内第二位となっている（表2―2）。

表1―3と表2―2により、一八八一年と一八九三年における感恩講事業への寄付を比較すると、最上位の顔ぶれや申請額順に違いがみられる。各寄付者が自身の資産規模に見合う額を出金していたとは限らないが、一八九三年の場合、寄付額の上位者と直接国税の納税額上位者はおおよそ重なっている。これをふまえると、一八八一年から一八九三年の間に、秋田町（市）では、上位の資産家に変動がみられたことを想定しうる。辻兵吉と本間金之助が、秋田町（市）で一、二位の資産家へと台頭したのも、この間のことだった。

表2―3は、秋田市内の資産家の所有地地価、直接国税納税額の内訳を示す。所得税額や営業税額の多寡は、商家経営の規模を反映すると考えられるが、辻兵吉・本間金之助は、市内最上位の経営規模を有していたことを確認できる。注目されるのは、両家が、市内一、二位の大土地所有者でもあった点である。辻・本間が台頭した背景として、一つには、松方デフレ以降に土地集積を進め、大地主経営を確立させたことがあげられる。

表 2-3：秋田市の大土地所有者とその直接国税納税額

	所有地地価（1890 年）		所有地地価（1893 年）		直接国税納税額（1889 年）			直接国税納税額（1898 年）		
	（円）	市内順位	（円）	市内順位	地租（円）	所得税（円）	納税額順	地租（円）	所得税・営業税等（円）	納税額順
辻兵吉	90,200	1	83,870	1	1,600	63	1	2,114	788	1
本間金之助	41,800	2	54,359	2	1,013	45	2	1,612	397	2
加賀谷長兵衛	40,800	3	43,436	3	731	45	4	1,514	355	3
那波三郎右衛門	31,760	4	32,356	5	794	82	3	841	449	4
平野三郎兵衛	25,000	5	22,876	7	625	23	6	748	123	6
湊彌七	24,520	6	39,550	4	613	46	5	1,044	189	5
佐藤文右衛門	17,680	7	24,357	6	442	36	7	668	137	7
羽生氏熟	16,880	8			425	19	8	18	9	78
松倉庄右衛門	16,520	9	16,442	9	132	8	21	528	89	11
平野政吉	15,600	10	13,244	12	390	9	10	548	113	9
村山三之助	15,520	11	13,411	11	388	29	9	421	207	10
三浦傳六	12,960	12	17,197	8	210	6	16	513	171	8
森澤利兵衛〔善吉〕	12,840	13	〔6,279〕	〔20〕	321		11	〔13〕	〔47〕	〔43〕
加賀谷富太郎	10,560	14	12,779	13	264	23	12	378	155	12
安藤精一郎	10,560	15			264	16	13			
佐藤山三郎	9,000	16	14,876	10	225	8	15	401	119	13
鎌田源左衛門	6,920	17	12,484	14	245	4	14	324	89	15
帯谷文平	6,320	18			158	3	17	220	47	17
猿谷利左衛門	6,200	19			155	4	18	105	45	24
栗林キツ			12,127	15				293	23	16
江畑忠夫			11,214	16	76	6	25	362	96	14
鈴木喜右衛門			6,721	17	141	8	19	168	56	20
佐藤佐吉			6,653	18	45	17	31	25	111	26
戸嶋榮太			6,459	19	140	3	20			

出所：尾留川新五右衛門『秋田県管内大地主名鑑』（1890 年、渋谷隆一編『都道府県別資産家地主総覧　秋田編』日本図書センター、1995 年、所収）、渡辺真英編『改正秋田大地主名鑑』（1894 年、大館市立栗盛記念図書館所蔵）、渡辺真英『秋田県管内名士列伝―国会準備―』（北辰堂、1890 年）、渡辺真英編『改正秋田県国税拾五円以上納税名鑑』（北辰堂、1899 年）。
注：〔〕は、代替わり後を示す。

ただし、松方デフレ以降に土地集積を進めた秋田町の資産家は、辻兵吉と本間金之助だけではなかった。表2―3では、前述した那波三郎右衛門・加賀谷長兵衛・村山三之助も、一八九〇年までに大土地所有者となっていたことを確認できる。近世以来の旧家である加賀谷や村山も、地主経営を拡大することで、市内上位の資産家の地位を維持していた。また、湊彌七や江畑忠夫といった士族の資産家の名もみられる。一八八一年以降の秋田町（市）における資産家上位の変動には、土地集積の有無や多寡が関わっていたといえる。また、表2―2の直接国税納税額を参照すると、そうした大土地所有者の多くが、一九二〇年頃においても市内上位の資産家の立場を維持していたことを確認できる。

以上をふまえると、秋田町では明治維新以降、近世以来の旧家や幕末維新期の新興商家の「退場」といった新旧商人の交替がみられたが、松方デフレ以降には大土地所有者が資産家の上位を占めるようになり、その多くは一九一〇年代までその地位を維持していたことになる。一九世紀後半における経済の大きな変動期の終了後、秋田町（市）の資産家の多くは、「工業化」よりも、地主経営によってその地位を築いたといえる。

松方デフレ以降の秋田町（市）で上位を占めた資産家は、近世来の旧家、近代転換期に成長した新興商家、士族出身の資産家に大別できる。感恩講事業との関わりでいえば、創立時の一八二八年に寄付をしている加賀谷長兵衛家や村山三之助家にたいして、新興商家である辻兵吉家は一八六二年、本間金之助家は一八八一年が最初の寄付だった。[*34] 湊彌七ら士族出身の資産家は、前述したように、一八九三年の東部感恩講設立時が最初である。士族はもちろん、新興商家も、近世後期の民間における「仁政」や救恤の担い手にはあたらない。だが、表1―2のように、一八九四年に辻・湊は東部感恩講の年番、本間は感恩講の年番に就任した。辻らは、近世後期の「仁政」の系譜にあった感恩講事業を引き継いだことになる。新興商家や士族出身者らは、なぜ感恩講事業の担い手となったのであろうか。次章以降の大きな課題の一つとしたい。

第三節　災害や米価騰貴がもたらす生活危機

1　秋田町（市）の災害

秋田町（市）において、民間による救貧が恒常的に供給されていたことは、第一節までに確認したとおりである。だが、そうした救貧が対応した恒常的な貧困とは、桁違いの規模で生活危機がもたらされることもある。地震や風水害、火災といった災害時はもちろん、米価騰貴もそれにあたる。表2―4は、明治期における主な災害と米価騰貴を示したものである。当該期の秋田町（市）では、水害や火災がくり返し発生していたことを確認できる。前者は、雄物川の支流である旭川や太平川の氾濫によるもので、町（市）南部、特に楢山地区が度々浸水被害を受けていた。[*35] 後者の火災について、『秋田市史　第四巻　近現代Ⅰ通史編』では、代表的なものとして、①一八八六年四月三〇日の川反より出火し三五五四戸焼失（八橋村九七戸、寺内村六二戸含む）、②一八九五年四月一五日に大工町より出火し一五〇戸焼失、③一九〇五年五月九日に大町・茶町より出火し二一一戸焼失、④同年七月二六日に市役所庁舎、民家五戸焼失、の四件をあげている。[*36]

第一章でふれた一八七〇年代の地方新聞では、そうした災害時に瀬川安五郎や那波三郎右衛門らによる救助支援活動がみられたことを伝えていた。次章以下では、一八八〇年代以降の災害のうち、①③④の火災とその後の対応の局面に注目してみたい。次に、米価騰貴がもたらした生活危機について確認しておきたい。

表 2-4：明治期の秋田町（市）における主な災害と米価騰貴

西暦（和暦）年	主な災害・米価騰貴
1868（明治元）	洪水（6 月）。下米町二丁目出火、750 軒以上延焼（9 月 4 日）
1869（明治 2）	
1870（明治 3）	
1871（明治 4）	
1872（明治 5）	秋田大町出火、316 戸焼失（4 月 10 日）
1873（明治 6）	
1874（明治 7）	洪水（6 月 19 日）
1875（明治 8）	
1876（明治 9）	
1877（明治 10）	洪水（5 月 13 日）
1878（明治 11）	洪水（8 月 8 日）。米価騰貴
1879（明治 12）	米価騰貴
1880（明治 13）	米価騰貴
1881（明治 14）	米価騰貴
1882（明治 15）	雄物川大洪水（7 月 25 日）
1883（明治 16）	
1884（明治 17）	
1885（明治 18）	
1886（明治 19）	①川反出火、3396 戸焼失（4 月 30 日）
1887（明治 20）	
1888（明治 21）	
1889（明治 22）	米価騰貴
1890（明治 23）	米価騰貴
1891（明治 24）	
1892（明治 25）	旭川大洪水（8 月 23 日）
1893（明治 26）	
1894（明治 27）	雄物川・旭川・太平川大洪水（8 月 26 日）
1895（明治 28）	②大工町出火、150 戸焼失（4 月 15 日）
1896（明治 29）	六郷地震、市内全壊 3 戸、破損 77 戸（8 月 31 日）
1897（明治 30）	米価騰貴
1898（明治 31）	米価騰貴
1899（明治 32）	
1900（明治 33）	
1901（明治 34）	
1902（明治 35）	
1903（明治 36）	旭川洪水（7 月）
1904（明治 37）	
1905（明治 38）	③大町・茶町出火、211 戸焼失（5 月 9 日）。④市役所火災（7 月 26 日）。雄物川・旭川・太平川洪水（8 月）
1906（明治 39）	
1907（明治 40）	旭川洪水（5 月 7 日）

1908（明治 41）	
1909（明治 42）	
1910（明治 43）	旭川大洪水（9 月 1 日）
1911（明治 44）	
1912（明治 45）	米価騰貴

出所：秋田県生活環境部編『秋田県災害年表』（1990 年）、秋田市編『秋田市史　第四巻　近現代Ⅰ通史編』（2004 年）、秋田市編『秋田市史　第一七巻　年表』（2006 年）、『遐邇新聞』1874 年 8 月 2 日管内新報、同前 1877 年 5 月 16 日雑報、同前 1878 年 8 月 10 日雑報、など。

2　米価騰貴と生活危機

明治初年の都市部では、米食が中心になっていたとされる。[*37] 当時は、副食物が少なかったため、主食の消費量が多かった。このため、一人あたりの米の消費量は、年間で一石を上回っており、一日あたり三合ほどだったという。

また、一九二〇年代はじめまで、米はほぼ自由に取り引きされていた。政府が米の売買に乗り出すことは一時を除いてほとんどなく、市場への介入も関税を賦課する程度にとどまった。全国各地の米穀取引所では、定期市場と呼ばれる先物取引が活発に営まれており、相場師の暗躍、買い占めなどによって米価は大きく変動した。米価の暴騰によって、全国的な規模をもつ米騒動も数回起こっている。一九一八年の米騒動はよく知られているが、それ以前の一八九〇年にも二〇府県以上、一八九七～九八年には一五道府県以上に騒動が広がった。[*38] 米価の暴騰が、米食中心となっていた都市部の生活に多大な影響をもたらしていたことがうかがえる。

一八九〇年の秋田市の場合、図2―1のように、年初に一石六円台だった米価が、四月四日には九円台となり、その後も緩やかに上昇し続け、六月に入って急騰した。六月三日に一〇円台、一二日に一一円台、一三日に一二円台となり、二三日には、この年の最高値となる一二円七〇銭を記録している。

こうした米価騰貴の影響による生活危機の広がりをうかがえるのが、県公文書の「久

図 2-1：1890 年の秋田市における米価変動

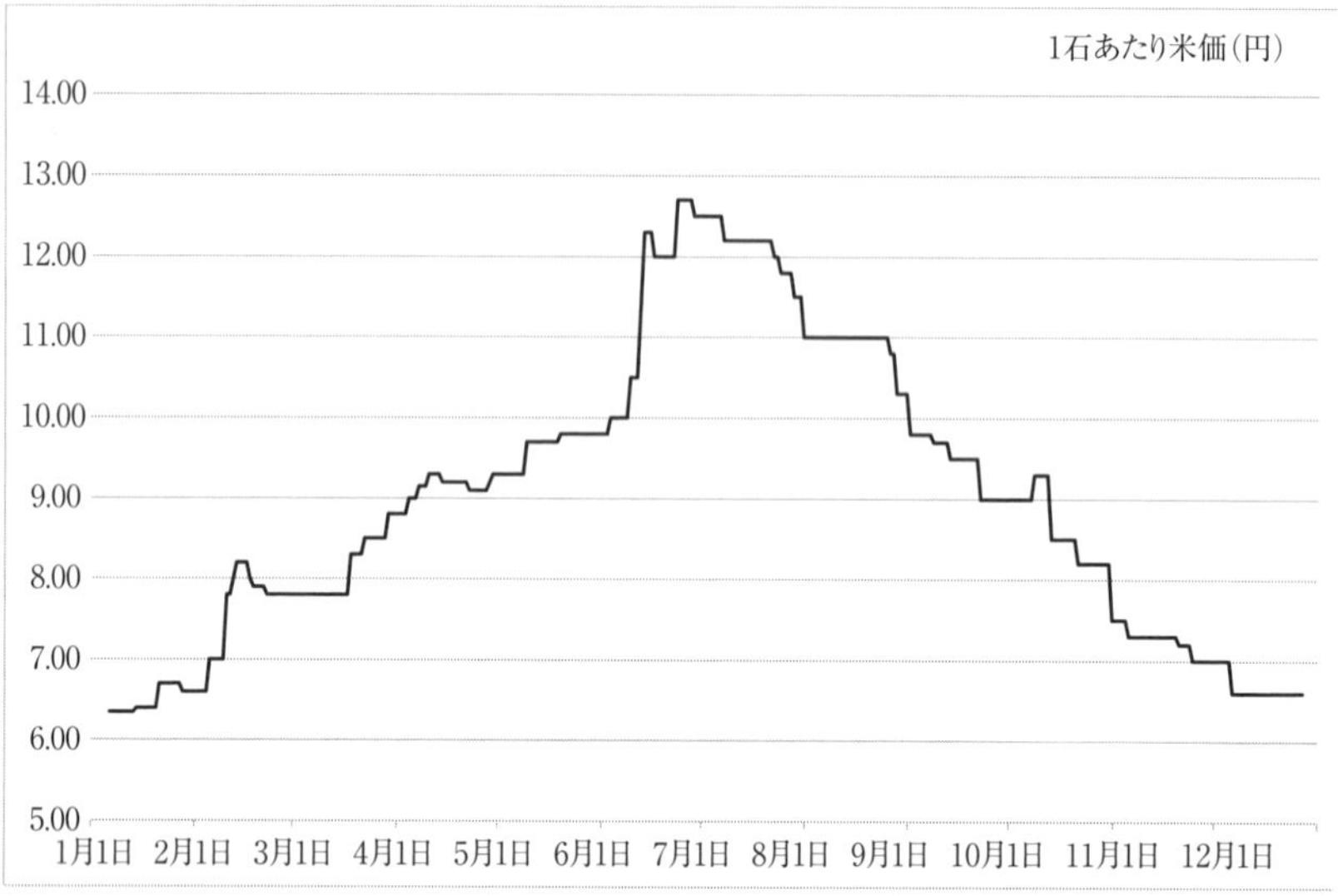

出所：『秋田魁新報』秋田町相場（1/6 〜 2/5 は「新白米」、2/10 〜 7/16、8/27 〜 12/27 は「地廻上白米」、7/17 〜 8/21 は「地廻今挽上白米」）。

保田秘書官巡回ニ付取調事項」である。[39] 当該史料は、同年六月二二日付の復命書であり、その一部である「管内貧民之現況」において、「最近ノ調査ニ係ル秋田市街貧民ノ状況」が報告されている。この報告によれば、秋田市における「貧民」は、「凡ソ二千四百九十三名（五百九十三戸）」とされている。これは、現住人口・二九一七五人の約九％（現住戸数・六六七八戸の約九％）にあたる。[40] その内訳は、「大工、職人、日雇等ニシテ日々賃金ヲ得テ糊口スルモノ」で不景気の影響によって生計が著しく困難となった「第一級」が、二〇％（約四九八名）。「第一級」よりも困難な状況にあり、「力役労働」に従事しても生計の維持が難しく「乞丐」等でしのいでいる「第二級」が、六〇％（約一四九五名）。「赤貧洗フカ如ク、力役ニ堪フヘキ壮丁ナク、又乞丐スヘキ老幼モナク、多クハ鰥寡孤独廃疾ノ類」である「第三級」は、二〇％（約四九八名）という。こうした「貧民」の内訳のうち、米価騰貴による生活危機の広がりを示しているのは、恒常的な貧困に該当する「第三級」を除いた、「第一級」・「第二級」と考えられる。その合計は、二〇〇〇名弱であり、米価騰貴の影響によって、秋田市では、現住人口の約七％が貧困に陥ったことになる。

他方、『魁』が同年五月二三日付の雑報「大久保氏の救済案」で報じた、県会議員大久保鉄作の提案による救済案では、前掲「管内貧民之現況」の推定をはるかに上回る、現住戸数の約二九％を「貧困無告者」と見積もっていた。また、六月二三日に一二円七〇銭に上昇した米価は、七月二三日まで一二円台の高値で推移しており、住民の生活は、前掲「管内貧民之現況」の調査後、さらに困難になっていたことも想定される。

なお、「第三級」には、感恩講の救貧を受けていた三四〇余名が含まれているという。その残りの一五〇名ほどは、感恩講以外の救助によって生計を維持していたことになる。また、同年の秋田市における恤救規則の救助者数はわずか四名であり、「第三級」とされた戸数とのあいだに際立った落差があったことも確認できる。

ここでは、米価騰貴のもたらす生活危機が、恒常的な貧困の規模とは桁違いだったことを確認しておきたい。

おわりに

秋田町（市）では、近世に創設された感恩講が、外町を対象として米などを支給する恒常的な救貧を展開していた。一八九四年に東部感恩講が設立され、内町を含む市内全域が救貧の対象となった。また、地区によっては、富者による盆暮れの救貧や米の無利子での貸付が実施されていた。これらの救貧活動は、恒常的な貧困を一定程度緩和していたと考えられる。国や地方行政の供給する救貧が極めて限定的だった当該期において、秋田町（市）では、中間団体や富者が救貧の重要な担い手となっていた。

そうした民間の救貧の担い手には、那波三郎右衛門や加賀谷長兵衛のような近世以来の旧家とともに、辻兵吉や本間金之助のような近代転換期に急成長をとげた新興の資産家、湊彌七や船山忠定のような士族の富者もみられる。近世以来の旧家は、民間の「仁政」や救恤の担い手でもあったが、新興の資産家や士族の富者は異なっていた。近代の秋田町（市）における民間の救貧は、近世後期からの連続性では十分に説明できないことになる。明治期や大正期には、災害や米価騰貴によって、恒常的な貧困とは桁違いの規模で生活危機が広がることもあった。一八八〇年代以降の秋田町（市）で起こった火災や米価騰貴の局面に着目すると、新興の資産家らが民間の救貧の担い手となった社会的な背景や、近世以来の旧家が救貧を続けた要因も明らかとなる。

註

＊1　倉地克直『全集日本の歴史　第11巻　徳川社会のゆらぎ』（小学館、二〇〇八年、一九～二一、三四四～三四六頁）、同『江戸の災害史』（中央公論新社、二〇一六年、二二五～二二七頁）、など。

＊2　倉地克直「徳川社会をどうみるか」（『「生きること」の歴史学―徳川日本のくらしとこころ―』敬文舎、二〇一五年）、一四七頁。

＊3　大門正克「序説『生存』の歴史学―『一九三〇～六〇年代の日本』と現在との往還を通じて―」（『歴史学研究』第八四六号、二〇〇八年）、東條由紀彦「明治二〇～三〇年代の『労働力』の性格に関する試論」（初出一九八〇年、同『製糸同盟の女工登録制度―日本近代の変容と女工の「人格」―』東京大学出版会、一九九〇年、所収）、村串仁三郎『日本の伝統的労資関係―友子制度史の研究―』（世界書院、一九八九年）、など。

＊4　大月英雄「『結社の時代』を生きる―伊香西浅井郡相救社の設立―」（大門正克・長谷川貴彦編著『「生きること」の問い方―歴史の現場から―』日本経済評論社、二〇二二年）。

＊5　『法令全書　明治七年』（内閣官報局、一八八九年）、三七二頁。
＊6　大杉由香「本源的蓄積期における公的扶助と私的救済―岡山・山梨・秋田を中心に―」（『社会経済史学』第六〇巻第三号、一九九四年九月）。
＊7　『感恩講慣例』一八九二年（秋田県公文書館所蔵、九三〇一―〇三―〇〇八五九）、五～七頁。
＊8　『秋田県慈善事業一班』（『秋田県報』第一九四八号付録、一九〇五年）、三頁。
＊9　大川啓「『仁政』と近代日本―地方都市秋田の感恩講事業を事例として―」（趙景達編『儒教的政治思想・文化と東アジアの近代』有志舎、二〇一八年）、二九〇～二九三頁。
＊10　前掲『感恩講慣例』、八頁。
＊11　「慈恵者」『秋田日日』一八八八年一月六日雑報。
＊12　「船山忠定氏逝去」『魁』一九二五年一月一二日。
＊13　「佐文の施し」『秋田日日』一八八八年一月八日雑報。
＊14　「佐藤文右衛門氏の訃」『魁』一九一三年九月二二日、茶町梅ノ丁町内会編『茶町遠くて』（一九九九年、五一、九六頁）。佐藤文右衛門は、一八七一年に茶町梅ノ丁で質屋を開業したとされるが、それ以前の経歴について、管見の限りでは、一八六九年に感恩講へ三〇両の寄付を申請したこと以外には確認できていない（青木美智男監修・庄司拓也校訂『近世社会福祉史料　秋田感恩講文書』校倉書房、二〇〇〇年、史料17・18）。
＊15　「土崎湊の慈善家」『秋田日日』一八九〇年二月一八日雑報。
＊16　「公論子の那波家に告くるを賛す（下）」『魁』一九〇一年五月二三日社説。
＊17　「米穀を貸与す」『魁』一九〇八年二月一日雑報。
＊18　菊池保男「加賀谷長兵衛家の土地集積について」（『秋田県公文書館研究紀要』第二号、一九九六年）。
＊19　「万日記」明治一七年（加賀谷家文書、秋田県公文書館所蔵、加賀谷Ⅰ―ア―八）。
＊20　秋田市編『秋田市史　第三巻　近世通史編』（二〇〇三年）、三七三頁。
＊21　高田実「『福祉国家』の歴史から『福祉の複合体』史へ―個と共同性の関係史をめざして―」（社会政策学会編『「福祉国家」

の射程』ミネルヴァ書房、二〇〇一年）、三六頁。

＊22　池田敬正「天皇制的慈恵の動揺と再編成」（『京都府立大学学術報告　人文』第三五号、一九八三年、一七四～一七五頁）、同『日本社会福祉史』（法律文化社、一九八六年、三三四～三三六頁）。

＊23　前掲『秋田県慈善事業一班』。

＊24　宮本又郎「近代移行期における商家・企業家の盛衰」（初出一九九九年。同『日本企業経営史研究―人と制度と戦略と―』有斐閣、二〇一〇年、所収）。

＊25　谷本雅之「経営主体の連続と非連続」（宮本又郎・粕谷誠編著『講座・日本経営史　第1巻　経営史・江戸の経験―一六〇〇～一八八二―』ミネルヴァ書房、二〇〇九年）、三〇七頁。

＊26　渋谷鐵五郎『秋田の先人と子孫』（ツバサ広業出版部、一九八一年、八五～八六頁）、井上隆明『新版　秋田の今と昔』（東陽書院、一九九四年、一九七～一九八頁）、茶町梅之丁町内会前掲『茶町遠くて』（六四頁）。

＊27　秋田市史編さん委員会近世部会編『秋田市史叢書10　佐々木弥左衛門家文書』（秋田市、二〇〇五年）、三～六頁。

＊28　秋田市前掲『秋田市史　第三巻　近世通史編』、三九一頁。

＊29　以下、山中新十郎信廣についての記述は、秋田市同前『秋田市史　第三巻　近世通史編』（三七〇頁）、秋田市編『秋田市史第四巻　近現代Ⅰ通史編』（二〇〇四年、五二～五三頁）、橘仁太郎編『勤王商傑山中新十郎翁伝』（山中駒蔵、一九一六年）による。

＊30　「伊頭園茶話　二十の巻」（今村義孝監修・井上隆明ほか編『新秋田叢書（十）』歴史図書社、一九七二年、一四頁）。二代目新十郎については、渋谷前掲『秋田の先人と子孫』に言及がある（二八四頁）。

＊31　辻國四郎編『亀花の系譜』（辻家家史研究会、一九八一年）、秋田市史編さん委員会近・現代部会（差波亜紀子）編『秋田市史叢書12　近現代辻家史料Ⅰ』秋田市、二〇〇五年）。

＊32　差波亜紀子「近世近代移行期における地方都市新興商人」（吉田伸之・高村直助編『商人と流通―近世から近代へ―』山川出版社、一九九二年）。

＊33　伊藤和美「商業・貸付資本の地主的展開―秋田市・本間金之助家の分析―」（『農業経済研究』第四八巻第四号、一九七七年

三月)、辻前掲『亀花の系譜』、差波同前「近世近代移行期における地方都市新興商人」。
＊34 青木・庄司前掲『近世社会福祉史料―秋田感恩講文書―』、史料17・18。
＊35 秋田市編『秋田市史　第五巻　近現代Ⅱ通史編』(二〇〇五年、七六~七七頁)。一九三八(昭和一三)年の雄物川改修工事の完成により、秋田市南部で頻発していた水害は解消された(同前、一八九頁)。
＊36 秋田市前掲『秋田市史　第四巻　近現代Ⅰ通史編』、二三七~二三八、五〇〇~五〇一頁。
＊37 大豆生田稔『お米と食の近代史』(吉川弘文館、二〇〇七年)。
＊38 青木虹二『明治農民騒擾の年次的研究』(新生社、一九六七年)。
＊39 「機密書類」明治二二~二五年(秋田県公文書館所蔵、九三〇一〇三―〇八三一七)、件番号七七。
＊40 内閣統計局編『日本帝国統計年鑑　第一一』(一八九二年)。

第三章　一八八六年の俵屋火事と「積善の家」

はじめに

一八八六（明治一九）年四月三〇日深夜、秋田町は大火に見舞われた。総戸数の半数近くが焼失し、商業地区が壊滅状態となったこの火災は、「俵屋（田原屋）火事」と通称される。本章では、この大火後における救助支援活動の実態を明らかにする。また、第一・二章でふれた那波三郎右衛門は、この大火後の救助支援でも大きな役割を果たしているが、そうした活動の歴史的・社会的条件についても検討してみたい。

第一節　俵屋火事と救助支援活動

一八八六年四月三〇日の火災は、二三時一〇分頃に川反四丁目（現大町四丁目）から出火、東南の強風に煽られて延焼し、北は保戸野愛宕町（現保戸野すわ町）、西は八橋村（現秋田市）、寺内村（同前）まで罹災した。[*1]また、二三時五〇分頃に中亀ノ丁上町（現南通亀の町）からも出火、北西に延焼し、横町（現大町五・六丁目）にいたって前の火災と合流している。発生から約六時間後の五月一日五時に鎮火した。この火災による死者は一六名、負傷者が二三〇名である。[*2]

地方都市秋田は、近世の町割では、城下の中央部を流れる旭川を境に東側を武家地（内町）、西側を町人地（外町）とされていた。一八八六年の火災では、図3—1のように、外町の大部分が罹災している。三三九六戸（八橋村九七戸、寺内村六一戸を含まず）をはじめ、寺社、小学校、郵便局、国立銀行、巡査派出所など多くの施設が焼失した。[*3] 同年の南秋田郡秋田町の戸数は六九七九戸なので、[*4] 全戸数のうちの約四九％が罹災したことになる。秋田県知事青山貞は、内務大臣宛の報告において「殆ト全市街ヲ焼亡」、「秋田市街創始以来未曾有ノ大火ナリト云」としている。[*5] 秋田町の商業地区は、外町に集中しており、そこがほぼ壊滅状態となった。

この火災後には、官民による救助支援活動が展開された。以下では、その詳細について、行政・民間の順で整理してみたい。主要な史料となるのは、「第一部庶務課事務簿　秋田市街火災取調ノ件　上」明治一九年五～六月（秋田県公文書館所蔵、九三〇一—〇三—〇八三〇三）である。本節の以下の事実関係については、特に明記しない限り、本史料所収の「罹災後ノ情状委詳内務、大蔵、宮内、農商務四大臣へ上申」（件番号一三）、「秋田町回録記事」（件番号一七）による。また、一八八六年の秋田県で発行されていた一般日刊紙は、『秋田日日新聞』（以下、『秋田日日』と略す）一紙だった。以下、一八八六年の史料は年を略す。

まずは、行政による救助支援活動について確認してみたい。当時の秋田町には、県庁とともに南秋田郡の郡役所が置かれていた。

罹災者への炊出しは、県行政の指示により、五月一日朝から秋田町内六ヶ所、八橋村一ヶ所で開始された。その受給者数は、四五二二名だった。炊出しは、五月一〇日まで継続され、終了時にも一二二八名が受給している。この期間のうち、五月一日朝から三日昼までで、白米二一石二斗八升が救助に充てられた。このうち、県庁

図 3-1：1886 年火災の罹災地域（南秋田郡秋田町西部、八橋村、寺内村）

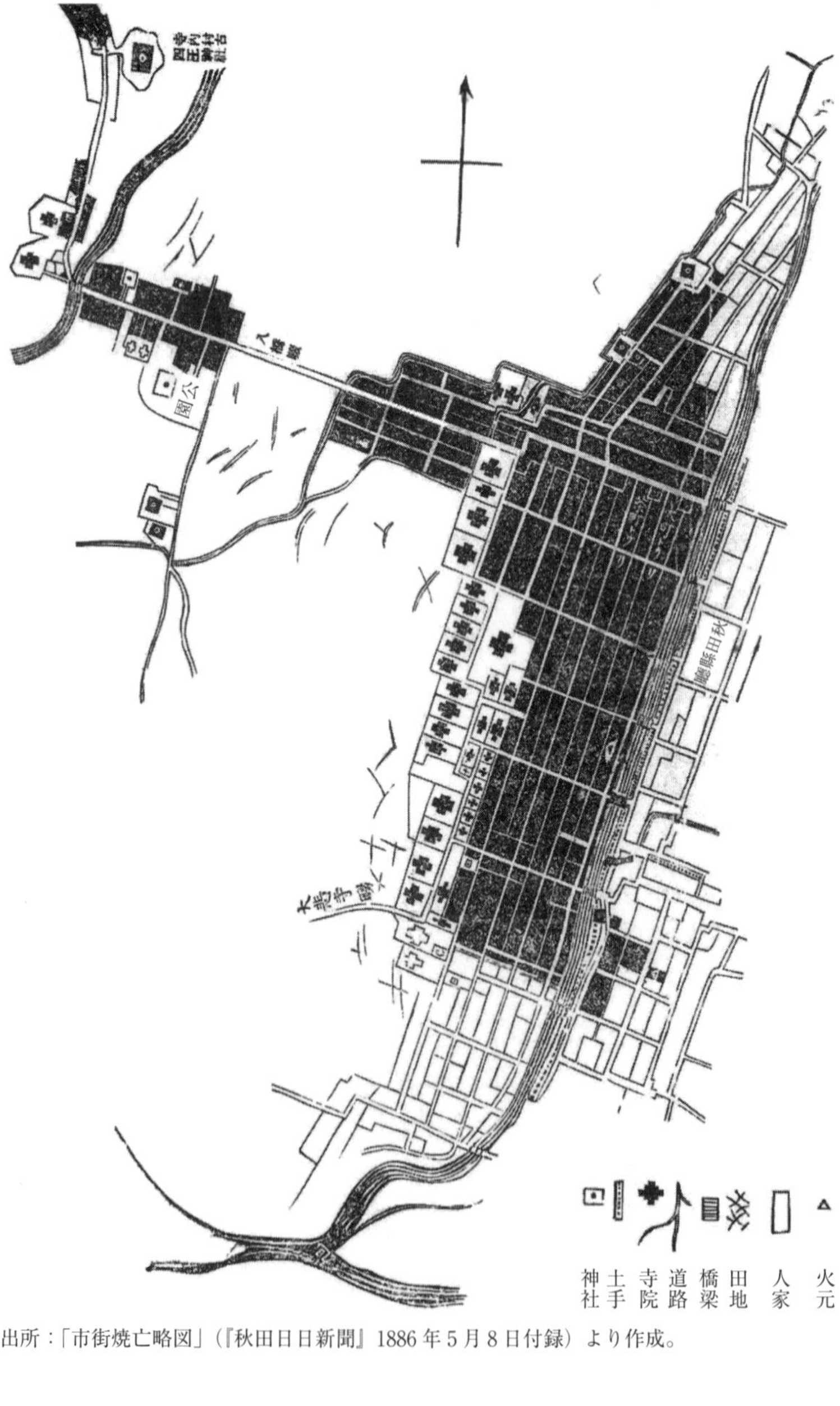

出所：「市街焼亡略図」（『秋田日日新聞』1886 年 5 月 8 日付録）より作成。

の支出分は、一〇石六斗四升である。[*6] 行政関係では、河辺郡役所から三石九斗二升、監獄署より五斗六升の支出があり、南秋田郡長の御代信成が五斗六升を寄付している。残りの五石六斗は、秋田町有数の資産家である那波三郎右衛門からの寄付だった。

避難所は、罹災直後の一時使用も含めて計一四ヶ所に設置された。五月二日現在では、秋田師範学校など九ヶ所に二〇一八名を収容している。五月二日には南秋田郡役所敷地内などで仮小屋三棟の建設に着工し、翌日から秋田師範学校と明徳小学校を利用していた罹災者の一部を受け入れている。こうした避難所の利用は、基本的には五月一〇日までだった。[*7] 退去者には、三円と白米一俵ずつが給付された。ただし、「極窮にして目下生計に差支の者」には、五日間の猶予が与えられたという。だが、六月二一日の時点でも、九戸一九名が仮小屋を利用しており、行政による柔軟な対応がうかがえる。

負傷者への対応は、秋田病院が担当した。県行政は五月一日付で、七日まで無料での診療を実施することを告示している。火傷や眼病、挫傷など、二三〇名いた負傷者も、六月二一日までには全治したという。また、秋田病院は、県行政からの照会で、環境が劣悪とされた秋田師範学校内の避難所を視察し、五月三日にはその対応策を回答している。[*8]

県行政は、南秋田郡役所に罹災人救助取扱を担当させ、これを補助する救助委員として県官吏を充てた。この救助委員は、避難所や罹災町村の戸長役場に派遣され、備荒儲蓄法に則った救助の受給資格に関する調査などに従事している。この調査結果によって、遅くとも五月二九日までには、食料・小屋掛料・農具料等が実際に支給されたと考えられる。[*9] その受給者数は、一八七八戸・七八八九名（八橋・寺内両村含む）であり、焼失戸数全体の約五五％にあたる。支出総額は、一万一九七〇円六三銭六厘。各戸への支給は、家族数や困窮の度合いなどの条件によって異なるが、平均すると一戸あたり約六円三七銭分だった計算になる。なお、行政による救助支援活動全体の収支を示すような史料は、管見の限りでは確認できていない。

焼失戸数全体の約四五％は、備荒儲蓄法に則った救助の対象外とされ、これに依存しない生活再建を迫られた。県行政は、五月一四日付で「仮令家産ノ幾分ヲ焼亡スルモ、自ラ勤メ自ラ食ミ一家生存シ得ヘキ者ハ、固ヨリ救助ヲ与フ可カラサル筈ノ処、或ハ規則ヲ誤解シ、専ラ救助施与ノ法ニ依頼シテ、其勤ヲ怠リ其業ヲ執ラス、貧ヲ説キ窮ヲ述ヘ廉恥憤励ノ心ヲ失ヘ、万一ノ僥倖ヲ望ム者有之」として、こうした罹災者に「自活自食」を促す論達を出している。[*10]『秋田日日』は、この論達の全文を五月二〇日付に掲載した。[*11] 五月二二日付の社説「自力生存ノ道ヲ亡失スル勿レ」では、「彼ノ家産ヲ亡失シ自力生存スル能ハサル徒輩ノ救助賑恤ニ与ルヲ視テ、只管依頼心ヲ興起シ、私カニ其恩典ヲ得ント欲シ、故ラニ其業務ヲ怠リ自ラ生計ヲ低落セシムルノ悔ヲ取ル莫カランン」と述べている。救助の対象外となった罹災者にたいして、官民で「自活」を促していたことがわかる。

『秋田日日』六月一〇日付の「他を羨む勿れ」では、多少の公債証書を所持していたため、備荒儲蓄法に則った救助を受給できなかった士族の罹災者について、次のように報じている。

其人々は、なまなかに二拾円や一拾円の公債が有るより二十円の金を受取り兼ね、今では公債が却つて損害を与ひたり抔と語り居るとか。併し救助金等は僅少の金員にて容易に得らるゝ金額なれば、他を羨まず自ら奮発労働なして自力の道を計るこそ聖代の良民たるべきに。

救助の受給を羨まず、「自ら奮発労働なして自力の道を計る」のが「聖代の良民」であるという。高田実は、福祉には「包摂と排除」と「安定と拘束」の二重の両義性がともなってきたと指摘しているが、[*12] ここには、救助対象の明確な線引きによる「排除」、そして「包摂」＝「安定」にともなう「拘束」の面も現れている。備荒儲蓄法に則った救助から「排除」された焼失戸数全体の約四五％には、「聖代の良民」として「自力の道」が求められていた。他方、「自力の道」が「聖代の良民」たる条件だとすれば、救助の受給者はそこから外れたことになる。受給者は救助＝「包摂」による「安定」の代償として、『秋田日日』の前掲「自力生存ノ道ヲ亡失スル勿レ」にみられるように、「自力生存スル能ハサル徒輩」「窮民」といったスティグマを押されることになった。「自活」の称揚は、その裏返しとして、受給者への負のイメージを強めていったと考えられる。

県行政では、罹災後の物価騰貴を懸念して対策をとっている。五月一日付で「市街ノ物品一時ニ欠尽シ、勢騰貴セサルヲ得サルノ機ニ乗シ、各商不当ノ高価ヲ以テ人民日用ノ物品販売スル等ノ所為アルニ於テハ甚タ不都合ニ付此際殊ニ不心得ナキ様注意スヘシ」と物価騰貴を戒める告諭を出した。[*13] 続いて、五月四日には「諸職工等」の賃金上昇は罹災者の困難につながるとして、関係者を秋田警察署に呼び出して説諭をした。[*14] 対象とされたのは、大工や挽木屋（製材業）、材木商、米屋、穀物商などであり、説諭にたいする請書・上申書も提出させている。また、救助委員は、賃金を通常の水準とするように関係者と交渉したという。

火災からの復旧に欠かせない木材の供給については、より積極的な対応がとられている。県行政は五月四日、「家屋建築ニ差支候モノ」を対象に木材を払い下げる旨を告示した。[*15] これは、県行政が農商務省秋田山林事務所に照会して、官有林三万本の廉価での払い下げを許可されたことにより実現した。ただし、この告示では手続き等の詳細は示されておらず、実際に出願者へ木材が払い下げられたのは、五月二九日頃となった。[*16] 希望者は多数だったようで、六月下旬には、出願の増加に供給が追いつかず、受け付けを一旦停止している。[*17] また、民間でも「有志者連合シテ山本郡能代港ノ木材ヲ運漕シ、平価ヲ以テ売却セシメ」ていた。[*18] こうした官民による活動によって、一時高騰していた木材の価格も、六月下旬には平時同様になったという。

以上のように、秋田県行政は多岐にわたる救助支援活動を主導していた。罹災者の救助を担当させた南秋田郡役所にも、県官吏を派遣して実務にあたらせている。だが、備荒儲蓄法に則った救助の業務では、受給資格の審査など、戸別の経済状況を把握することが必要であり、郡役所―戸長役場の役割も大きかったと考えられる。また、炊出しや木材の供給では、民間有志の活動も重要な役割を果たしていた。さらに、物価抑制は、関係者の協力次第ではあるが、「諸職工等」の賃金を抑制するものであり、かれらに経済的な負担を強制するものだった。県行政主導の多岐にわたる救助支援活動は、こうした民間の協力や負担に支えられていたことも強調されなくてはならない。

民間の救助支援活動の確認の前に、下賜金についてふれておきたい。二〇〇〇円の下賜は、五月三日に宮内大臣からの電報で県行政に伝えられた。この下賜金は、六月八日、備荒儲蓄法に則った救助の支給対象より四七戸多い一九二五戸にたいして、一円三銭九厘ずつ給付されている。北原糸子は、一八九一年の濃尾地震より前までの災害地への恩賜金が「緊急を要する行政対応に〔中略〕融通性のある活用資金を提供するものであった」と指摘している。[*19] 一八八六年の俵屋火事においても、下賜金が備荒儲蓄法に則った救助に上乗せされることで、罹災者救助の水準を引き上げていた。

次に、民間の救助支援活動について確認してみたい。

有志による寄付には、総額七五〇〇余円が寄せられた。南秋田郡役所がその実務を担当し、六月二九日に、七一六六円七五銭一厘を罹災者一八八一戸に給付している。[*20] 受給対象者は、備荒儲蓄法に則った救助とほぼ同規模だった。各戸への給付は、「貧者の等級、家族の多寡に依」って異なるが、[*21] 一戸あたりの平均では、約三円八一銭となる。有志による寄付が、備荒儲蓄法に則った救助と宮内省からの下賜金に上乗せされることで、罹災者にたいする救助の水準は大幅に引き上げられることになった。

有志による寄付の過程では、地方新聞の動向が興味深い。寄付の早い事例として確認できるのは、五月三日の電報で伝えられた、旧藩主家当主佐竹義生からの一〇〇円である。また、『秋田日日』は五月四日付で、秋田神宮教会所と個人数名からの義捐金を伝えている。[*22] だが、罹災直後の寄付で中心となったのは、行政や関係機関の職員のそれだった。五月五日付の『秋田日日』では、県庁や警察本署、監獄本署、南秋田郡役所、仙北郡役所、秋田病院、秋田師範学校等の職員からの寄付が、計一六〇〇余円あったことを伝えている。[*23]

県官吏などの寄付が先行するなか、『秋田日日』は五月六日付の社説「秋田ノ大火並窮民救助（続稿）」で、次のように主張している。

管内有力者ヨリ義捐ヲ仰ク事。夫レ社会ノ公益ヲ増進スルト鰥寡孤独即チ天下ノ貧民ヲ救助セサル可ラサルハ、国民タル者ノ社会公衆ニ対スル義務ニシテ到底辞スルヲ得サル也〔中略〕火災後今日ニ至ルマテ四方ノ有志者ヨリ義捐ヲ申込ム者ハ多々アリト雖トモ、半バ庁下ニ在ル者ノミニテ其区域モ広ロカラサレハ、従ヒテ其金額モ少巨ナリト云ヒリ《ママ》。若シ管内ノ有力者一同ヨリ義捐ヲ得バ、希クハ幾分カ補助ノ奏功モアル可シト信スル也〔中略〕管内有力者諸君ハ、宜ク此状況ヲ推察スル所アリテ相応ノ義捐ヲ投セバ、窮民ノ幸福ナルノミナラズ、社会公衆ニ対スルノ義務ヲ完フスルヲ得テ、真ニ有力者タルノ面目ヲ施ス者ト云フ可キ也。

同紙が「国民タル者ノ社会公衆ニ対スル義務」として、「管内有力者」に寄付を促していたことがわかる。同紙は、前々日の五月四日付にも「此れから又々箇様な大災に逢ふことを恐る丶ならば、今度の火事で焼亡せしと思ひ切り、目下衣食に苦み居る窮民共へ施与されたらば、其慈善の心か天に通じて如何なる暴威の祝融や悪婆極まる風姨なりとて必ず災難をば吹き掛けぬを信するなり。金満家諸君よ、早く慈善の心を起して火職の怒りに触れぬ様に注意ありて然るべき事と存するなり」といった因果応報の観点からの記事を掲載している。[*24] ここでは、地方新聞である『秋田日日』が、県内の富裕層にたいして寄付を促していたことを確認しておきたい。

『秋田日日』では、罹災直後から代表的な寄付者の氏名とその金額を報じてきたが、五月一一日付からは「義捐者の功徳を顕す」として雑報欄で全員分を掲載するようになった。[*25] さらに、五月一六日付では、附録として、県令青山貞をはじめとする県官吏個々人の寄付額の一覧を掲載し、以後この形態での報道を続けている。こうした新聞報道も、寄付を促すことになったと考えられる。実際、報道後に義捐金の増額を申し出た人物も現れている。[*26]

寄付者全員の氏名や総数を示す史料は、管見の限りでは確認できていない。『秋田日日』と県公文書で確認できるのは、七一八名分・計四八六七円八四銭二厘である。[*27] 個別の寄付額は、五〇〇円から五銭まで様々であり、寄付者全体の約一六％が一〇円以上、約四九％が一円以下である。高額の寄付者は、県内の資産家以外では、行政関係者や実業家、銀行などであるが、いずれも任地や事業展開などで秋田県に関係してきた人物・機関だった。だが、秋田町の代表的な資産家では、罹災を免れた加賀谷長兵衛（一五〇〇円）、村山三之助（五〇〇円）を確認できる程度である。不完全なデータをもとにしており断定はできないが、罹災した富裕層は寄付をしなかったと考えられる。

有志による寄付以外にも、秋田町の民間による救助支援が実施された。『秋田日日』五月五日付の雑報「米薪炭の安売り」は、升屋平八と仙北半司が白米を、「猿谷利右《マ》衛《マ》門」（利左衛門か。薪炭商・塩竹材商・金穀貸付業）[*28] が薪炭を廉売することを報じている。同日付に掲載された升屋らの広告には「物価俄かに騰貴し、諸人の困難見るに忍ず」とある。同日付の雑報「其恵心嘉す可し」では、小間物雑貨商と思われる「新田目の店」が全品値引きをすることや銭湯の池永方でも料金を値下げすることを伝えている。その他にも、質蔵を全焼した質屋の佐藤文右衛門が、質主にたいして元金の一〜一・五割を支払ったという。[*29] 佐藤は、第二章でふれたように、旧暦年末の救貧の担い手だった。そうした支払いは、佐藤が五月一八日から『秋田日日』に出した広告にもあるように「将来不相替御愛顧ヲ蒙リ度」ためでもあった。けれども、『秋田日日』は、火災や盗難の場合、質屋は免責されるのが通常であるとして、「最も奇特の質店」と称賛している。[*30] こうした民間による支援は、いずれも有志各自の負担によるものだった。

民間で最大規模の救助支援をしたのは、那波三郎右衛門だった。川反三丁目の那波方は、火元の近隣にもかかわらず、延焼を免れた。那波は、前述したように、五月一日朝から三日昼までの炊出しに白米五石六斗を寄付した。『秋田日日』五月二八日付の雑報「那波氏の救恤」では、那波が、さらなる救助を実施したことを次のように報じている。

那波三郎右衛門氏か今度の罹災窮民へ一手にて救恤するの計画ある由は、曽て秋田日々新聞にも記したるか、這程窮民の取調べも相済み夫々救恤されたり。其区別は六人以上の家族ある者へは白米三斗、三人□□は仝二斗、二人以下は壹斗也と。其他仝家へ出入する者共にて火災に罹りし者は、其者の望みに任せ、家屋を建んとするには家を建て之を与ひ、木材を乞ふ者には木材、金員を願ふ者には金員を恵れたりと聞く。仝氏の如きは独り我が県のみならず日本全国に於ても多く得難き慈善家なる可し。

那波が、「罹災窮民」に白米を給与し、罹災した「仝家へ出入する者共」には生活再建のための援助をしたことがわかる。こうした支援について、正確な規模までは確認できていない。ただし、県公文書には、那波による白米三五六石八斗（代金一七一二円六四銭）の寄付が七月五日付として記録されており[*31]、前者はこれに該当するように思われる。一人分を五升として計算すれば、対象者は七一三六名となり、備荒儲蓄法に則った救助の受給者数に近い規模となる。この白米給与の負担額だけでも、前述した有志による寄付の最高額である五〇〇円をはるかに上回っている。

以上のように、一八八六年四月の大火後には、官民による救助支援活動が多岐にわたって展開されていた。以下では、こうした活動の成果や影響を復旧の過程に即して位置づけておきたい。

秋田町全戸数の約四九%が罹災したこの火災では、住宅不足が深刻化した。延焼を免れた菓子舗栄太楼の創業家には、「私の家へ焼けだされた親戚が仮住まいに七世帯も入り、一時は五〇何人もご飯をたべた」と伝わっているという。[*32]『秋田日日』五月八日付の「火災余聞」では、「何所にも住所に困る者多く、只今にては〔中略〕至極不便なる場所にても少し明き《ママ》屋の有れは借人は七八人も有る程なり」と報じている。避難所も基本的には五月一〇日で閉鎖され、住まいの確保が大きな課題となったと考えられる。こうしたなかで、「此序に寧《いっ》そ北海道へ一ト働きと松前へ流れ行く者」も多数みられたという。また、秋田県内の仙北・由利・山本各郡への人口流出も多かったとされる。[*33]

『秋田日日』の前掲「火災余聞」では、「大工人足等は、是迄仕事場か無く手を叉んで糊口に困ると日々苦んで居たるか、今度は余り仕事が沢山過きる程ありて、元来の出入り場に非ざれは直くに断る位ひなり」としており、建築需要の急激な高まりによって、関係業種の人手不足もおこっていたことがわかる。だが、五月下旬には、「他県の大工左官等の職人等は、我が庁下へ来りたらば相当の仕事も有るならんとの目的にて続々来県する者ありて、目今既に三四百名の多きに及びたり」と関係業種の人口流入が報じられている。[*34]主に山形や新潟など近県からの流入とされるが、かれらは「焼跡の空地を借受けて小屋を掛け其中に住居なして手賄ひにて働く故に、当地の職人等よりは賃銭も下直ゆえに仕事を頼む人も沢山なれば、此者共は多く銭を拵ひて帰県するならん」という。[*35]モノの面でも、市内中心部を流れる旭川筋には「日々木材の筏を見ざること無く、続々川流を遡ほりて運漕」されていた。[*36]

こうした復旧需要もみられたが、『秋田日日』五月二九日付では、「市街の家屋も目今は追々建築に取掛りたり。併し通町大町茶町等の通り筋は漸次旧に復するの勢ひあるも、其外の町々にては早速建並ぶに至るべき景況なし」としており、五月下旬の時点では、復旧が富裕層の多い地域に限定されていたことがわかる。[*37]他方、同記事では「罹災窮民は、其向よりの救助を蒙りて意外の金員を得たる上に、那波氏其他の慈善家の恵恤を得て、目下は家屋無きに困るも衣食に事を欠くの憂ひ無ければ、頻りに歓喜おるとのことなり」とする。五月下旬の備荒儲蓄法に則った救助や那波三郎右衛門ら民間の活動によって、「罹災窮民」の衣・食が一定程度確保されていたことがわかる。残る復旧の課題は住まいとなるが、県行政による木材の払い下げは、こうした時期に開始された。

備荒儲蓄法に則った救助や那波三郎右衛門の活動に続いて、六月上旬には、宮内省からの下賜金が支給されている。六月二一日付の県令青山貞による上申によれば、[*38]官民による木材等の供給によって建材の価格は平常並みに落ち着き、「資産アル者ハ家作仮屋ヲ建築シ、貧窮者ハ救助ノ資ヲ以テ小屋掛等ヲ為シ、稍々其居ニ安ンスルノ形状ナリ」という。「貧窮者」も、複数の救助によって小屋掛をしていたことがわかる。ただし、この上申には、近隣村落の親戚・知人方に避難している戸数も三〇〇戸、避難所だった仮小屋にも九戸・一九名が居住していたともある。六月下旬には、有志からの寄付が給付されており、受給者の生活再建を後押ししたと考えられる。

罹災した商家の経営再建については、三伝商事株式会社社史編纂部『三伝商事株式会社史』（一九五七年）が参考になる。三伝商事の創業家である三浦家は、一八四七（弘化四）年に茶町菊ノ丁で荒物商を開業した初代傳六（一八六六年没）に始まる。二代目傳六（一八五一―一九二五）は、一八六九年に自ら東京に出向いて仕入れをおこない、以後、関西、四国、鹿児島、新潟などに取引先を広げた。雄物川流域を中心に県内南部に販路を拡大し、紙・茶・砂糖などの卸売商として急激な成長を遂げた。一八八六年の大火では、家屋家財と商品のすべてを失った。三浦傳六は、店舗の確保を講じたうえで、仕入れのため直ちに上京した。東京の問屋が罹災に同情して商品を急送してくれたこともあり、早々に営業を再開した。小売りの得意先の多くが罹災を免れた内町にあったため、経営は急速に回復したという。表1―3のように、三浦傳六は大店であり、官民による救助支援活動の対象外だったと考えられる。そうした商家の経営再建には、罹災以前の仕入先や取引先との信用関係が重要だったことがうかがえる。

七月四日付で『秋田日日』は、「外町即ち市街の如き、早や其の半ば回復に至ると云ふも過言にあらざるもの丶如し」と報じている。[*39] 罹災後から二ヶ月で、商業地区の「半ば回復」とまで称されたのは、前述した三浦傳六のような自力再建とともに、官民による救助支援活動の下支えもあったと考えられる。また、『秋田日日』七月八日付では、「今後は市街の場末に住居するよりも却つて士族町の中央に在る方が商売も繁昌するならんとの見込みにて」罹災した外町から内町に移住する者が増加しているとして「士族町は年を逐ふて市街に変遷するならん」としている。[*40] 一八八六年の大火は、罹災地域はもちろん、罹災を免れた地域にも影響を及ぼしており、近世の町割以来の都市構成にも変容が現れていた。

第二節　「積善の家」と地域社会

1　「慈善」と名望の獲得・再生産

一八八六年の秋田町の大火後における救助支援活動では、民間の事業や協力、経済的な負担なども大きな役割を果たしていた。とりわけ、那波三郎右衛門の活動と経済的負担は際立っている。前節でふれた、那波の活動を整理すれば、①五月一日朝から三日昼までの炊出しに白米五石六斗を寄付、②七〇〇〇名規模と想定される「罹災窮民」に白米三五六石八斗（代金一七一二円六四銭）を給与、③罹災した「全家へ出入する者共」の生活再建のために家屋・木材・現金を支援、となる。これ以外にも、那波は、④各火防組にたいして手当金を贈与している。[*41] その金額は、二番組に五〇円、旭組・三吉組に三〇円ずつ、栄組に一〇円、一番組・三番組に五円ずつ、合計一三〇円である。罹災後の地域にたいする那波三郎右衛門の貢献の大きさを確認しておきたい。

那波三郎右衛門家は、前章までにふれたように、近世以来の旧家で、秋田町有数の資産家だった。一八二九（文政一二）年の感恩講創設を主導した八代目の三郎右衛門祐生以来、地方都市秋田の福祉に貢献してきた。一八八六年当時は、祐生の孫にあたる一〇代目の三郎右衛門祐富（一八三一―一九〇四）の代だった。一八七六年に家督を継いだ一〇代目の祐富は、存続の危機にあった感恩講を年番として支え、一八七八年以降の再建の担い手となった。一八八〇年代から一八九〇年代にかけて、秋田県内には一三の感恩講が新設されたが、その創設をはたらきかけたのが一〇代目祐富であり、各講に寄付をおこなって事業の拡大に努めた。一八九八年には、そうした感恩講事業の功績により、藍綬褒章を受章した。[*42] 没後、一九二三（大正一二）年の表彰関係の県公文書では、一〇代目祐富の功績を「人皆那波氏ヲ称揚シテ、慈恵ノ府ト云フニ至レリ」と評しており、[*43] その名望がうかがえる。

那波家のような近世以来の旧家による救貧や災害時の救助支援活動について、従来の研究では、前近代の「共同性」の連続や残存と位置づけることが少なくなかったように思われる。北原糸子も、一八八五年の大阪大洪水の際にみられた粥や米銭の恵与を「江戸時代以来の伝統的な救済行為として社会に根づいていた行為」と位置づけている。[*44] だが、フランス史の二宮宏之は、そうした「共同性」を再考し、「ソシアビリテ論の場合にも〔中略〕よりローカルな場での結合を生得的なものとみなし、実体化する傾きを免れえなかった。〔中略〕それらの共同性が固定的なものではなく、日常的なプラティークのなかで選びとられ紡がれていくものであることを強調していかねばならない」としている。[*45]「共同性」を「日常的なプラティークのなかで選びとられ紡がれていくもの」としてとらえ返すとすれば、那波家代々の福祉活動も局面ごとでの選択として把握することになる。局面ごとの選択に着目することは、そうした福祉活動のおかれた社会的な状況や条件といった歴史的背景の解明にも資するはずである。

一八八六年の大火で、那波三郎右衛門方は、火元の近隣だったにもかかわらず、延焼を免れた。『秋田日日』五月四日付の雑報「慈善の応報」では、次のように報じている。

川端三丁目那波三郎右衛門氏の慈善なるは兼て諸人の知る所なるが、此の大火にて当市街は残る所なく蕩燼せしが、独り仝氏の家屋倉庫のみは依然として此の災禍を免れたり。這は全く仝氏が日頃慈善の応報なる可し抔と噂さす。実に左も有る可きことにこそ。尚ほ仝氏は今般も亦た広く罹災の窮民へ恵恤を施行されたりと云ふ。

那波家が延焼を免れたことについて、「日頃慈善の応報」とみなす「噂」がみられたという。『秋田日日』も「実に左も有る可きこと」と肯定している。また「氏の慈善なるは兼て諸人の知る所」という表現は、第一章でふれた「積善の家」のイメージにあたる。同紙は、②③の支援活動を報じた前掲「那波氏の救恤」においても「独り我が県のみならず日本全国に於ても多く得難き慈善家」と称賛していた。『秋田遐邇新聞』と後継紙『秋田日報』の報道の積み重ねによって一八八二年に確立された那波家のメディア表象を、一八八六年の『秋田日日』も踏襲していたことを確認できる。那波家の「積善の家」イメージは、この大火の局面でも再生産されていた。それは、那波家にとって、名望を獲得・再生産する機会になったはずである。[*46]

もとより、そうした名望の獲得・再生産は、①〜④のような救助支援活動がなければ成り立たない。それらは、一八八六年の大火の局面で、一〇代目祐富によって「選びとられ」た対応である。そして、そうした対応が、地域社会から寄せられた信用と期待に十分に応えるものであり、「積善の家」イメージにふさわしかったからこそ、前掲した『秋田日日』の報道がなされたと考えられる。那波家の名望とは、大火後における一〇代目祐富の救助支援活動のように、代々の当主らによって、局面ごとに「選びとられ紡がれて」きた対応の結果だったといえる。他方、こうした名望は、那波家にとって制約にもなり得たはずである。地域の期待が大きいだけに、それに応えないリスクもその分大きかったように思われる。一八八六年の大火の局面で、一〇代目祐富が地域の期待に応えたことは、那波家の名望にとって重要だったと思われるが、そうしたリスクについては、第五章で検討してみたい。

2 「積善の家」をめぐる社会関係

『秋田日日』の前掲「慈善の応報」では、那波家が延焼を免れたことを「日頃慈善」の「応報」とみなしていた。ただし、延焼を免れた背景には、実際に「日頃慈善」、すなわち那波家の福祉活動との関わりがうかがえる。一八八六年五月二〇日発行の『会通雑誌』の雑報「秋田通信」では、大火の概要に続いて、次のように伝えている。[*47]

此の失火に付き奇なるは大火中屹然として一戸類焼を免れたるにて、こは那波三郎右衛門氏とぞ。同氏は有名なる慈善家にして貧民を救助すること一方ならず。故に火防組の尽力は勿論、貧民等が能く防禦せしに因ると云ふ。徳の勢ひ恐るべきなり。

那波家が延焼を免れたのは、同家が「貧民を救助すること一方ならず」ゆえに、「火防組の尽力」と「貧民等が能く防禦せし」ためだったという。

『会通雑誌』のいう「火防組の尽力」と「貧民等が能く防禦せし」について、その内容をより具体的に示すのが、「俵屋火事　秋田新聞『秋田市の今昔』記事」である（以下、「俵屋火事」と略す）[*48]。市史編纂のために収集された史料で[*49]、「大正四五年頃」の「秋田新聞掲載」記事の写しとされる[*50]。長文ではあるが、那波家に関係する箇所を引用してみたい。

那波家は、恰かも顔面に大火傷を負ひつ、眉だけか焼け残つた如くに、三千五百の焼失家屋中にボチンと焼け残つた。那波家の焼け残つた為めに栄太楼、伊藤洗濯店其他附近五六軒が類焼の厄を免れたのである。火事の起つた時、市の消防夫も素より必死に消防に努めた。然し到底何等の効果が無いのみならす、各々の家か焼けるので、火防の方を打ち捨て其の方に走るのであつた。猛火は無人の境を横行する悪魔の如き勢ひを以て燃え広かつたか、此の火事の為め、近在各所より多数の応援消防隊並に手伝ひ人か駈けつけたか、那波家は此等の人を以て埋められ、家財道具は悉く倉庫と県庁構内に運ばれ、火粉は一つ落ちても直ぐ消し止められる有様であつたので、流石の猛火も那波家には遂ひに其の紅蓮の焔を及ぼす事か出来なかつた。此の火事に那波家に駈け集つた人の数は、何百人であつたか数へきれない。人の山人の浪、之れか能く防ぐ防火壁ともなり、消火の水ともなつて、少しの破損する処もなく類焼を免れたのであつた。噫、那波家の徳の偉大さ。〔中略〕何時の場合も火事の跡程悲惨なものはないが、別けて俵屋火事の後は惨又惨たるものであつた。着のみ着の儘で逃げる事は逃げたけれども、眠るに家なく食ふに食なく、昨日の富者も一夜の内に乞食同然となつた者も尠くなかつた。那波家の先代祐富は幸ひに此の大火に類焼を免れたので、消防に尽力した各消防組に対して金五十円宛と清酒とを贈つたが、多数の罹災者中の窮状甚しき者に対し、白米一千余俵を救恤に充て、大々的救助をなした。感恩講に於ても亦倉を開いて救済をしたが、那波先代の千余俵を躊躇せず救恤に充てた果断と、慈善心の厚きには、誰一人として感せぬ者なく、救助に与つて其の温かき同情に泣かぬ者はなかつた。苦しい時には人の情は一層身に沁みる。増して此の時此の場合の事であるから、其の有難さも並大抵でなかつたであらう。那波家の尊まるゝも亦故なきに非ずである。

那波家が延焼を免れたのは、「近在各所より多数の応援消防隊並に手伝ひ人が駈けつけ」、「家財道具は悉く倉庫と県庁構内に運ばれ、火粉は一つ落ちても直ぐ消し止められ」たためという。『会通雑誌』の前掲「秋田通信」のいう「火防組の尽力」と「貧民等が能く防禦せし」とは、そうした「消防隊並に手伝ひ人」の防火活動を指すと考えられる。延焼の危険が迫った際、屋根に上って飛び火を防ぐのは、近世以来の防火法であり、一定の効果も認められている。[51]ポンプによる消火を中心とした近代的な消防活動には、水道設備が不可欠であるが、秋田市で上水道が部分開通したのは一九〇七年であり、完工が一九一一年である。[52]大火のあった一八八六年当時の秋田町は、近代的な消防設備や技術が未発達だった。それは、飛び火を防ぐことや破壊消防が、火災から家屋・財産を守るための現実的な防火活動だったことを意味する。「消防隊並に手伝ひ人」の防火活動が、那波家の実利にかなうものだったことを確認しておきたい。

前掲した二点の関係史料は「那波家の徳の偉大さ」を強調しているが、以下では、防火にあたった「消防隊」「手伝ひ人」と「那波家の徳」との関係を検討してみたい。前掲「俵屋火事」では、「消防夫」が「火防の方を打ち捨て其の方に走」ったとしている。「其の方」とは、「各々の家」の可能性も残るが、那波家を指すとすれば、「消防夫」が同家の防火を最優先していたことになる。そうした「消防夫」の姿勢は、鈴木淳が指摘した「鳶と出入り先をめぐる伝統」との関わりを思わせる。鈴木によれば、火災発生時に平常の出入り先を優先して、消防組としての活動を後回しにするというのは、近世以来の行動様式だった。そこには、義理堅い鳶であることと、すぐれた消防組員であることとの矛盾が認められる。鳶職のこうした行動様式は、一九一一年の東京でも確認されるが、近代的な消防設備や技術の普及のもとですでに消えつつあったという。[53]一八八六年の秋田町の大火において、「火防の方を打ち捨て其の方に走」った「消防夫」にも、平常の出入り先である那波家への義理立ての場合があったと思われる。

一八八六年の大火後、那波家は、前述したように、④各火防組へ手当金計一三〇円を贈与した。火防組にとって、那波家での防火活動は、手当金を期待できたことになる。注目されるのは、その手当金が傾斜配分だったことである。火防組六組への手当金には、五〇円から五円まで大きな差がつけられていた。そこには、「火防の方を打ち捨て」まではともかく、「那波家に駈け集」うことへの期待も表現されているように思われる。

那波家で防火にあたった「手伝ひ人」については、一〇代目祐富の次男喜助が、一九三八（昭和一三）年に次のように語っている。[*54]

　那波家と内町の人々とは色々と出入関係があり、内町は川向ひで風の方向から見て大丈夫だつたので、内町の人々は大勢外町の知り合ひに集つたわけだ。其の最たるものは那波家で、皆屋根に上つてくれたので類焼を免れる事が出来た。

一八八六年の大火の際、風上だった内町の居住者のなかには、外町の出入り先へ向かった者も少なくなかったが、最も多く集まったのは那波家だったという。「手伝ひ人」には、内町の出入り関係者が含まれていたことになる。そうした内町の出入り関係者にとって、那波家での防火活動は、前述した「鳶と出入り先をめぐる伝統」の場合と同じく、自らの義理堅さを示すことになった。

「手伝ひ人」や「消防夫」といった「此の火事に那波家に駈け集つた人」が示した義理とは、那波家からの「好意に対する返し」だったと考えられる。[*55]こうした義理について、南秋田郡土崎港町（現秋田市）の事例で敷衍してみたい。同町で「秋田の那波家と並び称せらる丶名望家」とされるのが、麻木家である。[*56]一八一三（文化一〇）年に分家した初代の松之助（一七八二―一八五四）は、呉服太物商から酒造業・貸金業と事業を拡大して短期間で資産を形成し、秋田藩の御用聞商人を務めた。[*57]救貧活動にも尽力し、一八三〇（天保元）年の土崎感恩講の設立にも貢献している。以後、二代目の松太郎（一八一〇―一八五八）、三代目の松四郎（一八三九―一八八八）、四代目の松治郎（一八七三―一九二四）も救貧に努めた。以下は、三代目松四郎の三回忌に『秋田日日』が報じたものである。[*58]

南秋田郡土崎港町麻木氏は代々慈善の聞い《ママ》高く、就中先代松四郎と云ふ人は稟性慈善の心最と深く〔中略〕殊に毎年々末には貧窮困難の細民へ米穀金銭を施与するを以て家例となし、町内の貧民共は其施与を目的に歳暮の支度をする位にて、麻木と云へは之を慕ふこと父母の如く誰一人として其慈善心に感せぬものはなかりけり。〔中略〕松四郎も去明治廿一年四月中愛惜、痛悼の間に永き眠に就きたりしか、嗣子松次《ママ》郎氏も慈愛の天性父と同しく齢未た十八歳に満さるも不幸のものを救恤すること父の在世中と異なることなく、殊に今年の米価騰貴に際し四百余円の大金を義捐して貧民を救助したり。而して当四月十七日は松四郎の三回忌に当るを以て、恩に預りたる貧民共は一同打寄り協議の上、一人前五厘若くは七厘宛劇出《だしあひ》して大灯籠二個を霊前に供納せりと。富者の万灯も貧者の一灯に若かすと云ふことあり。二個の灯籠貴きものにあらされとも貧者の一灯、松四郎も幽明の裡喜んて其灯光を見るならん。

注目されるのは、「恩に預りたる貧民共」が「大灯籠二個を霊前に供納」したという点である。「大灯籠二個」は、「貧民」一人ひとりが「五厘若くは七厘宛劇出」したものであり、かれらの義理立てを明瞭に示したといえる。この灯籠は、経済的にいえば、麻木家の救貧の費用には全く釣り合わないはずである。だが、そこには、「好意に対する返し」という一九世紀を生きた一人ひとりの「貧民」の矜持もうかがえる。一八八六年の秋田町の大火で「那波家に駈け集つた人」にも、そうした矜持があったのではなかろうか。

他方、大火後の那波家は、前述したように、③罹災した「仝家へ出入する者共」の生活再建のために家屋・木材・現金を支援していた。「仝家へ出入する者共」とは、外町で罹災した出入り関係者を指す。③は、災害で被害を受けた出入り関係者にたいして、那波家が生活再建のための支援を実施していたことを示している。前述した内町の出入り関係者は、この大火では支援を受けていないはずだが、何らかの災害に見舞われた場合には、那波家からの手厚い支援を期待できたことになる。[*59] もとより、そうした期待は、那波家との出入り関係がなくては成り立たない。内町の出入り関係者による防火活動には、取引関係の維持や優遇への期待もあったのではなかろうか。ここでは、「手伝ひ人」の行動には、そうした打算と義理とが未分化なままで表現されていたとしておきたい。

以上のように、那波家と出入り関係者とのあいだには、商売上にとどまらない、双方にとって一定のメリットのある関係性が取り結ばれていた。こうした、いわば「積善の家」をめぐる相互関係も、一八八六年の大火の局面で、那波家が③の支援を実施し、内町の出入り関係者が防火活動によって義理堅さを示したように、局面ごとに「選びとられ紡がれて」いくものだったはずである。

おわりに

一八八六年の大火後、秋田県行政は、炊出しや避難所設置などの緊急対応から、備荒儲蓄法に則った救助の実施、インフレ抑制など多岐にわたる救助支援活動を実施した。県行政主導のこうした対応は、南秋田郡役所—戸長役場との役割分担、民間の協力や負担によって支えられていた。民間では、有志による寄付や日用品の廉売などが実施された。官民の救助支援活動が、罹災者の「いのち」や生活を一定程度支えていたことがわかる。

備荒儲蓄法は、第一章でふれたように、豊凶にかかわらず地租収入を確保することを目的として一八八〇年に公布、翌年施行された。前章でふれたように、当該期の国や地方行政は、救貧に果たす役割が極めて限定的だった。救貧に比べれば、災害救助支援において国や地方行政が果たした役割は大きかったといえる。

他方、感恩講の創設を主導し維持してきた那波三郎右衛門家が、災害救助支援においても重要な役割を果たしていたことも確認された。近世から近代にかけての那波家のこうした活動は、従来の研究では、近世からの連続性として位置づけられてきたと思われる。だが、そうした活動も、代々の当主や一族といった家を構成してきた個々人によって、局面ごとに「選びとられ紡がれて」きた実践だった。一八八六年の大火は、そうした那波家の活動が、防火の面でメリットがあったことを示している。火防組や出入り業者にも義理と打算がみられたが、そうした那波家との相互関係も局面ごとに「選びとられ紡がれて」いたといえる。「共同性」の再検討には、こうした視点と方法も重要ではなかろうか。

註

＊1 「秋田市街火災ノ景状内務、宮内両大臣へ届」五月七日（「第一部庶務課事務簿　秋田市街火災取調ノ件　上」明治一九年五～六月、秋田県公文書館所蔵、九三〇一―〇三―〇八三〇三、件番号五）。

＊2 「罹災後ノ情状委詳内務、大蔵、宮内、農商務四大臣へ上申」六月二一日（同前「第一部庶務課事務簿　秋田市街火災取調ノ件　上」明治一九年五～六月、件番号一三）。

＊3 前掲「秋田市街火災ノ景状内務、宮内両大臣へ届」五月七日。

＊4 内閣統計局編『日本帝国統計年鑑』第七回（一八八八年）。

＊5 前掲「秋田市街火災ノ景状内務、宮内両大臣へ届」五月七日。

＊6 「秋田市街凡二千戸余焼失ノ義内務大臣へ電報并焼失戸数取調并罹災者救助委員申付ノ件」（同前「第一部庶務課事務簿　秋田市街火災取調ノ件　上」明治一九年五～六月、件番号一）。

＊7 「延期余聞」『秋田日日』五月一二日雑報。

＊8　「官林払下ノ義ニ付山林局員へ照会」（前掲「第一部庶務課事務簿　秋田市街火災取調ノ件　上」明治一九年五～六月、件番号三）。
＊9　「罹災救助費の統計」『秋田日日』五月二九日雑報。
＊10　「秋田市街火災ニ付窮民救助方法ノ義諭達」（前掲「第一部庶務課事務簿　秋田市街火災取調ノ件　上」明治一九年五～六月、件番号六）。
＊11　「罹災者一般へ」『秋田日日』五月二〇日雑報。
＊12　高田実「『福祉の複合体』の国際比較史」（同・中野智世編著『近代ヨーロッパの探究15　福祉』ミネルヴァ書房、二〇一二年）、七～九頁。
＊13　「市街大火災ニ付諸物品高価セサル様告諭」（前掲「第一部庶務課事務簿　秋田市街火災取調ノ件　上」明治一九年五～六月、件番号二）。
＊14　「秋田町回録記事」（同前「第一部庶務課事務簿　秋田市街火災取調ノ件　上」明治一九年五～六月、件番号一七）、「諸職人へ物価騰貴セサル様説諭受書」（同前「第一部庶務課事務簿　秋田市街火災取調ノ件　上」明治一九年五～六月、件番号一〇）。
＊15　同前「秋田町回録記事」。
＊16　「木材払下の価額」『秋田日日』五月二九日雑報。
＊17　「出願人の増加」『秋田日日』六月三〇日雑報。
＊18　前掲「罹災後ノ情状委詳内務、大蔵、宮内、農商務四大臣へ上申」六月二一日。
＊19　北原糸子『磐梯山噴火―災異から災害の科学へ―』（吉川弘文館、一九九八年）、二〇四～二〇五頁。
＊20　「秋田市街罹災者救助義捐金配当精算書及受取証書添付南秋田郡長ヨリ上申」（「第一部庶務課事務簿　秋田市街火災取調ノ件　下」明治一九年一二月、秋田県公文書館所蔵、九三〇一―〇三―〇八三〇四、件番号一）、「義捐金下賜」『秋田日日』六月三〇日雑報。
＊21　前掲「罹災後ノ情状委詳内務、大蔵、宮内、農商務四大臣へ上申」六月二一日。
＊22　「義捐金及び人名」『秋田日日』五月四日雑報。

＊23 「救恤金額」『秋田日日』五月五日雑報。
＊24 「火職の怒りに触る勿れ」『秋田日日』五月四日。
＊25 「義捐金」『秋田日日』五月一一日雑報。「義捐金増額」同前六月三〇日雑報。
＊26 「義捐金」『秋田日日』五月二七日附録。
＊27 『秋田日日』で確認できるのは、七一〇名分・計四七六七円八四銭二厘である（「義捐金及び人名」『秋田日日』五月四日雑報、「旧知事公の救恤」同前五月五日雑報、「救助金義捐」同前五月六日雑報、「義捐金」同前五月八日雑報、「義捐金」同前五月一一日雑報、「義捐金（承前）」同前五月一二日雑報、「義捐金（承前）」同前五月一三日雑報、「義捐金（承前）」同前五月一四日雑報、「義捐金」同前五月一六日附録、「義捐金」同前五月一八日附録、「義捐金」同前五月一九日附録、「義捐金」同前五月二七日附録、「義捐金」同前六月一八日附録、「義捐金増額」同前六月三〇日雑報）。「知事青山貞外奏任官数名秋田町火災ノ節罹災者へ金穀施与ニ付内務省へ上申」六月二一日（「庶務課庶務部事務簿　賞与献金等之部　五番」明治一九年七～一二月、秋田県公文書館所蔵、九三〇一―〇三―〇八五六一、件番号一三）では、二二名分・計一二三〇円であり、このうち『秋田日日』との重複は、一四名分・一一〇〇円である。なお、重複している田中玄文の寄付額には、三〇円の異同がみられるが、本稿の記述は、県公文書（二〇円）をもとにしている。
＊28 鈴木喜八・関伊太郎編『日本全国商工人名録』（日本全国商工人名録発行所、一八九八年）。
＊29 「質店の報酬」『秋田日日』五月一八日雑報。「報酬の延期」同前六月二日雑報。
＊30 同前「質店の報酬」。
＊31 前掲「知事青山貞外奏任官数名秋田町火災ノ節罹災者へ金穀施与ニ付内務省へ上申」六月二一日。
＊32 菓子舗栄太楼編著『菓子舗栄太楼百年の歩み』（菓子舗栄太楼、一九八七年）、三七頁。
＊33 「窮民移転」『秋田日日』五月一二日雑報。
＊34 「大工職人来集」『秋田日日』五月二二日雑報。
＊35 「庁下瑣事」『秋田日日』五月二九日雑報。
＊36 同前「庁下瑣事」。

＊37　同前「庁下瑣事」。
＊38　前掲「罹災後ノ情状委詳内務、大蔵、宮内、農商務四大臣へ上申」六月二一日。
＊39　「災余の状況に感して将来に望む所あり」『秋田日日』七月四日社説。
＊40　「士族町の変遷」『秋田日日』七月八日雑報。
＊41　「火防組へ手当」『秋田日日』五月八日雑報。「正誤」同前五月九日。
＊42　総理府賞勲局編『紅緑藍綬褒章名鑑　自明治十五年至昭和二十九年』（大蔵省印刷局、一九八〇年）、三八九頁。
＊43　「社会事業功労者表彰書類」大正九年以降（秋田県公文書館所蔵、九三〇一〇三―一〇二五九）。
＊44　北原前掲『磐梯山噴火―災異から災害の科学へ―』、八四頁。
＊45　二宮宏之「戦後歴史学と社会史」（歴史学研究会編『戦後歴史学再考―「国民史」を超えて―』青木書店、二〇〇〇年）、一三五頁。
＊46　三村昌司は、名望の獲得と再生産を主要な論点として、名望家研究の動向を整理している（三村昌司「明治中期における名望家の存在形態―阪鶴鉄道と大西善太郎―」同『日本近代社会形成史―議場・政党・名望家―』東京大学出版会、二〇二一年）。那波家の事例は、名望の獲得や再生産を左右していた要因の一つとして、地域福祉への貢献があったことを示す。
＊47　「秋田通信」『会通雑誌』第一八号、八頁。
＊48　「俵屋火事　秋田新聞『秋田市の今昔』記事」（秋田市史編纂事務室、一九四二年、秋田市立図書館明徳館所蔵）。
＊49　秋田市役所編『秋田市史　下』（一九五一年、二七四～二八一頁）に所収されている。
＊50　原本の所在は、管見の限りでは確認できていない。もとより、大正期刊行の『秋田新聞』は、一九一九年八月の創刊である。前身にあたる『秋田毎日新聞』（一九一一年九月創刊）についても、現存する一九一五年一月から九月、一九一六年の紙面では、当該記事を確認できなかった。
＊51　鈴木淳『町火消たちの近代―東京の消防史―』（吉川弘文館、一九九九年）、一七七頁。
＊52　秋田市編『秋田市史　第四巻　近現代Ⅰ通史編』（二〇〇四年）、三八五頁。
＊53　鈴木前掲『町火消たちの近代―東京の消防史―』（一六六～一六九頁）。近世の行動様式について、吉田伸之は、「町抱＝鳶

頭輩下の欠付鳶が、一方ではテリトリー内の店抱でもあり、出火時には、駆けつけるべき町へ出動せず、私設の消防隊として働く〔中略〕一群の「富有之者」＝商人・高利貸資本の存在が、鳶集団の編成に別の契機を付与し、これが町火消制という公共的な防火システムをその足元から攪乱していることになる」と指摘している（吉田伸之「近世における身分意識と職分観念」初出一九八七年。「巨大都市における身分と職分」と改題し、同『近世都市社会の身分構造』東京大学出版会、一九九八年、所収、二九二頁）。

＊54 「秋田市の沿革を語る座談会（昭和13年）」（秋田市史編纂事務室、一九三八年、秋田市立図書館明徳館所蔵）。

＊55 源了圓『義理』（三省堂、一九九六年）、六七頁、など。

＊56 土崎知善『土崎郷土史要』（土崎読書会、一九二〇年）、一八六〜一九〇頁。麻木家の福祉活動については、大川啓「近代土崎における福祉と資産家―一八七〇〜一九一〇年代の救貧・火災・米価騰貴を中心に―」（渡辺英夫編『秋田の近世近代』高志書院、二〇一五年）で言及したことがある。

＊57 以下、麻木家に関する記述は、「事績調」（前掲「社会事業功労者表彰書類」大正九年以降）、秋田市立中央図書館明徳館編『間杉家文書目録・中村家文書目録・土崎御役屋文書目録・麻木家文書目録』（秋田市立土崎図書館、一九九二年）、石川隆一「麻木家日記　解説」（秋田市史編さん委員会近世部会編『秋田市史叢書8　麻木家日記』秋田市、二〇〇四年）による。

＊58 「貧者の一灯」『秋田日日』一八九〇年四月二〇日雑報。

＊59 吉田伸之によれば、近世江戸・大坂・京都の三井家の出入層は、その多くが「大商人にとっての直接的脅威」となる「都市下層＝其日稼の者」だったが、「事あるごとに三井からの融資というかたちで合力をうけたり、困窮時には施行を得たりしている。とりわけ零細な商人や職人にとって、三井のような有力商人への出入を許されることは、自己の存在を維持するうえでの重要な保障」になったという（吉田伸之「施行と其日稼の者」〔初出一九八〇年。同『近世巨大都市の社会構造』東京大学出版会、一九九一年、所収、二二三頁〕、同「近世都市と諸闘争」〔初出一九八一年。同前所収、二四〇頁〕）。那波家と出入り関係者との社会関係やその起源を考えるうえで、示唆に富む。

第四章　「慈善」と「不穏」——一八九〇年の米価騰貴をめぐって——

はじめに

明治期や大正期には、米価騰貴によって、恒常的な貧困とは桁違いの規模で生活危機が広がることもあった。一八九〇（明治二三）年の米価騰貴について、第二章でふれた「久保田秘書官巡回ニ付取調事項」（六月二二日付）によれば、[*1]秋田市の現住人口の約七％にあたる二〇〇〇名弱が生活危機に陥ったことになる。米価騰貴がもたらした生活危機により、一八九〇年には、米騒動が全国各地に広がった。青木虹二の研究では、六〇件（二〇府県）の事例をあげており、秋田市についても七月八日に「米騒動、六〇〇人」とされている。[*2]六〇件について出典等を参照すると、島根・新潟・鳥取・福島・山口・石川・富山・京都・福井・宮城の各府県で、家屋・家財の破壊や投石、放火といった暴力が行使されたことも確認できる。

本章では、こうした生活危機にたいして、同年の秋田市ではどのような対応がみられたのかを明らかにするとともに、そうした対応の歴史的・社会的背景を検討してみたい。

本章で主要な史料となるのは、一八九〇年当時の秋田市で発行されていた日刊紙である『秋田魁新報』（以下、『魁』と略す）と『秋田日日新聞』（以下、『秋田日日』と略す）である。『遐邇新聞』の後身にあたる『魁』

は、一八八九年二月に創刊され、九月に秋田大同倶楽部が結成されると、その機関紙となった。[*3]『秋田日日』は、一八八九年一一月に秋田中正党（保守党中正派の地方団体）が結成されると、その機関紙となった。[*4]両紙は、民権派と保守派として政治的な対抗関係にあった。以下、一八九〇年の史料は年を略す。

第一節　米価騰貴と地域社会

1　米価高騰と嘆願運動

豊作続きで低落していた米価は、好景気による通貨膨張によって、一八八九年後半から上向きに転じた。[*5]これに拍車をかけたのが、この年の凶作であり、米相場は活況を呈した。秋田市の米価も、図2―1のように、一八九〇年二月に入り、一石あたり六円台から八円台へと急騰している。

二月一八日、秋田市内在住の細井光延が代表となって、市役所にたいして救助を求める嘆願書を提出した。この嘆願書には、「当市の貧民三百八十五名」が「同盟連署」していたとされる。[*6]また、下米町一丁目には「窮民救助嘆願事務所と大書したる標札を掲げ」ていたという。[*7]「同盟連署」した「貧民」の存在は、市役所にとどまらず、地域社会にたいして誇示されていた。

2　市行政の対応

細井光延らの嘆願について、秋田市行政は、二月一九日の市参事会で協議をおこなっている。市参事会は、一八八八年制定の市制において、市の行政執行機関と定められていた（一九一一年改正で、市長独任制に改正）。市制施行時の市参事会について、『秋田市史　第四巻　近現代Ⅰ通史編』では、内町の士族が市長小泉吉太郎、助役根田忠正、泉田政成、大貫敏蔵、石井正太郎の五名にたいして、外町の商人は木下正兵衛、中村友吉、辻兵吉（同年六月辞任、後任に高堂兵右衛門）の三名であり、士族が優位だったと指摘している。[*8] なお、二月一九日の市参事会は、木下が欠席していた。

以下の市参事会の議事については、「市参事会議事録」明治二三年度（秋田市役所所蔵、三一四五五二）による。二月一九日の議事録（第九輯）では、細井らの嘆願をめぐって、小泉、根田、大貫、中村の四名の発言を確認できる。市参事会議長の小泉吉太郎は冒頭で、次のように述べている。

> 這般米価ノ騰昂ニ依リ、当市細民三百八十名ヨリ此困難ノ救済方ヲ願出テラレタルカ、一体是等ニ対シテハ市税ヲ以テスル訳ニモアラス。ツマリ当市富豪家ノ義捐ヨリシテ安米ヲモ喰ハセネハナラスト考ヘタルカ、若シ之ヲ此侭ニ打捨テ置カハ、其惨状益々甚シカルヘク、勢亦不穏ノ姿ニ立ツ至ルヘキニ付、茲ニ各員ノ意見ヲ聞カン。

現状を放任すれば、「細民」の「惨状」がさらに深まり、「勢亦不穏ノ姿ニ立ツ至ル」懸念があるため、「当市富豪家ノ義捐」によって「安米ヲモ喰ハセネハナラス」という。これにたいして、根田忠正は、まず嘆願書の扱いを議論しなくては「後来ニ対シテ容易ナラサル関係ヲ及ホス」として、嘆願書の却下と細井らの「事務所」を

「解除」することを主張している。根田は、「安米」の実施によって、嘆願書が採択されたとみなされることを懸念していた。小泉は、最優先の課題は「安米」実施であると強調しながら、嘆願書の却下は当然と応じている。「事務所」の「解除」については、市ではなく、警察の管轄とした。

大貫敏蔵は、小泉の意見に賛意を示し、「救助」の具体的な手順や方法を検討すべきとした。中村友吉は、南秋田郡土崎港町（現秋田市）での「救助」実施などにふれつつ、速やかな実行を希望するとしている。小泉議長が、以上の議論を「願書ヲ却下スルコト」、「富豪家ニ協議スルコト」、「寄附金中ヨリシテ吏員ヲ当用スルコトアルモ宜シキコト」の三点に集約し、異議がなかったため、この提案どおりに決定した。

細井らの嘆願をめぐる議事で注目されるのは、市長小泉吉太郎の主導性である。小泉は、市税ではなく、「当市富豪家ノ義捐」によって「安米ヲモ喰ハセ」る方針を最初に打ち出していた。これにたいして、根田忠正は嘆願書の扱いについての条件つきながらも賛成、大貫敏蔵と中村友吉は積極的な賛意を示している。秋田市行政の意向は、小泉の主導性と参事会員の賛意によって、市内の富者に「安米」実施を促すことに決していた。そうした主導性の背景として、一つには、小泉の「勢亦不穏ノ姿ニ立ツ至ル」という懸念、すなわち「不穏」のリアリティがあったことを確認しておきたい。

3　市内有志の協議と寄付募集

二月一九日夜、「当市有名の豪商諸氏」は、佐藤文右衛門方で会合を開き、「貧民救助の事」を協議した。[*9] 翌二月二〇日一四時、「当市の慈善家□〔三か〕十名許り」が市役所で集会を開催し、救助の実施を決定した。[*10] この方法を立案、実施する委員として、佐野八五郎・中村友吉・村山三之助・船山忠定・平野三郎兵衛・那波三郎右衛門・佐藤文右衛門の七名が推薦された。二月一九日の市参事会で小泉市長の方針に積極的な賛意を示した中村友吉も選ばれており、秋田市行政の意向が影響していたことをうかがわせる。救助の方法は、現金の給与も検討されたようだが、[*11]三月三日頃までには、米の廉売に決定した。[*12]委員は、そうした協議と並行して、寄付の勧誘を進めていたとみられる。

委員のうち、中村友吉については、茶町菊ノ丁の商人で、一八八九年に地租七五円・所得税三円を納め、市会議員を一八八九年から一八九八年まで二期務めたこと以外を確認できていない。[*13]第二章でふれたように、船山忠定・那波三郎右衛門・佐藤文右衛門は年末の救貧の担い手であり、村山三之助は米の無利子での貸付を実施していた。また、那波・村山・佐野八五郎（和漢洋薬種商）・平野三郎兵衛（貸金貸家業）は、近世以来の旧家だった。[*14]委員には、救貧の実績を有する者や近世以来の旧家が選ばれていたことになる。また、佐野・那波以外の五名は、現職の市会議員だった。

寄付者の総数は四九名、その総額が一七六二円となった。[*15]寄付額の内訳までは十分に明らかではないが、『秋田日日』二月二五日付の雑報「貧民救助の相談」によれば、銀行二行から一五〇円ずつ、辻兵吉と那波三郎右衛門がそれぞれ一〇〇円で、加賀谷長兵衛の七〇円が続き、以下五〇円から五円までが多数あったという。市内有数の資産家だった辻や那波、加賀谷が、寄付額の上位を占めていたことを確認できる。なお、県公文書には、この①有志の米廉売、および後述する④⑤有志の外国米廉売、両方ないしは後者の清算後における寄付額を示すと思われる賞与関係の史料がある。[*16]この史料により、主な寄付者を示すと、表4―1になる。一円以下の寄付がほぼ半数を占めるが、その多くは仏教関係者によるものだった。

表 4-1：1890 年の米廉売への寄付額

	米廉売への寄付額[注1]	直接国税納税額（1889 年）		職業
		合計	順位	
辻兵吉	415.417	1,663	1	呉服太物商・国産織物製造販売
●那波三郎右衛門	227.985	876	3	生糸商并質屋・国産織物製造
加賀谷長兵衛	205.542	776	4	質物商
本間金之助	205.542	1,058	2	洋物小間物書籍商
第四十八国立銀行	129.547			
第一国立銀行秋田支店	129.547			
加賀谷富太郎	122.458	287	12	金銭貸付業
●村山三之助	122.458	417	9	質物商
●佐藤文右衛門	122.458	478	7	質屋
湊彌七	122.458	659	5	
●平野三郎兵衛	122.458	648	6	貸金貸家業
三浦傳六	102.771	216	16	茶紙荒物商
佐藤左吉	66.150	62	31	清酒醸造
加賀谷正司	56.307			呉服太物古着商
佐藤山三郎	52.762	233	15	醤油醸造
●佐野八五郎	49.219			和漢洋薬種商
▲森澤利兵衛	49.219	321	11	呉服太物藍商
土屋善三郎	45.597			和洋小間物書籍商
遠藤小太郎	45.597	56	34	呉服太物商
平野政吉	42.919	399	10	金穀貸付業
金子文蔵	35.319			呉服太物商
奈良右左衛門	30.398	76	27	紙及荒物商・貸金貸家業
湊又右衛門	29.531	32	47	
佐藤多吉	25.043			呉服太物商
加賀谷源右衛門	25.043	38	39	清酒醸造
鎌田源左衛門	24.609	249	14	紙荒物商兼小間物問屋
▲松倉庄右衛門	24.609	140	21	水油製造
鈴木喜右衛門	19.688	149	19	呉服古着商・公債株券古金銀売買
坂本南右衛門	19.688	45	37	畝織八丈
●船山忠定	19.688	61	33	
●▲中村友吉	19.688	78	26	
野口周次郎	19.688			清酒醸造
新田目小助	19.688			洋物小間物茶紙商
嘉藤治兵衛	19.688	62	31	銅鉄器漆器商
河村周吉	19.688	30	51	和洋小間物紙茶煙草商・古金銀売買
高堂兵右衛門	19.688	31	49	清酒製造
樋口順泰	15.199	104	22	
深見春三	15.199			
猿谷利左衛門	15.199	159	18	薪炭商兼□竹材商金穀貸付業

柴村藤次郎	14.766			内国通運会社出張店　支配人
▲木下正兵衛	12.523			米穀商
横田勇助	12.523			米穀商
田宮多七	10.710	55	36	清酒醸造
3名	9.844			
5名	5.355			
1名	2.952			
1名	2.677			
1名	1.605			
1名	1.071			
54名	1円以下			
計109名	計2977.742円			

出所：「第一課庶務掛事務簿　賞与之部　弐番」明治24年3～6月（秋田県公文書館所蔵、930103-08582、件番号27）、渡辺真英『秋田県管内名士列伝―国会準備―』（北辰堂、1890年）、白崎五郎七編『日本全国商工人名録』（日本商工人名録発行所、1892年）、鈴木喜八・関伊太郎編『日本全国商工人名録』（日本全国商工人名録発行所、1898年）、大森卯助編『秋田市詳密地図　附商工人名記』（1901年）、鈴木吉祐『大正の秋田　附商工人名録』（大正堂書店、1913年）。

注1：有志の米廉売、外国米廉売の両方ないしは後者の清算後における寄付額（返金分を含まず）を示す。

注2：3月開始の有志による米廉売の委員7名には●、備荒貯蓄米の払い下げを受けた有志4名には▲を付した。

市内の富者のなかには、「貧民救助」への協力を拒んだ者もいた。『秋田日日』二月二一日付の雑報「貧民の相談」は、次のように報じている。

本町《ママ》通りの新金満家と聞ひたる某氏は、川尻其他各処に米倉を有し、而も倉内充満溢る許り積み置て、五十俵や百俵の米を施したれはとて痛くも痒くもなき身代にてありなから、平生慈善の上に不の字の付く方の評判ありて、而も今回の相談には一向取合はぬ相挨《ママ》のみなりしを、貧民共は聞込みて、此上は一同集会直参して慈悲を乞ふの外なしとて、何にか相談し居るとの事なり。

「慈善の上に不の字の付く方の評判」のある新興資産家の「某氏」は、前述した二月一九日の会合への参加を拒んだ。それを知った「貧民共」は、「此上は一同集会直参して慈悲を乞ふの外なしとて、何にか相談し居る」という。『秋田日日』は、そうした「貧民」の動向を報じることで、「某氏」に協力を促していたことがうかがえる。前述したように、「同盟連署」した「貧民」の存在は、新聞報道などで知られていたはずである。『秋田日日』のいう「貧民の相談」には、リアリティがあったと考えられる。

『秋田日日』は、翌二月二二日付の雑報「豪商諸氏協議の結果」でも、「尚ほ昨日も記載したる大町《ママ》通りの某金満家は此協議に預らすの事なり」と報じている。匿名報道ではあるが、市内の読者にとっては、実名報道と変わりなかったのではなかろうか。居住地の表記に揺れがあるものの、これだけの情報があれば、「某氏」の特定は難しくなかったように思われる。前述した委員名や寄付者名の報道があり、多くの富者が寄付に応じるなかで、「某氏」の存在も浮き彫りになったはずである。有志の寄付が、寄付者と同程度以上の経済力を有する人びとを制約していたことがうかがえる。

寄付の勧誘は、市内の富者に限定されていたが、例外もみられた。『秋田日日』は、三月一四日付の雑報「奇特の慈善家」で次のように報じている。

> 中には屈指の資産家にても有志家の相談を受るも何に蚊に口実を設けて程能く断り遁る丶ものもありしとか聞及ひしに、茲に奇特なるは当市城町横田勇助氏にて、氏は米屋を営み敢て富豪家と申すへきにあらされは（素より貧しきにあらされとも）有志家より別段相談もなかりしに、自ら進んで三日前金拾円義捐致度に付貧民救助の列に加入あり度旨申出たりと云ふ。実に奇特の慈善家と云ふへし。

米商の横田勇助は、「敢て富豪家と申すへきにあらされは」有志からの勧誘がなかったにもかかわらず、自発的に寄付を申し出たという。同紙は、横田を「実に奇特の慈善家」と評している。その横田と対比されているのが、「有志家の相談を受るも何に蚊に口実を設けて程能く断り遁」れた「屈指の資産家」である。前掲「貧民の相談」のいう「某氏」を指すと考えられるが、「奇特の慈善家」の存在も、「某氏」の「慈善の上に不の字の付く」姿勢を際立たせていたことがわかる。「貧民救助」への協力を拒むことは、こうした地域のまなざしに自身を晒すことを意味していた。

4　米廉売の実施と授産事業

①秋田市内の有志による米廉売は、三月二五日に開始された。廉売を受給するための手続きは、次のようなものだった。[*17] 希望者は、市役所内におかれた直引米取扱所にその旨を申請する。申請は「書面口頭随意」であり、ここで「生活上最モ困難」と認められた場合に「貧民救助直引米切符受取証明鑑札」が発行された。鑑札は、受給者の証明だった。世帯状況や「直引米買受ヶ券」（以下、値引き券）の受け取り実績などは、おそらくこの鑑札によって把握されていたと考えられる。申請の受付は、新聞広告では三月一八日限りとされていたが、翌一九日もおこなわれており、これ以降も可能だったようだ。受給者には、二五日から値引き券が配布された。この配布も直引米取扱所で実施され、受給者は期間中に何度も足を運んでいる。この券には、値引きが有効な日付が指定されており、おそらく間近な日付分のみを配布していたとみられる。値引き券は、市内すべての米屋で使用できた。値引き額は一升につき二銭であり、一人一日分として四合を購入できた。米屋のほうは、受け取った券を証明に、値引き分の金額を救助事務所に請求した。

①米廉売は、五月五日までの四二日間実施された。その実績などを整理すると、表4―2になる。受給者数は、一日あたり約五二五〇名だった。一八九〇年当時の秋田市の現住人口は二万九一七五人（現住戸数は六六七八戸）であり、[*18] 受給者は現住人口の約一八％にあたる。

表 4-2：1890 年実施の大規模な米廉売

	①有志の米廉売	備荒貯蓄米の廉売		有志の外国米廉売		清算後
				④「安米給与方」	⑤「一般」	
実施期間	3/25 〜 5/5	② 7/9 〜 15	③ 7/16 〜 28	7/29 〜 8/29		
実施日数	42 日	7 日	13 日	32 日		
販売価格（1 升あたり）	2 銭引き	6 銭 6 厘		4 銭 7 厘	9 銭	
販売高（1 日 1 人あたり）	4 合	4 合か				
受給者数（1 日あたり）[注1]	5,250 名	約 2,388 名	約 4,225 名	約 2,344 名	約 1,716 名	
現住人口中の割合	約 18%	約 8%	約 14%	約 8%	約 6%	
受給戸数	—	1,768 戸				
現住戸数中の割合	—	約 26%				
寄付額	1,762 円			約 3,000 円		2977.742 円[注2]
寄付者数	49 名			—		109 名[注3]

出所：『秋田日日新聞』1890 年 3 月 16 日広告、同前 3 月 18 日雑報「有志出金者」、同前 3 月 26 日雑報「直引米切符」、同前 3 月 27 日雑報「一昨日直引米売下高」、同前 7 月 8 日雑報「直引米」、同前 7 月 13 日社説「紳士豪商の美挙」、同前 8 月 31 日雑報「直引米の総数」、『秋田魁新報』1890 年 5 月 6 日雑報「救助米の締切り」、同前 7 月 8 日雑報「安米の施与」、同前 7 月 17 日雑報「直引米」、同前 7 月 23 日雑報「救済の手段」、「第一課庶務掛事務簿　賞与之部弐番」明治 24 年 3 〜 6 月（秋田県公文書館所蔵、930103-08582、件番号 27）、内閣統計局編『日本帝国統計年鑑　第 11』（1891 年）、より作成。

注 1：受給者数は、いずれも販売石高から算出した。

注 2：有志の米廉売、外国米廉売の両方ないしは後者の清算後における寄付額（返金分を含まず）の合計を示す。

注 3：有志の米廉売、外国米廉売の両方ないしは後者への寄付者数を示す。

米廉売が実施されていた四月には、授産事業も立ち上げられている。「有志慈善家」二名が、「無業の同胞に就産の方法を得せしめ、所謂自治自活の人たらんことを務む」ことを趣意に掲げて、同胞就産会を設立した。[*19] 同会は、その設立趣意書を「貧民並に慈善家及ひ資産家等」に配布した。その事業は、「実子《みご》縄製造其の他適宜の労役事業を興して、通常の賃銭より二□《三か》銭の賃増しを以て貧民を使雇し、大に貧民救助の実を挙くると共に殖産の隆盛を謀らん」とするものだった。実子とは、稲・麦などの茎のことを指す。『魁』は、「実に美挙と云ふべし」と同会を積極的に支持している。だが、同胞就産会の事業は、五月下旬頃には行き詰まった。[*20] その原因は、実子網の材料である縄が、農繁期に入って払底したことにあったという。

第二節　「不穏」と地域社会

1　米価高騰と嘆願運動

秋田市では、①米廉売が開始された三月二五日以降も市内の米価は上昇し続け、廉売終了時の五月五日には、九円台となっていた（図2―1）。五月一三日、「貧民等二三の組合」の「総代人」が米廉売の再開を市役所に嘆願したが、却下された。[*21] 同日には、「総代委員らしき者」が、「八百六十九人の連署」した県庁宛の願書に市役所の奥印を求めた。[*22] 市行政は「已を得ず」、「該書面に付箋をなし、本人共下戻された」という。修正のうえでの再提出を容認したことになる。

市行政は、後者の「救助歎願書」に奥書を付して、県庁に取り次ぐことになった。[*23] 願書には「人見喜太郎外千三百十名」の連署が付された。その内容は、「一日一人四合の割一ヶ月間八斗四升宛之を一升拾銭と見積り、八円四拾銭の半額四円廿銭つゝ千三百十一人分五千五百四十八円弐拾銭拝借仕度。若し御許可相成難き御都合あるに於てハ、直引米御売下□御救助を得度し」というものだった。

だが、県庁からの反応はなかった。このため、「総代人」は、五月二八日に県庁へ赴き、知事との面会を求めている。[*24] 県庁では、不在の知事にかわって書記官が対応した。すでに県行政では、後述する備荒貯蓄米の払い下げを決定していた。書記官は、このことを伝えながらも、本来は「書面を却下すへきの処」と強調している。

前述した市参事会員の根田忠正と同じく、県行政も願書が採択されたとみなされることを懸念していたと考えられる。

2　備荒貯蓄米による廉売の準備

五月下旬、秋田県庁は、管内で備荒貯蓄米として保管していた籾米を各郡役所経由で民間へ払い下げることを決定した。[*25] 管内に米穀を供給して「細民の需用に供せしめん」ことが目的とされる。県行政は、払い下げ希望者にたいして「その売高一人に付一斗を限りとする事、仲買の手に付す可からざる事、他郡内に売渡さゞる事、貯蓄す可からさる事、及売弘方は郡役所の監督を受る事」「受払下人は五分以内の薄利を以て需用者に売却すること」などの条件を付して、「営利的を目的とせす、半は慈善的」な対応を求めた。

六月二日、木下正兵衛（米穀商）・中村友吉・松倉庄右衛門（水油製造）・森澤利兵衛（呉服太物藍商）の有志四名は、市役所に入札書を提出した。[*26] 四名はいずれも現職の市会議員であり、木下・中村は市参事会員も務めていた。木下らの言い分では、県から払い下げられた籾米を競売にした場合、「奸商」が入札に参加しかねない。自分たちが落札した場合には、「成米に至るまでの実費を控除して、其他は五歩以下の利益を得ることに許可相成り居るも、毫も之れに関せず、偏に慈善の精神にて売捌を為す都合にて、一升に就き六銭五厘内外に売渡す」という。市行政は、市への割当て分の籾米を一括で、木下ら有志四名に託した。木下らは、「奸商」の「私利」を否定し、県の定めた「薄利」すらも受け取らずに廉売にあたるとしていた。『魁』は、かれらを「慈善者」と呼んでいる。

②備荒貯蓄米による廉売の開始は七月九日であり、籾米の精米に一ヶ月ほどを要したことになる。この間、秋

田県独自の備荒貯蓄制度で前年一八八九年に廃止が決まった第二救荒予備の市内各町割当て分六八石も、[27] 木下らに委ねられている。木下ら有志は、精米費用を負担し、廉売開始後には無報酬で実務に従事したという。[28]

3　地域の「義侠」

五月中旬の秋田市では、個人レベルでの救助が複数みられた。城町の宮越千代吉は、一八日から「細民窮助」として「挽割飯」（挽き割りにした麦を混ぜて炊いた飯）を廉価で販売していた。[29] また、米商山形善之助は、牛島村（現秋田市）の米商清水恵蔵とともに、外国米を取り寄せ、諸経費を上乗せせずに「窮民」に販売することを計画していたという。[30] 地方紙二紙は、山形らの計画を「慈善の人」「美挙」として顕彰している。

こうした個人レベルでの救助は、後述する④⑤有志による外国米廉売が終了した後の九月にも実施されていた。『魁』九月一二日付の雑報「米商の任侠」によれば、前述した木下正兵衛と「奇特の慈善家」横田勇助の米商二名が、白米を「一升八銭」で販売し、一日に二四～二八石を売り上げていた。木下らは、廉売終了後の生活難を思い、「再ひ衆庶の難を救はんとの決心を起し」たという。同紙は、「自然他の小売商も両氏の義心にや感じけん、段々直引きする由」とする。木下らの米廉売、およびその報道が、同業者に小売価格の引き下げを促していたことがうかがえる。

注目されるのは、この記事で木下らが「兼て任侠の聞え高き」とされている点である。木下は、前述したように、②備荒貯蓄米による廉売の経費と実務を負担した有志の一人でもあった。『魁』は、木下と横田を「其の所行をさ〱昔の侠人にも劣らぬこと」「実に世には奇特の人もあれはあるものかな」と評している。木下と横田は、表4―1の直接国税納税額の出所に記されておらず、納税額が一五円未満だったとみられる。木下らと市内有数の資産家との間には、大きな経済格差があった。「任俠」や「義俠」とは、自らの経済力に見合う以上の行動をした人びとを指す言葉だったと考えられる。前述した宮越千代吉や山形善之助を含め、地域社会には、分相応以上の自発性もみられたことを確認しておきたい。

4　張り札と資産家

五月三一日朝、資産家方二軒に「不穏の張り札」が貼られた。また、同日か翌六月一日の朝、市内各町の交差点にも張り札がみられた。『秋田日日』は、六月三日付の雑報「乱暴な張り札」で、次のように報じている。

去る卅一日朝、当市大町○丁目○○吉の連字に左の張り札。

汝の財産は汝の財産にあらす。人民究すれは国家乱る。汝如何に金庫を固ふするも必ず破る（云々。最と長々しき文句ありし由なれとも、見し人忘れたりと）。依□要心せよ。　明治二十三年五月　本営

ありしと□こと。窮民乱暴の報は時々各地の新聞にも散見する処なるか、此張り札も或は窮民等の所為にはあらさるか、殊に本営とあるを見れは一人の所為にあらすして甚た意味あり気に見ゆるなり。兎に角、時節柄要鎮専一のことと存せらる。

『秋田日日』は、張り札の文面の一部を掲載していた。注目されるのは、「本営」という署名に注意を払っている点である。同紙は、集団の存在と何らかの意志をそこに読みとっていた。また、張り札を貼られた資産家の名を伏せ字としているものの、本当に匿名を意図していたのかは疑わしい。「当市大町○丁目○○吉」との記述

は、市内の読者にとっては実名報道に等しかったのではなかろうか。

他方、『魁』六月三日付の雑報「不穏の貼札」では、交差点の張り札を「貧民告くる所なきの惨状を訴へ、不穏の文字を列ねたる」ものと伝えるとともに、張り札のあった資産家方を辻兵吉・本間金之助と実名で報道している。同紙は、「已に新潟、鳥取、岐阜、兵庫、其他の各地にも貧民騒擾のありし由にて、又た当地の如きも貧民の困厄甚しく、其状況は本紙細民近状の項にあるか如きの有様なれば、十分危険に迫り、禍機迸裂の憂あるやも難計不穏の形勢なり」との現状認識も示している。『魁』は、そうした「不穏」のリアリティを強調して、警戒を呼びかけていた。張り札の文面については、「人心を騒かすの恐れ」があるとして掲載を控えており、『魁』の懸念や警戒をうかがうことができる。そうした懸念や警戒は、張り札が地域社会に不安や恐怖をもたらしていたことを示す。張り札の威力の大きさを確認しておきたい。

②備荒貯蓄米による廉売が予定されていることは、五月二八日に払い下げについての新聞広告が掲載されたこともあり、[*31]広く知られていたはずである。資産家方や各町の交差点に貼られた張り札は、②米廉売の実施が確定してもなお、富者への批判や対応を求める声があることを示すとともに、そうした意思が地域社会に広く表明されたことを意味する。

また、対応すべき富者として、辻兵吉と本間金之助が措定されたことにも注目しておきたい。市内一、二の資産家だった辻と本間は、第二章でふれたように、県内郡部に土地を所有する大地主でもあった。米価急伸の際には、米相場の売り方として多大な利益を得た（得ようとしている）との不信を向けられる可能性もあったはずである。張り札の背景として、一つには、そうした不信も関わっていたと考えられる。とはいえ、大土地所有者であることは、那波三郎右衛門や加賀谷長兵衛、平野三郎兵衛ら、市内上位の資産家に共通していた（表2—

3）。那波らと辻・本間との違いをあげるとすれば、一つには、後者が一九世紀半ばから急成長をとげた新興商家だった点がある。近世以来の旧家である那波家は、第三章でふれたように、生活危機の局面局面で地域の期待に応えてきた実績があった。那波家以外の旧家にも、那波家には及ばずとも、「仁政」や救恤の担い手として期待に応えてきた実績があったはずである。新興商家は、そうした実績が旧家と比べて少なく、「慈善」の担い手としての信頼を十分には獲得できていなかったのではなかろうか。辻・本間が措定されたのは、近世以来の旧家ではなかったことが関わっていたと考えられる。

5 「慈善」を促す地域社会

秋田市の米価は、五月中には九円台を緩やかに上昇していたものの、六月三日に一〇円台となり、九日から急騰し一三日には一二円台になった（図2—1）。これ以降、七月二三日まで、一二円台という高い水準で推移している。こうした米価高騰のもと、生活危機への対応を求める新たな動きが複数現れた。

第一に、演説会の開催である。秋田市では、六月六・七日に「細民救済大演説会」が開催された。[*32]『秋田日日』六月七日付の雑報「細民救済演説会」によれば、六日は、七〇〜八〇名が傍聴したという。その内容は、「今日細民を救済せざるべからざることを紳商豪農等諸氏に勧告して応分の義捐を仰くと同時に、今日の貧民たるものも是より益々発励自勉の力を発揮せざるべからざること」などを弁じていたという。この演説会が、「細民を救済」のために富者へ「応分の義捐」を要求するとともに、「貧民」には「自勉の力」を要求するものだったことを確認できる。

第二に、新たな授産事業の立ち上げである。県会議員大久保鉄作ら有志は、秋田慈善会を設立し、「慈善会設立広告」を『魁』六月七日付に掲載して、寄付の募集を開始した。だが、寄付は順調に集まったわけではなかったとみられる。『魁』六月一四日付の雑報「秋田慈善会」では、有志らが「大に之れを輿論に訴へて、豪商輩の慈善心を喚起し、義捐金を募集するの方針を挙行し、痛切に頑然顧さる守銭奴の胆を打破し、少しく省慮する所あらしむるとの精神にて」、公開演説会を計画していたことを伝えている。また、県知事鈴木大亮も「当市の資産家」の説得に協力していたという。『魁』は、六月二六日付の社説「慈善会の目的」で、「某々の職業を与へ、以てその賃金に食せしむる」という同会の「慈善の策」に賛同を示すなど、その事業を強く後押ししていた。

秋田慈善会は、市内に工場を設置して、七月から「貧民九十名計」を製網事業に従事させた。[*33] 九月中旬までに、延べ五〇〇〇名を「救助」したという。[*34] だが、従業者の経験不足もあって、製網の品質を十分な水準にまで高めることができず、同会の資金繰りは悪化した。そうした経営面の問題のほか、米価の低落傾向もあり、九月中旬以降に事業規模は大幅に縮小された。[*35]

第三に、米商による資産家への要求である。『秋田日日』六月一五日付の雑報「米屋商の決意」では、次のように伝えている。

同商輩は連署して、当地の豪商辻兵、本間、平野其他の田徳米にて現時蓄蔵しある玄米二万八千俵を相当の相場にて買受くることを請求し、若しこれに応せざれば、市役所なり警察署なり就れ其向へ説諭願を差出して、該米を他へ輸出せす当市内にて売払ふことを請求せんとの決意なりと云ふ。

市内の米商たちは、「当地の豪商」にたいして所有米の供出を求める決議をしたという。辻や本間ら「当地の豪商」は、前述したように、大地主でもあった。米価騰貴の原因を米の供給不足にあると考えていた米商たちは、「当地の豪商」の所有米を市内に流通させることで、米価を抑制できると見込んでいた。また、直接交渉が不調に終わった場合には、市行政や警察による仲裁を期待していたという。米商たちが、「豪商」への要求を正当なものと考えていたことがわかる。『秋田日日』も「遉《さす》かは当市に於て紳士と尊称さるゝ人々なれば、此儀に早速承諾ありて市内の利益を計らるゝなる可し」として、「豪商」に譲歩を促している。

六月上旬から中旬にかけて現れたこれらの動きは、いずれも富者に寄付や経済的な譲歩を促しており、かれらに生活危機への対応を求める声の高まりを示すものといえる。また、そうした動向を報じていた新聞自身も、富者に対応を促していたことも確認できる。こうした緊迫感の背景には、前述した張り札の威力も関わっていたと考えられる。

6 「不穏」と新聞報道

六月以降、地方紙二紙では、米価騰貴の影響を伝えるにとどまらず、前節でふれたような、富者に対応を要求する趣旨の記事が増加していった。そこでは、「不穏」という言葉も頻出するようになった。『魁』六月六日の雑報「窮すれは濫す」では、次のように述べている。

窮すれは濫す。是れ下等民族の常態なり。貧苦極まる所、迸発して不穏の挙に及び、暴兇の企を為す免る可からさるの勢なり。而して彼等の向ふ所、先つ世の資産家を襲ふに在り。

「下等民族」は「窮すれは濫す」(「論語」)、すなわち暴力が行使されるという。ここでは、「貧民」が、衝動的な暴力の主体としてイメージされていることを確認できる。[*36]「不穏の挙」には、「暴兇の企」が潜んでおり、真っ先に暴力の対象となるのが「資産家」という。

「不穏」という言葉は、近未来において暴力が行使される可能性を表現していた。そしてその可能性は、発話者に実感されたものだった。もちろん「不穏」とされたのは、具体的な暴力の兆候である。だが、そこにはそれを兆候とみなした発話者が介在している。そうした「不穏」にリアリティがあれば、人びとがそれを無視することは難しかったはずである。

「慈善」は、「不穏」への応答でもあった。『魁』の前掲「窮すれは濫す」には、続きがある。

その禍害変災を避くるの法、惟た慈恵、済恤以て彼等をしてその恵徳に感せしめ、以て予防の目的を達するに在るのみ。

『魁』は、「不穏」の強調によって、富者に「慈善」を促していた。こうした構図は、『秋田日日』にも頻出する。また、『魁』の前掲「窮すれは濫す」は、秋田県内での「慈善」を報じた記事の次に割り付けられていた。それは、『魁』が、作為的に「不穏」を煽っていたこともうかがわせる。ただし、本当に「不穏」なのか、民衆の暴力が行使されるのかどうかは、新聞読者と同様に、記者も計りかねていたのではなかろうか。記者においても、「不穏」の実感と作為は混在していたように思われる。日刊紙という媒体には、当然ながら、執筆時点における書き手の現状認識や判断が記録されている。同じ出来事の記録であっても、事後、すなわちその終始が確認された後の記録とでは、大きく性格が異なる。『魁』の前掲「窮すれは濫す」のように、「不穏」の最中で書かれた記事には、「不穏」についての実感と作為を含む記者の現状認識や判断が示されることになる。

新聞記者は、そうした「不穏」の計り難さゆえにも、様々な暴力の兆候を探索していったと考えられる。兆候とされたのは、困窮に苦しむ人びとの姿や声、噂話などであった。記事では、それらが具体的に描写される。

『秋田日日』六月二七日付の雑報「貧民獄囚を羨む」も、そうした事例の一つである。記者は「昨日午後六時頃」路上で偶然、次のような「貧民四五人」の会話を耳にしたという。

コー米の高くなつてはトデモ続かられぬ。こんなに苦労するよりは、六十日許りの間監獄に入りて秋作まで凌んだら寧ろ気楽でよかろー。監獄の囚人か羨ましい様だ。

監獄生活がうらやましい、との声が聞かれるほど、「貧民」たちの生活は苦しい。記者には、「其言何の存慮もなく無意無我の間に発して、而も能く〳〵腹の底から涌き出て来るか如く」聞こえたという。「不穏」にリアリティを与えていたのは、こうした具体性だった。そして、記事は次のような危惧によって結ばれている。

若し夫れ監獄に入りて餓を凌ん《ママ》とする覚悟を以て事を起さば、如何なることか為す能はさらん。土崎港貧民の挙動（別項参看）を聞くに付けても……。

「貧民」たちが収監覚悟で起こす「事」とは、暴力行使を指すと考えられる。同紙は、この「貧民」の会話を暴力の兆候として伝えていた。また、「土崎港貧民の挙動」という他地域の動向も、「不穏」にリアリティを与えていた。

他地域での騒擾やその兆候は、地域の「不穏」を計るために、いわばものさしとして参照された。『魁』の前掲「不穏の貼札」で確認できるように、一八九〇年の秋田の地方紙では、「新潟」「鳥取」が頻出している。「新潟」は、西頸城郡能生町の米騒動（四月一七日）[*37]、「鳥取」は、鳥取市の米騒動（五月八～一一日）を指すとみられる。そうした具体的な地名や記事中の固有名詞にも、リアリティがあった。「新潟」「鳥取」をはじめ、各地で米騒動が起こっていた以上、秋田市での騒擾の可能性も否定し得なかったはずである。他地域の情報は、むしろ地域の「不穏」を高める結果になっていたといえる。

地理的に近く関係の深い地域での米騒動には、より一層のリアリティがあったと考えられる。南秋田郡土崎港町（現秋田市）では、六月二一日から二六日頃にかけて、「貧民」の示威行動が継起した[*38]。『秋田日日』は、この騒動が収まった六月二七日まで、この件の報道を見合わせている。「時節柄世を騒さんことを恐れ、暫く筆を控」えたという[*39]。土崎港町で起こった米騒動が、県内に大きな不安や恐怖をもたらすと想定されていたことがわかる。秋田市の人びとにとっても、他人事で済ませることは難しかったはずである。

一方で、地方紙二紙が「不穏」を煽っていても、実際に「貧民」の行動が現れるのは、後述するように七月八日以降のことだった。それは、「貧民」が、②備荒貯蓄米による廉売に期待していたことを示すとともに、新聞記事からイメージされるような衝動的な暴力の主体とは異なっていたことを示している。

第三節　「貧民」の現れ

1　「徒党」の威力

七月九日の②備荒貯蓄米による廉売の開始を控え、秋田市行政は六日、受給対象者にたいして、（①米廉売の鑑札にあたる）「直引米の通帳」を発行した[*40]。一日一人あたりの販売量が明らかではないが、①有志の米廉売と同じく四合だったとすれば、通帳を発行されたのは、約二三八八名となる（表4―2）[*41]。受給対象者数は、警察に照会した結果をふまえて、市行政が見積もったという[*42]。五〇〇〇名以上の規模だった①米廉売と比較すると、受給者数は半分程度にとどまったことになる。このため、多くの住民が受給希望を却下されることになった。福祉には、「包摂と排除」と「安定と拘束」の二重の両義性がともなってきたとされる。[*43] 七月六日の時点で、②米廉売における「包摂と排除」の境界線が明確に引かれたことになる。

七月八日、秋田市内では、街頭での人びとの行動が現れた。『朝野新聞』七月一四日付の雑報「秋田県貧民六百名の蜂起」では、次のように伝えている。

午後二時頃、秋田県下秋田市の貧民老弱男女を取交ぜて総数殆ど六百名計り、三々五々に隊を結び広小路裁判所前、及秋田神社内に集会し、旧城内には凡そ二三百名の貧民共、形容惨憺目も当てられぬ有様にて、老幼飢餓を訴ふるの声聞くに堪ず。

「貧民老弱男女を取交ぜて総数殆ど六百名計り」が、広小路裁判所前や旧久保田城内の秋田神社で「集会」をしていたという。広小路は、旧城の大手門に面した外堀沿いの道路で、周辺には官庁や学校などが置かれていた。『魁』七月一〇日付の雑報「貧民又候集まる」では、広小路での群集を「不穏の挙動」としている。ここでの「不穏」は、地域の緊迫感を示す。それは、「集会」によって、「貧民」の集団化が地域社会に誇示された結果といえる。『朝野新聞』の前掲「秋田県貧民六百名の蜂起」は、群衆を「今般秋田市役所に於て施行する安米救助に漏れたる者共」として、「蜂起」の原因を申請の却下に求めている。街頭に現れた「貧民」とは、七月九日開始の米廉売から「排除」された人びとだった。

広小路に群集した「貧民」は、『魁』の前掲「貧民又候集まる」によれば、市助役根田忠正の説諭に従い、一旦解散した。根田は、「今明日までに救助の方法を附く可し」と諭したという。官吏の説諭に従わない場合、当時の刑法では、そのリーダー格が罪に問われることがあった（兇徒嘯集罪）。

だが、「貧民」たちは、同日再び「集会」して、大町二丁目の辻兵吉方へ向かった。[*44] 大町二丁目は当時、秋田市の商業の中心地であり、呉服太物商の辻も住居兼店舗を構えていた。『秋田日日』も同町に発行所を置いていた。同紙は、七月九日付の雑報「貧民麕集」で次のように報じている。

昨八日午後五時頃、本社の門前を往来の人々は孰れも足早に駈往くにぞ、何事ならんと社中の者共は走出たるに、大町二丁目辻兵方の店前に数多の貧民が麕集し来たり。店は勿論、奥蔵のまへ中庭までもゾロ〳〵然と入込み、其□二百人余ほとなりしと。〔中略〕右の貧民等は昨日旧城内へ集り申合ひをなしたる上、かく市中の金満家へ廉価米を売渡し願をせん□麕集したるなりと。去れバ辻兵方にては、何分多勢なれバ応答の差支へもあれば、主立の者三四人を留め、外は退散し呉れと云ひしかば、又々貧民等今度ハ本間屋方へ到り、前段の如く歎願せしに、仝家にては此趣きを市役所へ通報せしと見え、間もなく根田助役、佐々木書記等仝家に出張して、懇々説諭されたりと云ふ。此結果は如何になる可きや、何れ他日を待て報道すべし。

「二百人余」の「貧民」が、「廉価米を売渡し願をせん」として、辻兵吉・本間金之助方を訪れていた。小間物商の本間方は、辻方の向かいにあった。五月末に張り札を貼られた両者が、嘆願の対象とされたことになる。だが、間もなく根田助役らが到着し、「貧民」に「懇々説諭」をした。「貧民」たちは、大町二丁目から立ち去ったという[*45]。

こうした七月八日の出来事をめぐって、市内ではいくつかの噂が飛び交っていたという。『秋田日日』七月一一日の雑報「貧民麕集余聞」では、「只た道路の風評を聞込みのまゝ」としてそれらを紹介している。そうした噂の一つには、嘆願をうけた辻、本間両家が「何とか相当の所置をせんと〔中略〕決意したりとの事」といった内容もあった。地域社会には、両家の対応を当然とみなす意識があったことをうかがわせる。また、同日の行動を「貧民」の「主立たる者共」が事前に警察へ届け出ていたとの噂もあった。同紙は、警察が「其周密穏当にして注意の行届きしを嘉されたりとか」と伝えている。地域社会には、「貧民」の行動を当然とみなす意識もあったことを読みとれる。

以上のような七月八日の出来事は、従来の研究でも、秋田の米騒動として注目されてきた。[*46] だが、米騒動は、それ以降も続いていた。翌七月九日にも、「貧民」の行動が現れている。『魁』の前掲「貧民又候集まる」は、次のように伝えている。

貧民共も漸々納得して帰り去りたるも、未た徒党を解かずして、昨日も当市鉄砲町珍宝神社内に群集し種々の相談し、若し期を遵ひなば愈々決心する所ある可しとて、飢を忍んて待つ居る状憐れなりと云ふ。

「貧民」は、市内の神社（現勝平神社）に集合していた。『魁』は、これを「未た徒党を解かずして」と評している。前日八日、かれらが大町二丁目から立ち去ったことは、「徒党」を解いたことを意味しないという。『魁』は、八日から九日にかけて断続的に現れた「貧民」の集団化を「徒党」と認識している。地域社会が「徒党」を無視することは難しかった。なぜなら、「打ち棄て置かは如何なる椿事を引き起こすも知れず」[*47]。実際に暴力を行使しなくても、「徒党」の威力は大きかった。

『秋田日日』七月一三日付の雑報「貧民再び麕集せんとす」も、そうした「貧民」の動向を伝えている。以下は、七月八日か九日の出来事とみられる。八日であれば、大町二丁目を立ち去った後にも集合していたことになる。

貧民等は、其後表鉄砲町毘沙門堂及び上野惣社の境内へ集り、此件に付き種々協議の模様にて、現に其群に加盟せし職人、大工、土方等は、三四日以来は如何なる縁故ある出入家の急仕事にても之を午後より断り、同会へ赴く勢ひなりと。

『魁』のいう「徒党」を、それに参加したひとりの「貧民」の立場からとらえ返せば、「如何なる縁故ある出入家の急仕事にても之を午後より断り、同会へ赴く」ということになる。「徒党」は、そうした一人ひとりの「貧民」の行動によって成り立っていた。それは、政治や運動の専門家ではない生活者にふさわしい運動のかたちといえる。

七月一一日にも、「貧民」の行動がみられた。『秋田日日』七月一六日付の雑報「貧民の押寄せ」、および同紙七月一七日付の雑報「正誤旁々」によれば、同日午後四時頃、市内の村山三之助方に「五六十名の貧民」が押し寄せた。村山は、市役所での会合のため不在だった。留守を聞いた「貧民」たちであったが、同家に「只今三俵拝借を得たし」と申し出た。村山家では、借りた場合の不都合を「懇篤に言ひ聞かせ」たという。「貧民共」は、「其言に服し慇懃に謝辞を述べ」て、立ち去ろうとした。ちょうどこの時、根田助役らが到着する。根田らは、「貧民共」に他家に赴かないようにと説諭をした。

だが、村山方を後にした「貧民」たちは、同日旧城跡に集合した。ここで、警察が動いた。「秋田警察署より警官数名出張し、重立者八名拘引となりし」という。内務省警保局編の『警務要書』では、「不正ノ目的ヲ以テ多衆ノ群集スル」「嘯聚」の場合、警察官に慎重な手続きを求めている。[*48] この日、定められた手順がふまれたかどうかは不明であるが、拘引された八名のうち、五名は取り調べの上で「放免」された。残りの三名は、三日間「留置」され、一三日に釈放となった。

こうした「徒党」を確認できるのは、七月一二日までである。『秋田日日』の前掲「貧民再び嚮集せんとす」によれば、逮捕者が出た翌日にあたる一二日、その現場と同じ旧城跡で「集会の模様」があった。「其筋」がこれに注意を与えたという。

とはいえ、この時点では、「徒党」の行方は未だ不明であった。『秋田日日』の前掲「貧民再び麕集せんとす」では、「此貧民中にて主立たる者共は、この挙のため五六ヶ月乃至一年以上の入獄するも少しも躊躇せぬ決心なりとの噂さ」も伝えている。たしかに、かれらの念頭に警察の存在がなかったとは考えにくい。それでも、「貧民」たちは集まろうとしていた。地域社会は、そうした「貧民」の行動に「決心」を読みとらざるを得なかった。未だ「徒党」の行方が不分明だったこの時点では、新聞記者や住民は、「貧民」の暴力行使を予期せざるを得なかった。「徒党」は、生活危機への対応を求める「貧民」の意思を集団的に表現するものだったが、それは、地域社会に暴力行使への不安と恐怖を醸成していたといえる。

2 「徒党」と「慈善」

「貧民」の「集会」がみられた翌日の七月九日、②備荒貯蓄米による廉売が開始された。「直引米の通帳」を発行されたのは、前述したように、約二三八八名だった。現住人口の約八%にあたる人びとは、一升あたり六銭六厘の廉価米を購入することが可能となった。廉売受給の手続きは、前回とほぼ同様だったが、市内の米屋ではなく、市役所構内に特設された小屋で廉価米を直接販売した点が異なっている。[*49]

『秋田日日』七月一三日付の社説「紳士豪商の美挙」によれば、七月一一日、市内の富者が市役所で集会を開き、米価騰貴への対応を協議した結果、約三〇〇〇円の寄付を募り、外国米の廉売を実施することが決定された。また、参会者が割り当てた寄付額について「異議を唱へ、出金額を減少せんことを望むものは、共同加盟を謝絶る《マ》す《マ》こと」や「義捐金額確定次第、市役所前に出金者の姓名を掲示すること」も決まったという。寄付者の名とその金額は周知される必要があり、「共同加盟」からの除外が罰則とみなされていたことを確認できる。前述したように、この集会が開かれた七月一一日の時点では、「徒党」の行方は未だ不分明だった。富者間で合意した分相応の寄付によって、「徒党」を避けようとしていたことがうかがえる。

『秋田日日』は、同じ七月一三日付の雑報「救助金出額」で、寄付者の一部を実名で伝えている。辻兵吉が五〇〇円、本間金之助と加賀谷長兵衛が二〇〇円ずつ、佐藤文右衛門・村山三之助・平野三郎兵衛・「三浦傅吉〔六か〕」の各一〇〇円が続くという。このなかで二番目に拠出している本間や加賀谷と比べても、辻が突出した金額を寄付していたことがわかる。こうした寄付の背景には、五月末の張り札に続き、七月八日に「貧民」の嘆願を受けたことも関わっていたと考えられる。市役所前の掲示による寄付の周知は、とりわけ辻にとって切実だったのではなかろうか。『秋田日日』の報道は、そうした掲示とともに、富者各人の寄付を地域社会にアピールすることになった。

富者の寄付決定にともない、③備荒貯蓄米による廉売の期間が延長され、受給対象者も大幅に拡大された。七月一〇日に市吏員が市内各町で「貧民の実地取調」を実施しており、[*50] これをふまえて新たな受給対象者が決定されたと考えられる。新たな対象者は、七月一六日から廉価米の購入が可能となった。こうした受給者数の拡大は、三〇日間の予定だった②備荒貯蓄米の廉売を一〇日間短縮することで実現した。新たな受給者には、その一〇日分が提供されたことになる。表4―2のように、七月二八日までの一三日間は、一日あたり約四二二五名が③米廉売を受給しており、七月一五日までと比べると、一八三七名増加している。そこには、「徒党」に参加した人びとも含まれていたと考えられる。

有志による外国米廉売は、七月二九日に開始された。この廉売には、④「安米給与方」と⑤「一般」の区分があった。計画では、④は一升あたり原価の七銭以下で、⑤は経費を上乗せした九銭での販売を予定していた。[*51]販売実績から計算すると、④の価格は四銭七厘だったことがわかる。④は、一日一人あたり四合だったとすれば、一日あたり約二三四四名分を販売したことになる。この人数は、②備荒貯蓄米の廉売で当初予定していた受給者数とほぼ同数である。④「安米給与方」は、②備荒貯蓄米の廉売で通帳を発行された人びとが対象だったと考えられる。⑤は「市民の望に応して一般に〔中略〕売払ふ」もので、一日あたり約一七一六名分だった。この廉売は、八月二九日まで三二日間実施された。収穫期に入り豊作の見込みだったこともあって、米価は低落していった（図2—1）。

以上のように、②備荒貯蓄米による廉売は、③七月一六日から受給対象者が拡大され、七月二九日からは④⑤有志による外国米廉売が始まり、八月二九日まで継続された。「徒党」の参加者は、七月一六日から③米廉売を受給し、七月二九日からは⑤「一般」向けの外国米を購入していたと考えられる。そうした受給対象者の拡大は、一旦確定された②米廉売における「包摂と排除」の境界線が引きなおされたことを意味する。それを促したのは、「徒党」と呼ばれる「貧民」の断続的な行動だった。受給対象から外れた住民が多数いたとはいえ、七月九日には②米廉売が実施される。個々での受給申請はすでに不調に終わっており、別のかたちで意思表示をしない限り、対象者が拡大されることはなかった。七月八日から断続した「貧民」の行動には、福祉にともなう「包摂と排除」の境界線を揺るがし、再定義するという民衆運動の重要な一面が認められる。また、「徒党」が地域社会にはたらきかける力の大きさも強調しておきたい。

また、そうした「貧民」の動向は、あくまで受給対象者の確定後に現れたものであり、実際の行動も示威行動や富者との直接交渉といった集団的行為によって現状を動かそうとするものだった。それは、地方新聞が煽っていたような衝動的な暴力行使の主体というイメージとは異なっている。ここでは、米騒動には、地域社会におけるコミュニケーションの側面があったことを強調しておきたい。

第四節 「慈善」と政治社会

1 地方新聞と「慈善」

ここでは、米価騰貴をめぐる秋田の地方新聞の論調を確認しておきたい。二紙の論調からは、それぞれの支持していた「慈善」の思想的背景をうかがうことができる。

(一) 秋田魁新報

『魁』は、六月五日付の社説「不景気救治の方策如何(承前)」で、大地主に所有米の売却を促している。前述したように、六月中旬に米商が資産家に要求した内容であり、それを報じた『秋田日日』の前掲「米屋商の決意」もこの要求を支持していた。所有米の売却要求は、両紙に共通していたことになるが、『魁』の場合、大地主が売却しない理由を「凶歛の恐怖心」にあるとして、それよりも売却益を重視すべきと主張している。大地主が各自の私利を追求すれば、市場への米の供給量が増加し自然と米価が低落するという。同紙が、市場の調整を信頼していたことがわかる。市内の米商たちや『秋田日日』のように、売却先を地域市場に限定するようなこともなかった。『魁』が、古典的な経済的自由の立場をとっていたことを確認しておきたい。

また、『魁』六月二二日付の社説「貧民救済の一方案（職業を与ふ可し）」では、「麺麭《ぱん》を与ふる」ような「救済」には、「種々の弊害を醸生して、徒らに怠慢乱逸の徒を作る」懸念があるとして、「職業を与ふる」べきと主張している。前述した同紙の同胞就産会や秋田慈善会への支持には、こうした主張との関わりがあったことになる。『魁』は、五月三〇日付の雑報「済窮の一方案」でも、雇用創出を目的とした臨時事業を提案している。『魁』の理想とする「慈善」とは、「貧民」を経済的に「自立」させることだったといえる。そこには、同紙の前身にあたる『秋田日報』以来の「惰民養成」批判とともに、文明開化と殖産興業の論理もうかがえる（第一章）。

それはまた、『魁』にとってのあるべき「慈善」が、富者だけではなく、「貧民」への要求でもあったことを示している。『魁』は、「貧民」にたいして勤勉さや「自治自活」を求めていた。それを獲得すれば、「社会」の底辺を脱しうるという。だが、それを果たせなければ、「貧民」は「貧民」のまま放任される。『魁』にとって、「貧民」とは、あくまで克服すべき存在だった。後述するように『秋田日日』にも「貧民」への蔑視が認められるが、克服すべき対象とみなしている分だけ、『魁』のほうが厳しいまなざしを向けていたともいえる。

（二）秋田日日新聞

授産事業を強く支持していた『魁』にたいして、『秋田日日』は「慈善」の方法を問うことはなかった。授産事業と米の恵与のどちらにも好意的だったことを確認できる。[*52] 同紙の特色は、そうした「慈善」を富者の義務と強調していた点に認められる。

『秋田日日』七月一六日付の社説「紳士豪商の美挙（承前）」によれば、「天の貧民を社会に生ずるや、此貧民を社会に包容するの義務と、之を始末処置するの責任とを社会に与へたるもの」とする。同紙は、本来「慈善」

とは「天の社会に与へたる義務」という。そして、「之を社会より出すときは、取も直さす富豪家の懐中より其多分を負担せさる可らす」として、実質的に富者の義務であることを強調している。

注目されるのは、「慈善」を供給する側と受け手の側との区分が絶対的なことである。前掲「紳士豪商の美挙(承前)」では、次のように述べている。

彼富豪家は此一銭一厘の資本を投して、貧民よりは難有《ママ》き親方なり慈悲なる旦那様なりと尊敬せられ、社会一般よりは有力なる紳士なり篤志なる富豪家なりと称賛せられ、莫大の名誉と信用とを博するものなれは〔以下省略〕

「富豪家」は「慈善」によって、「貧民」と「社会一般」から「莫大の名誉と信用」を得られるという。『秋田日日』は、「慈善」によって名望を獲得できることを強調していた。また、「富豪家」と「貧民」との間には、恩頼的な関係が想定されている。同紙によれば、そうした恩頼関係にこそ、「貴賤尊卑の階級即ち所謂社会の秩序なるもの、依て生する所以」があるという。「社会の秩序」を存立させているのは、富者の「慈善」ということになる。

また、同記事では、「慈善」の受け手には、次のような代償があることを強調している。

其代り彼れ貧民等が社会に対しては決して押柄なる挙動を為すを得す、常に謙遜従順に、政治上社交上に於ても最劣等の地位に立ち、低頭平身して全く公権の門外漢たらさるを得さるも〔以下省略〕

受け手である「貧民等」には、「最劣等の地位」として従属を強いられ、公権も認められないという。ここには、福祉にともなう「包摂と排除」と「安定と拘束」の二重の両義性のうち、「包摂」＝「安定」にともなう「拘束」の側面が明瞭に表れている。「慈善」を富者の義務と強調していた『秋田日日』が、受け手の側に「最劣

表 4-3：秋田市の国政・県会・市会選挙の有権者数

			現住人口に占める割合	現住戸数に占める割合	備考
貴族院多額納税者議員選挙互選者（1890 年 7 月）		3 人	0.0%	0.0%	互選資格は、各府県 15 名。
衆議院議員選挙有権者（1890 年 7 月）		86 人	0.3%	1.3%	
秋田県会議員選挙有権者（1892 年 8 月）		30 人			複選制、有権者は市会構成員（1899 年 3 月改正まで）。
市会議員選挙有権者（1889 年 4 月）		1,869 人	6.3%	28.9%	市会議員定数 30 名（各級とも 10 名）。
	一級	74 人	0.3%	1.1%	
	二級	385 人	1.3%	5.9%	
	三級	1,410 人	4.8%	21.8%	

出所：秋田市編『秋田市史　第四巻　近現代Ⅰ通史編』（2004 年、292 頁）、内閣統計局編『日本帝国統計年鑑』第 10・11（1891・1892 年）、渡辺真英編『秋田県管内名士列伝—国会準備—』（北辰堂、1890 年）、より作成。

等の地位」といったスティグマを押していたことを確認しておきたい。

『秋田日日』の前掲「紳士豪商の美挙（承前）」は、「貧民」を「全く公権の門外漢」としていた。ここでの「公権」を地域の政治社会にアクセスする権利と解釈してみたい。一八八九年の衆議院議員選挙法などにより国政への参政権が、一八八八年の市制町村制と一八九〇年の府県制・郡制により地方議会へのそれが定められた。このうち、市制町村制では、地租もしくは直接国税二円以上納入の男性を「公民」、それ以外を「住民」とし、前者に市町村議会への参政権を認めた。さらに、議員選挙の比重を納税額の多少によって差別する等級選挙制が採用され、有産者・地主など有力者の政治的優越が確保された。[*53] 牧原憲夫は、「経済的な強者が同時に政治的な強者となることが制度的に保障された」と指摘している。[*54] 当時の秋田市の場合も、衆議院議員選挙の有権者は現住人口の〇・三％、市会議員選挙が六・三％にとどまった（表4―3）。本書では、そうした地方議会や富者、地方行政、地方新聞などによって日常的に構成されていた政治的な公共圏を「地域の政治社会」と呼ぶ。当該期には、「貧民」に限らず、多くの人びとが、地域の政治社会にアクセスする権利をもたなかったことになる。

前述した七月八日以降の「徒党」に参加した人びとも、地域の政治社会に接点をもつことはほとんどなかったと考えられる。だが、断続した「貧民」の行動は、④⑤有志による外国米廉売を引き出すことになった。地域の政治社会は、「徒党」を無視することはできなかった。「門外漢」とされていた「貧民」が政治社会を動かしたのは、「徒党」と呼ばれる行動ゆえだった。「徒党」は、「貧民」と呼ばれた人びとが、政治社会を直接的に規定しうる方法だったといえる。[*55]

2 「慈善」と窮民救助法案の廃案

前章まで確認されるように、秋田県の地方新聞は、民間による恒常的な救貧や災害救助支援を「慈善」と呼ぶことが多かった。一八九〇年の米価騰貴への対応にも「慈善」の語を充てている。その供給者も「慈善家」「慈善者」と呼んでいた。『秋田日日』の前掲「紳士豪商の美挙（承前）」では、④⑤有志による外国米廉売の決定について、「惻隠の心は仁の端なり、人誰れか惻隠の心なからん、惻隠の心なき者は人にして人に非さるなり」と述べている。外国米廉売を促したのは、「惻隠の心」（「孟子」）という。それは、有志の自発性を表現している。秋田県の地方紙では、「慈善」の実施を報じる際、そうした供給側の自発性を強調する場合が少なくなかった。「慈善」が各地で実施され、そうした報道がくり返されていくと、「不穏」のような「慈善」を促した契機は等閑視されるとともに、供給側の自発性を自明視する傾向も強まったと考えられる。

一八九〇年には、先行研究でも紹介しているように、そうした「慈善」が全国各地で実施された。[*56] 当時の代表的な雑誌の一つである『日本人』は、生活危機への対応の必要を強調していたが、八月三日発行の第五二号には「慈恵を濫施する勿れ」との記事を掲載している。[*57]「相撲と云ひ、芝居と云ひ、演説に、寄席に、或は見世物に、或は飲食店に、慈善の名目を附して貧民救済を企つるもの、日に滋々多きを加ふる〔中略〕濫りに彼等を慈恵するに於てハ、徒らに彼等の懶惰心を増長せしむるの恐なきに非らず」という。『日本人』が懸念していたのは、前述した『魁』と同じく、「惰民養成」だった。それはまた、「慈善」が広くみられるようになると、その過剰が問題視されるようになったことを示している。

さらに、米価騰貴が収まり生活危機が過去のものになれば、全国各地で「慈善」が実施されたという実績が残されることになる。そうした「慈善」の実績は、中央の政治レベルの政策決定にも影響を与えることになった。一八九〇年一二月、政府は、第一回帝国議会に窮民救助法案を提出した。法案の趣旨は、一八七四年の恤救規則で国庫負担とされていた救貧を、市町村の負担とすることにあった。だが、この法案は、第一読会で反発を受け、特別委員会において大幅な修正を施したものの、本会議で審議未了となり廃案となる。以下では、この審議過程でみられた「慈善」をめぐる認識に着目してみたい。

一二月六日の第一読会で、窮民救助法案の趣旨説明をおこなった内務次官白根専一は、現状の「救助」には「甲村ニ救助ノコトヲ義捐ヲ以テ行ヒマスレハ、乙村之ヲ伝播シ、又丙丁ニ至リマスルト、詰リ救フベカラザル、救ハナクテモヨイ、マダ窮民タル度合ニ至ラヌモノヲ救フト云フコト」になり、「惰民ヲ養成スル」「弊害」があると強調している。[*58]白根の現状認識では、自発的な「慈善」により、全国各地で必要以上の救助が実施されていたことになる。これにたいして、窮民救助法案は、地域を知悉する市町村に「窮民」の調査を義務づけており、受給者の正確な認定によって過剰な「救助」を制限できるという。古田愛が指摘したように、「惰民の防止」こそが本法案の立法精神だった。[59]

窮民救助法案に反対する側では、法律自体が不要であることとその弊害を強調した。[60] 是恒眞楫は、「今日迄ノ所デハどこ《ママ》ニ、愈々窮シテ飢餓ニ迫ル者ガ其ノ町村内ニ在レバ、ソレヲ傍観シテ居ル者ガアリマスカ」と法案の不要を主張した。堀越寛介は、「慈恵ニ放任シテモ我邦ニ於テハ〔中略〕決シテ差支ヘナイ」とする。また、高木正年は、この法案によって、「是迄ノ慈恵心」が「喪失」することを懸念していた。法案に反対した議員も、前述した白根のような「慈善」認識を共有していたことがわかる。

窮民救助法案の廃案により、恤救規則による救貧が継続されることとなった。恤救規則は、恒常的な救貧としても不十分であり、まして米価騰貴のような危機状況に対応することは不可能だった。生活危機への対応は事実上、地域の「慈善」に委ねられたことになる。自発的とされた「慈善」に依拠している以上、生活危機への対応には、時期や地域ごとで偏差が生じざるを得ない。窮民救助法案の審議過程でも、この点を懸念する意見がみられた。今井磯一郎は、「処ニ依リマシテハ人情ノ浮薄ニシテ、一向ニ慈善家等ガ少ナク施シナドヲスルト云フコトノ行届カザルトコロガ多々」あるとして、窮民救助法でそれを公平にすべきとしている。[61] 法案の廃案は、こうした地域ごとの偏差が放任されたことを意味する。

おわりに

一八九〇年の秋田市では、米価騰貴による生活危機を一定程度緩和するような対応がとられていた。大規模な米廉売も、有志の寄付などにより二回実施されている。地方新聞では、こうした米廉売などを「慈善」と呼んでいた。だが、こうした「慈善」のすべてが自発的だったとは言い難い。「慈善」の背景には、それを促した複数の社会的な圧力が認められる。米価騰貴への対応を模索していた市行政や地方政治家、米商、地方新聞などの動向がそれにあたる。富者の経済的な負担は、いわば促された「慈善」だった。

地域社会のこうした動向を根底で規定していたのは、「不穏」だった。「貧民」を衝動的な暴力の主体とみなす認識や他地域での暴力行使など、地方新聞の報道が「不穏」にリアリティをもたらしていた。さらに、七月八日から一二日の市内では、「貧民」が断続的に集合した。備荒貯蓄米による廉売の受給者数を拡大させたのは、こうした「徒党」の力だった。「徒党」は、政治社会の「門外漢」とされていた「貧民」が、地域社会の動向を直接的に規定しうる方法だった。

「慈善」を促すこうした強制力は、若尾政希が指摘した近世後期の「貧窮にあえぐ窮民が、領主ではなく、富裕者に対して、施しを望むとともに怒りの矛先を向ける構造」[*62]の持続のようにもみえる（第一章）。だが、貯穀令・郷蔵設置令や感恩講のように、幕藩領主の政策や保護といった制度的な背景は有していなかった。一八九〇年の秋田市でみられた強制力は、米価騰貴への対応の模索が、近世後期と同じく、富者への要求に行き着かざるを得なかったことを示しているのではなかろうか。帝国議会での救貧救助法案の審議にみられたように、国は、米価騰貴のもたらす生活危機を事実上放任していた。地方行政には、財政的な限界があった。地域において、生活危機に対応し得たのは、富者の経済力だけだった。行政放任のもと、「貧民」の要求は富者へと向けられていく。地域社会は、富者に名望家としてのふるまいを促していた。地域の富者は、まさに「名望」家たらざるを得なかったといえる。

註

＊1　「機密書類」明治二二～二五年（秋田県公文書館所蔵、九三〇一―〇三一―〇八三一七）、件番号七七。

＊2　青木虹二『明治農民騒擾の年次的研究』（新生社、一九六七年）、九〇～九七頁。

＊3　秋田県議会秋田県政史編纂委員会編『秋田県政史　上巻』（秋田県議会、一九五五年）、秋田近代史研究会編『近代秋田の歴史と民衆』（秋田近代史研究会、一九六九年）。

＊4　「秋田中正党」『保守新論』第一四号（一八八九年）。

＊5　大豆生田稔『お米と食の近代史』（吉川弘文館、二〇〇七年）、二七～二八頁。

＊6　「貧民三百八十五名の同盟及救助願」『魁』二月二〇日雑報。

＊7　「窮民救助の嘆願」『秋田日日』二月二〇日雑報。

＊8　秋田市編『秋田市史　第四巻　近現代Ｉ通史編』（二〇〇四年）、二九五頁。

＊9　「慈善家の集会」『秋田日日』二月二一日雑報。

＊10　「慈善資産家の集会」『魁』二月二二日雑報、「訂正」同前二月二三日。

＊11　「貧民救助の相談」『秋田日日』二月二五日雑報。

＊12　「貧民救助の方法」『秋田日日』三月六日雑報。

＊13　渡辺真英『秋田県管内名士列伝―国会準備―』（北辰堂）、佐藤儀助編『秋田市政を動した人々』（一九五八年）。

＊14　佐野八五郎については、安藤和風編著『秋田人名辞書』（秋田郷土会、一九三二年、一〇九～一一〇頁）、井上隆明『新版秋田の今と昔』（東陽書院、一九九四年、一四〇頁）を参照した。平野三郎兵衛については、「私の履歴書　平野政吉―『週刊アキタ』昭和五四年四月二七日～八月三一日　記事　抜刷―」（一九七九年、秋田県立図書館所蔵）を参照した。初代平野政吉（一八四四年生）は、平野三郎兵衛家の出身で、平野又助の養子に入って家督を継いでおり（人事興信所編『人事興信録4版』一九一五年、ひ三七～三八）、分家の位置づけだったとみられる。

＊15　「有志出金者」『秋田日日』三月一八日雑報。

＊16　「第一課庶務掛事務簿　賞与之部　弐番」明治二四年三～六月（秋田県公文書館所蔵、九三〇一―〇三―〇八五八二、件番号

二七)。

＊17 前掲「貧民救助の方法」、『秋田日日』三月一六日広告、「受救助者」同前三月二〇日雑報、「切符の入れ筆」同前四月一九日雑報、「横着者」同前四月二三日雑報。

＊18 内閣統計局編『日本帝国統計年鑑　第一一』一八九一年。

＊19 「同胞就産会」『魁』四月六日雑報。

＊20 「会」『魁』五月二九日雑報、「細民近状(前号の続き)」『魁』五月三一日雑報。

＊21 「直引米の再願」『秋田日日』五月一四日雑報。

＊22 「直米《ママ》引の願人」『秋田日日』五月一五日雑報。

＊23 「貧民歎願」『秋田日日』五月二三日雑報。

＊24 「窮民総代小川書記官に面会す」『秋田日日』五月二九日雑報。

＊25 「備籾の払下」『魁』五月二八日雑報、同前広告、「籾米の払下」『秋田日日』五月二八日雑報、同前広告。

＊26 「当市慈善者の計画」『魁』六月四日雑報。

＊27 「秋田県令第四九号」一八八九年四月三〇日(『秋田県令』明治二二年、秋田県公文書館所蔵、九三〇一〇三―一〇九九七、件番号五二)、「第二救荒予備の補助金」『魁』六月六日雑報。

＊28 「米商の仁俠」『魁』九月一二日雑報。

＊29 「細民状況」『魁』五月二八日雑報。

＊30 同前「細民状況」、「南京米の販売」『秋田日日』五月二五日雑報。

＊31 前掲『魁』五月二八日広告、など。

＊32 「細民救済大演説会」『秋田日日』六月六日雑報、「細民救済演説会」同前六月七日雑報。

＊33 「知事慈善会の工場に臨む」『魁』七月一八日雑報。

＊34 『秋田県慈善事業一班』(『秋田県報』第一九四八号付録、一九〇五年)。

＊35 県知事鈴木大亮は、一八九一年四月から秋田慈善会の事業規模を拡大している(同前『秋田県慈善事業一班』)。財源はやは

り、「有力者」の寄付だった。

＊36　本稿で対象とした地方新聞における「貧民」観の特徴は、暴力の主体か無気無力な存在かという極端な二面性にある。しかし、「貧民」と呼ばれた人びとの立場からとらえ返すと、暴力のみが主体的な実践だったとはいえないだろう。米価騰貴のもとでのサバイバルには多様な実践のかたちがあり、暴力もその選択肢の一つであった。

＊37　一八九〇年の能生町での騒擾については、高橋起美子「米騒動（新平のたたっこわし）―明治二十三年能生町の場合―」（『頸城文化』第三二号、一九七三年）、中村幸一「明治23年新潟能生町の米騒動」（『信濃』第二六巻第一号、一九七四年）、阿部恒久「明治23年米騒動の展開過程―新潟県を中心に―」（『新潟史学』第七号、一九七四年）がある。

＊38　「貧民の騒擾」『魁』六月二五日雑報、「貧民騒擾の詳報」『魁』六月二六日雑報、「土崎港窮民救助」『魁』六月二七日雑報。土崎港町の米騒動については、大川啓「近代土崎における福祉と資産家―一八七〇～一九一〇年代の救貧・火災・米価騰貴を中心に―」（渡辺英夫編『秋田の近世近代』高志書院、二〇一五年）で言及したことがある。

＊39　「土崎港の貧民」『秋田日日』六月二七日雑報。

＊40　「安米の施与」『魁』七月八日雑報、「直引米の引上げ」『秋田日日』七月二五日雑報。

＊41　受給者が廉価米を毎日購入しなかった場合や基準以下の購入も認められていた場合には、受給者数はさらに大きくなる。

＊42　「貧民救助に関する一困難」『魁』七月一七日雑報。

＊43　高田実「『福祉の複合体』の国際比較史」（同・中野智世編著『近代ヨーロッパの探究15　福祉』ミネルヴァ書房、二〇一二年）、七～九頁。

＊44　「貧民又候集まる」『魁』七月一〇日雑報。この記事によれば、『魁』は前日七月九日付で、七月八日の「貧民」の動向を報じたという。『魁』の当該号については、管見の限りでは、現存を確認できていない。なお、『魁』の発行所は、大町二丁目の隣町の茶町菊ノ丁にあった。

＊45　同前「貧民又候集まる」。

＊46　秋田近代史研究会前掲『近代秋田の歴史と民衆』、など。

＊47　前掲「貧民騒擾の詳報」。

＊48　内務省警保局編『警務要書』一八八五年（由井正臣・大日方純夫校注『官僚制　警察』岩波書店、一九九〇年、所収）、三三三頁。
＊49　「安米発売の方法にてありし」『魁』六月二六日雑報、前掲「安米の施与」。
＊50　「貧民の取調」『秋田日日』七月一一日雑報。
＊51　「救済の手段」『魁』七月二三日雑報、「南京米の到着」『秋田日日』七月二三日雑報。
＊52　「増田通信」『秋田日日』三月一一日雑報、「これも亦救助の一策」『秋田日日』七月一九日雑報、「真の慈善」『秋田日日』七月二二日雑報、など。
＊53　大石嘉一郎『近代日本地方自治の歩み』（大月書店、二〇〇七年）、七六頁。
＊54　牧原憲夫『客分と国民のあいだ―近代民衆の政治意識―』（吉川弘文館、一九九八年）、一八〇頁。
＊55　大川啓「近代日本の生活危機と地域社会―一八九〇～一九一〇年代の米価騰貴時を対象として―」（久留島浩・趙景達編『国民国家の比較史』有志舎、二〇一〇年）、同前「民衆運動と近代社会―一八九〇年の高岡市周辺地域における米騒動を中心に―」（『日本史研究』六九〇号、二〇二〇年二月号）では、民衆運動と政治社会の関係について再考した。
＊56　後藤靖・山本四郎「一九一八年『米騒動』以前の米騒動」（井上清・渡部徹編『米騒動の研究』第五巻、有斐閣、一九六二年）、阿部前掲「明治23年米騒動の展開過程」など。
＊57　「日本人」刊行会編『日本人　3』（日本図書センター、一九八三年）、三七六頁。
＊58　『官報　号外』一二月七日。
＊59　古田愛「明治23年窮民救助法案に関する一考察」（『日本史研究』第三九四号、一九九五年六月）、六九頁。
＊60　『官報　第二二四八号付録』一二月二四日。
＊61　同前『官報　第二二四八号付録』一二月二四日。
＊62　若尾政希『百姓一揆』（岩波書店、二〇一八年）、二二三～二二四頁。

第五章　名望と民間福祉——一九〇五年の火災をめぐって——

はじめに

一九〇五（明治三八）年の五月から八月にかけて、秋田市では、火災が相次いで発生した。表5—1は、火災とそれに関係する出来事を時系列で示したものである。この期間に火災と小火が、八件起こっていたことがわかる。このうち、①五月九日の大火と②七月二六日の市役所火災は、『秋田市史　第四巻　近現代Ⅰ通史編』でも、明治期の代表的な火災として取り上げられている。[*1]

この二件の火災後には、罹災状況や救助支援活動などをめぐって、市内有数の資産家個々への不信や期待、賞賛が現れた。本章では、そうした社会意識に着目して、資産家による福祉活動の歴史的・社会的背景を明らかにする。

本章で主要な史料となるのは、一九〇五年当時の秋田市で発行されていた日刊紙である『秋田魁新報』（以下、『魁』と略す）・『秋田時事』・『秋田公論』である。『魁』と『秋田公論』は憲政本党系、『秋田時事』が立憲政友会・帝国党系とされる。[*2]以下、一九〇五年の史料は年を略す。

表5-1：1905年5～8月の秋田市での火災に関する日表

月日	出来事
5月9日	①24時頃、茶町菊ノ丁・大町二丁目(現大町二丁目)付近から出火、家屋211棟など焼失し、約二時間半後に鎮火した。
5月10日	市役所、炊出しを実施。受給戸数は、18戸。
5月11日	辻兵吉と土屋善三郎が火元争い。新聞広告に出した火事見舞いへの御礼に「類焼」と記す。辻の広告は、5/17・18まで掲載。土屋は、5/13まで。
5月13日	秋田警察署、土屋善三郎を失火の容疑で検事局に送致。
	『秋田公論』、那波三郎右衛門による罹災者救助・支援活動を報道。
	『秋田魁新報』、「出火原因見聞材料」と題した連載記事を開始。5/22付まで10回連続で掲載。
5月17日	『秋田時事』、出火原因に関する『秋田魁新報』の報道姿勢を批判。
5月23日	2時10分頃、柳町(現大町四丁目)の劇場長栄座から出火、劇場1棟・家屋7戸・小屋1棟を焼失、死者1名。
5月24日	『秋田魁新報』『秋田時事』、市内の資産家に罹災者救助・支援活動を促す報道。
5月26日	『秋田魁新報』、失火の容疑者・土屋善三郎が証拠不十分で不起訴となったことを報道。
5月29日	市役所、罹災救助基金法に則った救助を実施。受給戸数は、75戸。
5月30日	民間有志の寄付による罹災者救助実施。受給戸数は、110戸。
5月31日	土屋善三郎、新聞広告に、失火の容疑が不起訴となった旨を掲載。土屋の広告は、6/2まで。
6月9日	1時半頃、保戸野新町(現保戸野すわ町・保戸野通町)で放火。
6月11日	1時40分頃、大工町(現大町一丁目・保戸野通町)で放火。
7月1日	3時頃、保戸野新町で放火。放火犯として、59歳の米穀商の男が逮捕される。
7月24日	夜、市役所裏の外国人方の便所に放火。
7月26日	②22時40分頃、土手長町中丁(現中通三丁目)の市役所敷地内の炭小屋付近から出火、市役所庁舎と近隣民家5戸を全焼し、約一時間後に鎮火した。
8月18日	大町三丁目の仮市役所裏手に放火。
8月21日	市役所への放火未遂犯として、24歳の「小使」の男が収監される。

出所：『災害其他諸報告』明治38年以降（秋田県公文書館所蔵、930103—09790、件番号7)、秋田市編『秋田市史　第四巻　近現代Ⅰ通史編』(2004年)、『秋田公論』1905年5月13日、『秋田魁新報』同年5月11～22・24・26・30・31日、6月1・2・12日、7月2・23・28日、8月19・23日、『秋田時事』同年5月11～17・24・31日、6月1日、7月28日。

第一節　一九〇五年の秋田市における火災

1　五月九日の大火

一九〇五年五月九日の火災は、二四時頃に茶町菊ノ丁・大町二丁目付近から出火、家屋二一一棟・土蔵五棟・小屋二棟を焼失、潰家一〇棟を出し、約二時間半後に鎮火した。[*3] 死傷者はなかった。図5―1は一九〇四年当時の秋田市の中心部を、図5―2はこの火災の罹災地域を示す。火災の被害は、大町二丁目から茶町菊ノ丁、上肴町、上・下亀ノ丁、上米町一・二丁目、下米町一・二丁目、新大工町まで広がっており、現在の大町一・二丁目の広い範囲が罹災したことになる。『魁』五月一一日付の雑報「一昨夜の大火」は、三五五四戸を焼失した一八八六年以来の大火と報じている。

消防活動では、消防組の一部と四部が、茶町菊ノ丁の「菅原」を破壊して茶町扇ノ丁方面への延焼を防いでいる。[*4] 同じく二部は、上肴町で消火にあたり、被害を地区の半分程度にとどめ、大町一丁目と通町への類焼を防いだ。三部は、大町二丁目の本間金之助方で火勢をくい止めて同町東側と大町一丁目への延焼を防ぎ、その後、亀ノ丁・米町から大工町への延焼拡大も抑えている。また、秋田県師範学校の教員・学生は、茶町・亀ノ丁・下米町・寺町などで消防活動にあたり、南秋田郡土崎港町の消防組の応援もあって延焼防止に貢献している。[*5] 歩兵第一七連隊の士官と兵士も、大町一丁目の平野政吉方で防火に従事し、上肴町に転じて家屋の破壊や水の供給にあたった。罹災直後の新聞報道では、こうした学生や兵士の活動が称えられている。また、消防組二部の小頭

図 5-1：1904 年当時の秋田市の中心部（現大町一〜三丁目、中通一・三丁目付近）

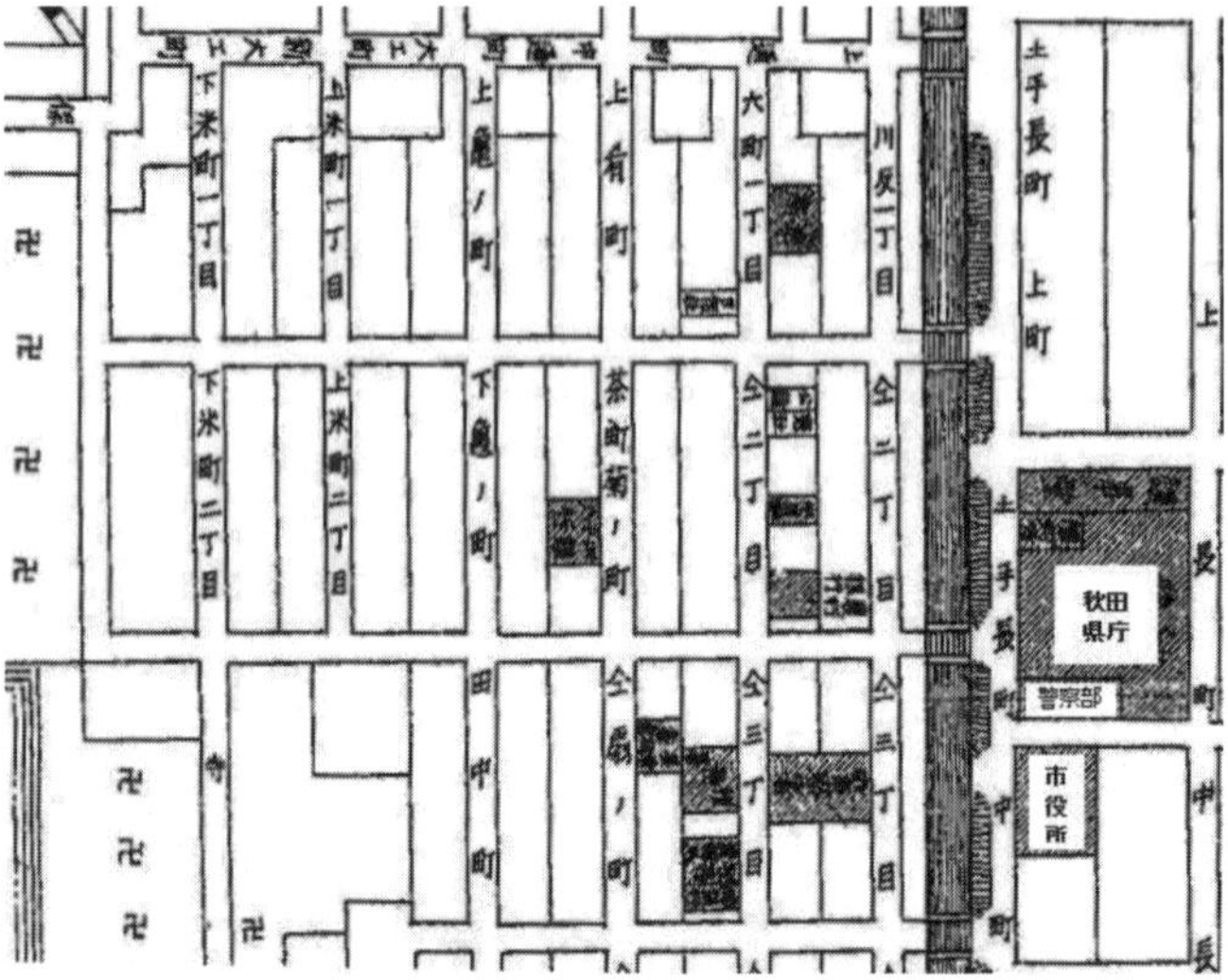

出所：「秋田市全図」（『秋田市統計一覧　第一回』明治 37 年 7 月調、1905 年、所収）より作成。

図 5-2：1905 年 5 月 9 日大火の罹災地域

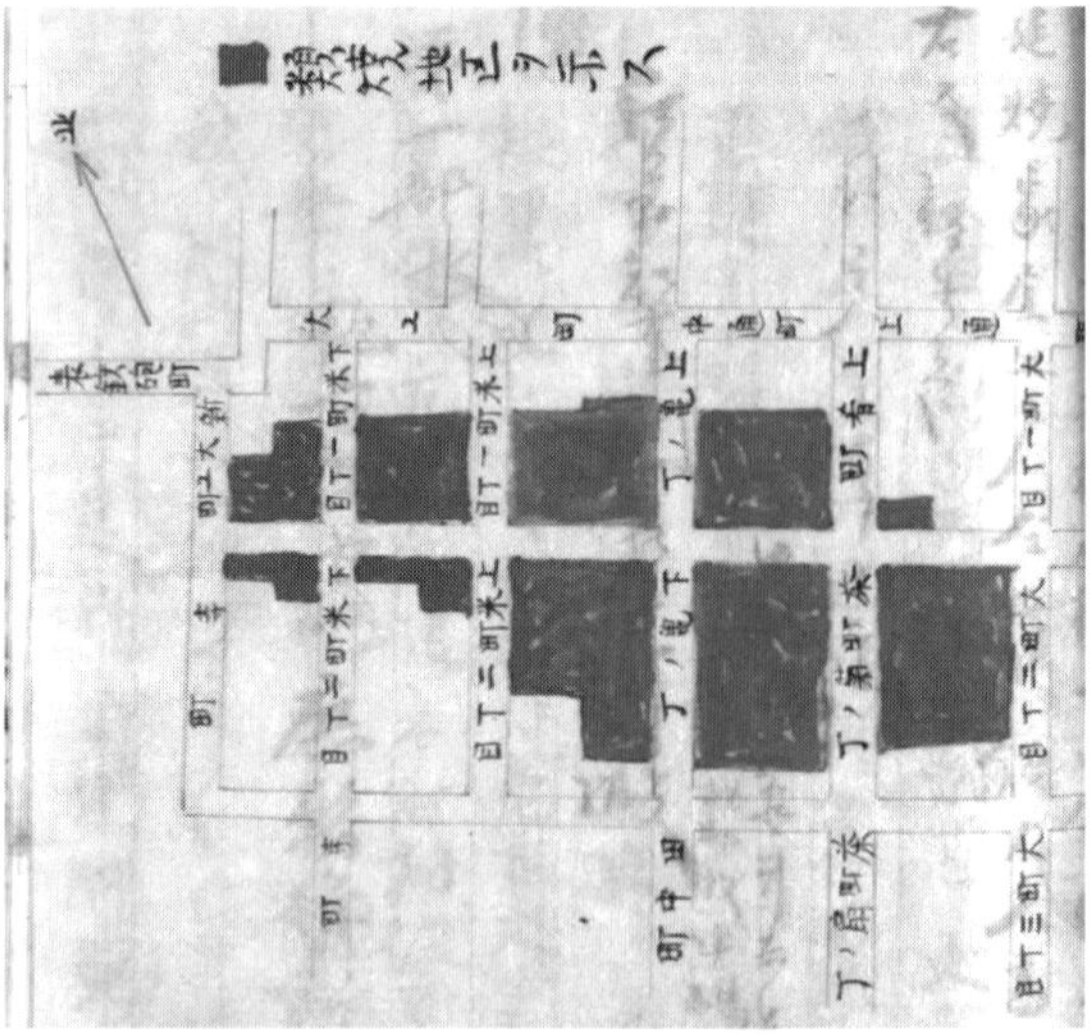

出所：『災害其他諸報告』明治 38 年以降（秋田県公文書館所蔵、930103—09790、件番号 7）。

と組員の一部も、自身の家屋や家財を罹災しながらも献身的に消防に従事したとして賞賛されている。[*6]その一方で、消防夫の活動への批判がみられたことに注目しておきたい。『魁』の前掲「一昨夜の大火」では、「市より出場手当二日分を取りながら、金持の家にのみ駈付け居たり」と報じている。

五月九日の大火は、出火原因が不明である。火元も、大町二丁目の辻兵吉方と茶町菊ノ丁の土屋善三郎方、両家の土蔵の中間とまでしか特定されていない。このため、大火後には、辻と土屋の間で火元争いが展開されることになった。

罹災地域には、火元である富裕層の居住区から貧困層の住む地区まで含まれていた。[*7]行政による救助支援活動では、罹災直後に、市行政が炊出しを実施している。[*8]五月一〇日から一一日までに計三回、受給者数は六六名だった。また、罹災救助基金法に則った救助では、[*9]五月二九日、七五戸にたいして食料二〇日分を、うち四二戸には小屋掛材料を支給している。[*10]基金から食料費目への支出総額は約二八七円、小屋掛費が約四二六円であり、平均すると前者は一戸あたり約三円八三銭分、後者が約一〇円一三銭分を支給した計算になる。この救助の申請期間は、罹災後一〇日以内とされ、その受給資格の審査には、市役所・警察・県庁それぞれの担当者が、各罹災者の避難先まで出張して調査にあたった。[*11]『魁』五月一七日付では、市行政の現段階での見解として、申請者の三分の一程度が受給資格を得られる見込みと報じている。[*12]他方、『秋田時事』五月二四日付の社説「何ぞ速かに賑救せさる」は、受給資格の調査に時間を費やす市行政の姿勢を批判している。緊急時であり、拙速であっても早々に救助を実行すべきという趣旨だった。当時の秋田市長野口能毅は、非政友会系の政治勢力に支持されており、[*13]批判の背景には、党派的な対立もあったと考えられる。

民間の救助支援活動では、有志の寄付による救助が実施されている。秋田県郡部の地主・資産家からの高額の寄付を中心に、[14]総額五一六円が寄せられた。[15]市行政が救助の実務を担当し、五月三〇日頃、一一〇戸にたいして三円五〇銭ずつ給付している。受給者の内訳は、「市に於て事情不得已者と認たる三十二名」と「其他出願期限〔罹災救助基金法に則った救助か〕を失し、又は消防夫にして類焼せるもの」だった。また、寄付の残金一三一円は、受給者のうち「特に困難者と認むべき三十二戸」にたいして、家族人員に応じて配分された。こうした受給者が、罹災救助基金の支給対象でもあったのかは確認できていない。とはいえ、少なくとも支給対象は拡大されており、民間有志の寄付によって、罹災者救助全体が底上げされたのは確かである。

有志の寄付による救助以外にも、民間による複数の救助支援活動が展開されている。特に注目されるのは、秋田市有数の商家である那波三郎右衛門の活動である。那波は、五月中旬に白米一五〇〜一六〇俵〔四斗入りの場合、六〇〜六四石〕を罹災した「貧民」に寄付した。[16]四〜五人家族には一俵、六〜七人家族には二俵を寄贈している。[17]受給者の詳細までは確認できていないが、少なくとも七五戸以上であり、罹災救助基金の受給戸数以上の規模と想定しうる。そして、罹災救助基金や民間有志の寄付による救助の実施前に支給されたことで、罹災者の生活支援に大きな役割を果たしたと考えられる。

ほかにも、小間物雑貨商の新田目小助が、五月下旬に市役所を介して、薪を寄付している。[18]また、罹災した消防夫には、消防組からの慰問金のほか、二部の小頭個人宛の寄付金なども寄せられている。[19]『魁』は、そうした個人宛の寄付を自社の報道の成果としており、日露戦争へ出征中の軍人家族で罹災した一九戸についても「一般有志に於ては特に遺族の為めには同情を表して可なり」と支援を促していた。[20]

以上のような救助支援活動の対象外とされた罹災者のうち、富裕層の一部は、火災保険の給付によって復旧をはかったと考えられる。焼失した建造物の被害総額は、約一三万九七四四円と試算されており、富裕層の居住区域である大町・茶町・上肴町の家屋・土蔵の被害が、その約六四％を占めている。[*21] 一方、罹災した契約者にたいして、保険会社六社が支払った保険金の総額は、一万七七二〇円だった。[*22]『魁』では「近年大火なき為め、家々にては殆と火災保険を見合せ」ていたとしている。[*23] 日本旅館火災保険株式会社は、この火災で高額な保険金を支給した契約者三名の実名とその金額を五月一三日付で新聞広告に掲載し、「払渡迅速確実」であることを強調している。[*24] なお、富裕層の家屋再建については、『魁』八月二日付が順調に進んでいたことを伝えている。[*25]

2　七月二六日の市役所火災

一九〇五年七月二六日の火災は、二三時四〇分頃に土手長町中丁（現中通三丁目）の秋田市役所敷地内の炭小屋付近から出火、市役所庁舎と近隣の民家五戸を全焼し、約一時間後に鎮火した。[*26] 乾燥した空気と強い東風によって火の勢いは強く、風下の旭川を越えて対岸にまで火の粉が及んだ。図5―1のように、対岸は川反三丁目であるが、同町の豆腐屋方は飛び火によって数回燃え上がり、巡査と家人で消火にあたったという。[*27] 前述した那波三郎右衛門方も川反三丁目にあった。

消防活動では、消防組の一部と四部が、風下の「三丁目橋付近旭川筋」で水利による消防活動をおこなって一定の成果をおさめた。[*28] 二部も旭川の水利を利用して、県庁・警察部側でポンプを使用して防火にあたり、市役所の土蔵も守っている。三部は、市役所近隣の民家付近で消火にあたったが、水不足によって捗々しい成果は上げられなかった。三部の活動区域では、延焼を免れたものの家屋をすべて破壊された書籍店、家屋の一部を破毀された医師方などがみられた。なお、この火災での救助支援活動は、管見の限りでは確認できていない。罹災者はいずれも、そうした活動の対象外だったと考えられる。

この火災の原因は、放火とされる。五月九日の大火以降、秋田市では火事騒ぎが相次いでいた。『魁』六月一五日付の雑報「市内の昨今」は、「這般来殆んと毎夜の如く放火失火等各所にありて、大事に至らさりしかと、一般不安の念甚たしく夫れ〳〵警戒しつゝあり」としている。七月二六日の火災の前々日、二四日にも、市役所裏手の外国人方に放火があった。[*29] さらに、火災後の八月一八日にも、仮移転していた市役所の裏手が放火されている。[*30]『秋田時事』八月二〇日付の雑報「大町三丁目の警戒」では、市役所の仮移転先である大町三丁目の住民が、市役所と警察署に厳重な警戒を要請し、隣町とともに夜番を置いたことを伝えている。住民の間には「大いに恐怖心を抱き、町内に市役所のある為め斯る危険を招くは甚だ不安心なれば他に移転を請願せん」とする意見もあったという。

こうした火災への恐れは、一つには、近代的な消防設備や技術が普及していなかったことも関わっていたと考えられる。七月二六日の火災での消火活動では、前述のように、旭川の水利を利用できた消防組一部・二部・四部はポンプでの消火にあたっているが、利用できなかった三部は破壊消防で対応している。五月九日の大火でも、「潰家」が一〇棟でていた。水利のある地区ではポンプでの消火活動がおこなわれていたものの、不便な場合には破壊消防で対応していたことを確認できる。ポンプによる消火を中心とした近代的な消防活動には、水道敷設が不可欠とされる。[*31] 秋田市の場合、上水道の部分開通が一九〇七年、完工は一九一一年だった。[*32] 一九〇五年当時の秋田市は、上水道が未整備のため、近代的な消防設備・技術が十分に普及していなかった。罹災直後の地方紙では、水道敷設の促進や耐火建築の普及を主張する論調が高まっているが、[*33] その背景には、こうした都市インフラの問題があった。

ただし、近代水道の普及において、秋田市が特段に後れを取っていたわけではない。むしろ、奥羽北線の開通と歩兵第一七連隊の立地が、敷設を促進する要因となって、全国の都市でも一一番目の早さで給水を開始している。[*34]このことは、本稿の分析対象である一九〇五年の秋田市が、当時の日本において特殊な地方都市ではなく、消防活動の水準や罹災後の対応についても一定の普遍性を想定できることを示している。

以上のような一九〇五年の二件の火災を契機として、秋田市有数の資産家個々にたいする不信や期待、賞賛が現れた。以下では、そうした社会意識に着目してみたい。

第二節　火元争いと新興商家

一九〇五年五月九日の大火は、火元や出火原因の特定にいたらなかった。一時、失火容疑のかかった、茶町菊ノ丁の荒物商土屋善三郎も結局不起訴となっている。このため、大火直後から、大町二丁目の呉服太物商辻兵吉と土屋の間に火元争いが起こった。

地方新聞の広告欄も、火元争いの場となった。鎮火の翌日、五月一一日付の『秋田時事』『魁』両紙の広告欄には、罹災者と近隣住民による火事見舞いへの御礼が多数掲載されている。辻兵吉と土屋善三郎も広告を出しているが、ともに「類焼」と記している。土屋の新聞広告は、五月一三日付までとなった。同日、秋田警察署が、土屋を失火罪の容疑で検事局に送致した。[*35]辻の新聞広告は、『秋田時事』が五月一七日付まで、『魁』が一八日付まで（一四日付には不掲載）続けられた。五月下旬に不起訴となった土屋は、[*36]五月三一日付から、検事局の厳正な調査によって「疑団全ク相晴レ候」との新聞広告を載せ、[*37]六月二日付まで継続している。辻と土屋が、火元とみなされることを避けるために、メディアを介してアピールをしていたことを確認できる。

地方新聞は、火元争いに広告欄を提供しただけではなかった。『魁』は、「出火原因見聞材料」と題した記事を五月一三日付から二二日付まで、連続一〇回にわたって連載している。出火原因を判明するための参考として、風評や投書を報じるという趣旨だったが、大半は、辻兵吉に不利な内容だった。一方、『秋田時事』は、五月一七日付の雑報「出火原因に就（関係者に冷静□態度を望む）」で、「新聞の匿名投書若しくは卑劣の訪問運動」で失火容疑の弁護を試みているとして、土屋善三郎の関係者を批判した。『魁』の報道の背景にも、そうした関係者のはたらきかけがあったとする。また、風評や投書を積極的に掲載することについても、根拠のない無責任な報道姿勢だと非難し、火元の特定は司法の判断に委ねるべきとしている。『魁』も五月一九日付に『秋田時事』の報道姿勢に疑問を呈する投書などを掲載し、火元争いは対抗紙間の論戦に波及した[*38]。

注目されるのは、火元争いに地域社会の大きな関心が寄せられていたことである。『魁』の報道姿勢を批判した『秋田時事』の前掲「出火原因に就（関係者に冷静□態度を望む）」も、火元をめぐって「群評噴々巷説紛々の有様」としている。辻兵吉が、土屋善三郎に失火容疑がかけられた後にも新聞広告を出していたのは、こうした風評や前述した『魁』の連載記事への対応だったと考えられる。この時期には、広告欄の火事見舞いの御礼もわずかとなっていた。多少不自然ではあっても、地域社会に「類焼」をアピールせざるを得なかった、当時の辻の立場がうかがえる。

また、『魁』が報じた風評と投書には、次のような内容も含まれていた。

> 辻兵の不徳と火元とを混淆するものでない。〔中略〕▲土善が弱いとていずめ〔じ〕、辻兵が強いとて御機嫌を取る勿れ（社会党[*39]）

元来辻兵を云々するのは、兎角世間に同情のないからである。反之土善は、市民は勿論一般に同情ある人だから弁護的彼是れ云ふ人もあるだらうし、又情実的虚構の出火原因材料を供給するものと認む〔中略〕（天眼通）[*40]

火元の特定に直接関わる内容ではないが、両者にたいする地域社会の評価をうかがうことができる。土屋善三郎の一九〇三年の直接国税納税額は、地租一〇円、所得税・営業税計五九円であり、商家としての規模は小さくなかった。[*41] だが、辻兵吉は、市内第一位の資産家であり、「強い」「弱い」は、そうした両者の経済力の差を指していたと考えられる。その「強い」辻にたいして、「不徳」「兎角世間に同情のない」といった評価もみられた。五月九日の大火後には、辻兵吉への不信が地域社会に現れていたことになる。

辻兵吉家は、第二章でふれたように、一九世紀半ばから急成長を遂げた新興商家・資産家であり、明治期には呉服太物商・織物業・金銭貸付業などを営んだ。秋田町有数の資産家となったのは、二代目兵吉（一八五二—一九二六）の代である。二代目兵吉は、秋田県雄勝郡湯沢町（現湯沢市）の呉服太物商山内三郎兵衛の五男末吉として生まれ、一八七四年に辻家の婿養子となった。[*42] 一八八〇年の代替わり頃から、呉服太物商としての経営を拡大するとともに、所有地を急増させ、県内有数の大地主へと成長した。地方財界では、秋田銀行の発起人となり、一八九六年の創立から副頭取、一九〇二年から頭取となって死去するまで務めている。一九〇八年設立の秋田商業会議所では、初代会頭に選ばれた。地方政界では、一八八九年の市政実施から市会議員となり、改選を重ねて一九二一年まで務めている。政友会の支持者として知られ、衆議院議員の田中隆三との関係が深かった。[*43]

秋田市有数の資産家へと成長した辻家だったが、一九〇五年五月九日の大火後の地域社会には、二代目兵吉への不信も現れていた。なお、辻は、前述したように、政友会の支持者として知られるようになるが、管見の限りでは、それは一九〇九年以降のことである。[*44] 一九〇五年当時、非政友会系の『魁』が、政治的な配慮から辻に不利な報道をしたとは考えにくい。火災後に現れた不信は、当時の二代目兵吉が、地域での名望を十分に確保し得なかったことを示している。

一九一五（大正四）年に非政友会系の『秋田毎日新聞』は、二代目兵吉を「君、型の如く温厚篤実。何れの点より視察しても、悪意微塵もない好々爺。養父の辛辣が少々世間の評判を下落せしめた丈けに、君も同一の酷筆を以て攻撃されるのは、罪なき君にとつて気の毒に堪へぬ」と評している。[*45] 養父とは先代の初代兵吉（一八二三―一八八〇）を指す。同紙によれば、二代目兵吉への「酷筆」の背景として、一つには、先代の「評判」があったことになる。

初代兵吉は、第二章でふれたように、奉公先から露店の古着商として独立し、大店にまで経営を成長させた。辻家には「店の手代がはきちらかした下駄の鼻緒を丹念にすげ替えた話は辛抱の意もあったらうが、使っていたものが独立する時は帳場の机まで気をつかってそろえてやるなど、面倒をみたといわれ、その代り一度裏切る様なことをすれば後は絶対駄目だった」と伝わっている。[*46] また、「元日には裃をつけて〔もとの奉公先に〕一番に挨拶に伺ってからでないと屠蘇の杯をあける事がなかった」という。『秋田毎日新聞』のいう「辛辣」が、「裏切」りへの厳格さを指すとすれば、そうした「律儀さ」を他者にも求めたゆえだったのかも知れない。

注目されるのは、初代兵吉にみられた「律儀さ」や「辛抱」である。二代目兵吉についても、次のような逸話が残されている。

父は祖父の志をつぎ、家業大事勤勉な人でありました。〔中略〕父は酒一つのまず、気がむいて、それこそひまがあれば時たま将棋をさしてゐましたが、それもまれに見ることでありました。[*47]
辛抱は毎日の事といい、食事などはことの外粗末なもので、小鯛をつけた時など勿体ないとて半身しか食べず、残りはオ前方食べれといったという。[*48]

二代目兵吉は、初代譲りの「家業大事勤勉な人」であり、「辛抱は毎日の事」だったとされる。辻家二代のこうした生活態度に、勤勉・倹約といった通俗道徳を読み取ることは容易であろう。[*49] 一九世紀半ばから急成長を遂げた辻家の経営、その基底には、二代にわたる通俗道徳的な実践があった。だが、そうした通俗道徳の徹底では、家経営の成長を支えられても、地域での名望を獲得することは難しかったことになる。

一九〇五年五月の大火後の局面に着目すると、二代目兵吉（以下、代数を略す）への不信に関わる別の要因もうかがえる。『魁』五月一六日付の雑報「出火原因材料（四）」では、次のような投書も紹介されている。

道路の風評として、辻兵は大金を散じて火元を免れたといふものあれど、辻兵も馬鹿でなし。夫よりも慈善に投じ少しは恨みを和げたであらうが、辻兵といふ男はどちらも出来ぬ男である（ケダモノ）。〔中略〕▲辻兵の損害は、我々の五十銭銀貨を落したよりも痛みを感ぜぬであらう。而して類焼に托し、お相伴せし下民の窮苦を見殺しにするとは、火元よりも憎むべきである（怨府団金）

前者は、辻が「慈善」をしていれば、敵意を軽減できたはずとする。後者は、資産家にもかかわらず、類焼を名目にして、罹災した「下民」を救助支援しなかったことこそ非難されるべきという。『魁』六月一四日付のコラム「筆の雫」も、次のように述べている。

辻兵の新築家屋は石造にて費用約七万円、〔中略〕辻良は頻りに其の半金を節して慈善に供せんといひ、辻兵夫人は西法寺を新築するか篠木医院を起すべしといつて居る。

辻兵吉の妻エイと長男良之助（三代目辻兵吉）が、家屋の新築費用を節約して、「慈善」などに充てるよう主張しているとの内容である。記事の真偽までは確認できないが、福祉活動によって不信の緩和を期待できるとの認識がうかがえる。これらの新聞記事は、当時の秋田市では、福祉活動の実績によって名望が左右されていたことを明瞭に示している。また、辻兵吉は、そうした実績が十分とはみなされていなかったことになる。

けれども、辻兵吉に福祉活動の実績がなかったわけではない。感恩講事業（表1―3、2―2）や一八九〇年の米廉売（表4―1）に高額を寄付し、東部感恩講の年番を務めたことは、前章までに確認したとおりである。授産事業を運営していた秋田慈善会では、一九〇五年当時、理事を務めていた。[*50]こうした実績にもかかわらず、辻への不信がみられたのは、市内第一位の資産家に期待された役割には及ばなかったためではなかろうか。倉地克直は「徳川日本の公共は『分』相応の役割を期待するものであった」と指摘しているが、[*51]一九〇五年の秋田市においても、こうした応分の観念が活きていたことになる。近世以来の応分の観念は、地方新聞というメディアを媒介として、近代を生きた資産家への社会的圧力となっていた。

ところで、後年、辻兵吉の主要な功績としてあげられるものの一つに、奥羽本線建設促進への貢献がある。一八九三年に着工した奥羽本線の建設は、一九〇四年には秋田県内の一部区間を残すのみとなっていたが、日露戦争による国家財政の逼迫で中断を余儀なくされた。[*52]この際、辻は、秋田県知事や県会議長らと上京して関係諸機関との折衝にあたり、自身が頭取を務めていた秋田銀行で公債一四八万円を引き受けることによって、敷設工事を続行させている。奥羽本線は、翌一九〇五年九月に全線開通した。一九二六年に辻が亡くなると、地方紙の訃報では、こうした奥羽本線建設促進への尽力が大きく称えられている。[*53]非政友会系の『魁』も、「慈善心に薄きと、政党心に厚きは非難の一」としながら、功績の第一には、この貢献をあげている。[*54]鉄道建設促進という地方利益の導入が、辻に批判的な立場であっても認めざるを得ない功績だったことを確認できる。

　ところが、辻兵吉の奥羽本線建設促進への尽力は、一九〇五年五月九日の大火直後には顧みられていなかったように思われる。当時の地方紙で、辻のこうした貢献にふれた事例は、管見の限りでは確認できていない。火元争いによって辻に注目が集まるなかで、また、前年の活動だったにもかかわらず、地方紙で取り上げられなかったことになる。それは、鉄道建設促進という地方利益の導入が、少なくとも一九〇五年五月の時点では、辻の功績として広く認識されてはいなかったことを示している。

　奥羽本線の建設促進が、辻の功績として認識されるのは、一九〇五年九月の全線開通以降だったと考えられる。『秋田時事』九月三〇日付の「和義《ママ》成立秋田月旦（二）　辻兵吉君と本間金之助君（下）」では、辻を「慈善会頭に甘せずして、秋田銀行頭取と□て、奥羽鉄道全通に貢献尽力せることの多き、其一例とすべく、而して彼れは市会議員たり、商工会頭たり、中々に文明流」と高く評価している。奥羽本線の建設促進を辻の功績として積極的に位置づけた早い事例といえる。以後、こうした認識が普及し、一九二六年には、辻に批判的な立場にも無視し得ない功績として定着していたことになる。辻が名望を獲得するうえでは、「文明流」、すなわち地方財界・実業界での先駆的な活動が重要だったといえる。

　辻兵吉は、奥羽本線建設促進など「文明流」の功績によって地域の名望を獲得していたが、それは、一九〇五年九月以降のことだったと考えられる。同年五月九日の大火後に現れた不信は、辻がこの時期までに一定の名望を確保し得なかったことを示している。通俗道徳的な実践を基底において秋田市有数の資産家へと急成長を遂げた辻家だったが、地域の名望を獲得するのは容易ではなかったことを確認しておきたい。第二章でふれたように、一九世紀は、経済的な変動が大きく、新旧商人の交替が激しかった時期とされる。全国各地で台頭した新興商人たちも、地域の名望を獲得するうえでは、辻同様の困難を抱えていたことが想定しうる。

第三節　延焼の危機と新興商家

1　本間金之助と名望の獲得

一九〇五年五月九日の大火では、大町二丁目の小間物商本間金之助方も延焼の危機に直面した。本間方は、焼失した辻兵吉方の向かいに位置していた。だが、消防組三部が、本間方の防火にあたって、大町二丁目の東側方面への延焼を防いでいる。

『魁』は、五月一一日付の雑報「火の粉」で、「本金の難を免れたは金力が消防夫を吸収しただといふも、余は福田学校の余慶であらうと思ふ」と評している。五月九日の大火後には、前述したように、消防夫の活動にたいして金持ち優先といった批判もみられたが、同紙は、本間金之助には該当しないという。『魁』は、五月一三日付の雑報「紅焔録」でも、次のように報じている。

十九年の大火の際、那波は感恩講の為め難を免れ、今回本金は福田学校の為め災を避けたり。施徳の応報は実に理外の理といふべし。▲罹災者に対し河與は百円、金松は七十円を寄附せられたが、市内類焼を免れたる人士も大に奮発せざるべからず。▲否類焼者と雖も財産家はお相伴せし貧民に対し救助するは、那波、本金の如く将来災厄を免るゝの無形的保険なるべし。

本間金之助が罹災を免れたのは、「福田学校の為め」「施徳の応報」であるという。那波家は、第三章までにふれたように、感恩講の創設や維持に貢献し、「積善の家」と目されていた近世以来の旧家であり、一八八六年の俵屋火事では罹災を免れていた。『魁』は、本間をその那波家と並び称していたことになる。また、「河與」は秋田県北秋田郡の河田與惣左衛門、「金松」は南秋田郡の金澤松右衛門を指す。『魁』が、そうした県内郡部の大地主による高額寄付や那波家の事績とともに、本間の活動を引き合いに出して、秋田市内の資産家に罹災者救助の寄付を促していたことを確認できる。

「福田学校」とは、一八九五年に秋田市で創立された私立福田小学校のことを指す。[*55] 授業料の無償や教材・教具の貸与などによって、市内の貧困児童に就学の機会を提供した。入学者の減少により一九二七（昭和二）年に閉校となったが、卒業生の総数は二四五名に上る。設立者は、本間金之助と浄土真宗大谷派の僧侶笹原貫軒であり、ともに校主を閉校まで務めた。同校は、有志の寄付によって運営されたが、本間の経済的支援が大きな役割を果たした。なお、本間は閉校後も財団法人福田会を組織して、貧困児童に学用品や被服などを援助する奨学事業を運営している。大火のあった一九〇五年は、福田小学校創立から一〇年にあたり、本間金之助の貢献が、地域社会で高く評価されていたことがうかがえる。

本間金之助家は、第二章でふれたように、一九世紀半ばから急成長を遂げた新興商家・資産家であり、明治期には小間物商・金穀貸付業などを営んだ。秋田町有数の資産家となったのは、二代目金之助（一八四五―一九二九）の代である。二代目金之助は、雄勝郡湯沢町の呉服太物商山内三郎兵衛の三男由松として生まれた。[*56] 二代目辻兵吉の実兄である。一八六九年に初代金之助（一八二六―一八六九）の長女イシの婿養子として本間家に入籍した。小間物商としての経営を拡大するとともに、所有地を急増させ、県内有数の大地主へと成長した。一九〇七年には、第四十八銀行頭取に就任して経営再建に努めた。一九一一年から貴族院議員を一期務めている。

二代目本間金之助は、「奮闘努力よく今日の巨富を積むにいたつた立志伝中の人」とされる。[*57] 孫の金次郎（三代目金之助、一八九八年生）が著した「祖父本間金之助」には、次のように記されている。[*58]

大変難儀された人で、お祖父さんの難儀をその侭教訓として私共は頭を下げて守つてゐる事も沢山あります。御祖父さんは九歳の時、湯沢町の芳賀修令といふ漢学の師につき学ばれました。『商売往来』『実語教』『今川庭訓』などの修学を十二歳まで致し、十三歳の時、湯沢町柳町の呉服商松井長兵衛といふ人の許に小僧に行き、二十歳まで勤め、二十一の春実家にもどり、呉服商に《ママ》手伝つて居りました。〔中略〕松井家にゐた時は、朝三時に起きて横手へ行き、横手木綿を買つて、これを背負つて院内、横堀あたりへ売りに行き、早く帰つて家の手伝ひをしたといふことです。〔中略〕本間に来てからは、一層よく働きました。毎年一月七草がすぎれば、棚調べを行ひ、直ちに寒中を通して上京致します。〔中略〕東京で仕入れものをしては、それからまた大阪へ行き、六月に帰つて来るのでありました。

本間家の経済的な急成長、その基底には、二代目金之助の通俗道徳的な実践があった。「祖父本間金之助」には、本間と実弟辻兵吉は「性格は全然違つて」いたが「二人とも小僧から叩き上げた人で、腹が出来てゐたやうです」とも記されている。[*59]

本間金之助と辻兵吉の兄弟は、ともに通俗道徳的な実践によって養子先を近現代の秋田市有数の資産家へと成長させた。だが、一九〇五年五月九日の大火直後、両者への地域社会の評価は大きく分かれていた。その要因には、前述した福田小学校の創立が関わっていたと考えられる。前掲「祖父本間金之助」には、「報恩といふ事と、郷土の為めなどには、私財を投げ出してかゝる人で、決して出ししぶるやうな事はありませんでした」と記されている。「報恩」は、近世に広まった仏教の「四恩」観念に由来する。[*60] 二代目金之助の福祉活動について、本間家には、「報恩」と郷土愛によるものと伝わっていたことになる。戸田金一は、そうした人格の反映として、貧困児童教育への貢献を顕彰している。[*61]

注目されるのは、福田小学校の創立は、二代目金之助（以下、代数を略す）が、自己利益を追求しているだけではないことを地域社会に明瞭に示すことになった点である。それが、地域における名望の獲得につながり、五月九日の大火直後には、前述したような『魁』の高い評価として現れていたと考えられる。

2　本間金之助と名望の再生産

ところが、新興の資産家・本間金之助にたいする地方紙の評価は、民間有志の寄付による罹災者救助をめぐって揺らぎをみせることになった。前述したように、一九〇五年五月九日の大火直後、『魁』は、本間の功績などを引き合いに出して、秋田市の資産家に救助への寄付を促していた。だが、市内の資産家からの寄付は、依然として低調なままだったとみられる。大火から半月後、『魁』五月二四日付の雑報「本市富豪と罹災救助」は、以下のように論じている。

本市の大火は、富豪のお蔭に依り、多数の貧民が益々困苦を極めつゝあるが、之に対し、那波氏は姑《しばら》く舎《お》き、郡部に於て仙北の池田氏、南秋の奈良、金澤氏、北秋の河田氏等は応分の救助金を寄附せられしが、直接の関係ある本市富豪は未た一文の出金だもなさゞるは実に意外に感ずる者にして殆と本市の恥辱たる者なり。惟ふに諸氏は決して冷酷なる金色夜叉にはあるまじ。是には何かの事情あるべく、早晩争うて義捐の美挙に出つべきも、轗難の急は諸氏か小田原評議を待つへきにあらず。左れば類焼富豪を後にしても、先づ危難を免れし本金、平政始しめ加賀長、湊、平野、佐文、奈良宇諸氏は卒先救助金を寄附して此の流離の窮民を憐み、下民の憎悪を招かざらんことを注意するものなり。

『魁』は、寄付すべき資産家の実名まで列挙して圧力をかけていた。ここで第一にあげられている「本金」が、本間金之助のことである。管見の限りでは、本間による罹災者救助支援活動は確認できていない。この局面では、罹災者救助という実践が、本間金之助によって「選びとられ紡がれ」ることはなかった。それは、福田小学校によって高まっていた地域社会からの信用と期待に応えるものではなかったはずである。『魁』の前掲「紅焔録」など、大火直後の記事との落差が、そのことを示している。また、名指しされた資産家には、近世以来の旧家も含まれている。「加賀長」こと、加賀谷長兵衛もその一人である。加賀谷長兵衛家は、第二章でふれたように、居住地周辺の生活支援を続けてきた近世以来の旧家だった。本間や加賀谷への批判は、たとえ福祉活動の実績を有する資産家であっても、その局面、局面で対応が問われていたことを明瞭に示している。そしてそれは、新興の資産家であっても、近世以来の旧家であっても変わりなかった。地域社会において名望を再生産することが、決して容易ではなかったことを強調しておきたい。

『魁』の対抗紙である『秋田時事』も、同じ五月二四日付の前掲「何ぞ速かに賑救せさる」で次のように論じている。

若し夫れ此火災に於て、傍観の位地に在る富豪に至ては進んで賑救の策を□つべき、自然の義務ある、今茲に縷説するまでもなし。此点に於ては流石に那波家也。之を他に諮らす、傍に聴かすして、災後直ちに毎戸俵米を頒与す、慈恵の道を得たりと謂ふへし。我輩は那波家の慈善方法に就て、別に意見あるも今日之を言はす。要は、市内富家たるもの、彼が一片画を擬する、決して無用にあらす。否、有用也。否々、其本分也、義務也、何ぞ之に倣はさる。

『秋田時事』は、罹災者救助一般を秋田市の資産家に促していた。五月九日の大火から半月後、政治的には対立していた両紙だったが、いずれも市内の資産家が相応の救助支援を怠っているとして、かれらに圧力をかけていた。また、『秋田時事』が、前述した那波三郎右衛門の救助活動を模範としてあげている点にも注目しておきたい。大火直後の『魁』では、並び称されていた本間金之助と那波であるが、そのわずか半月後には評価が分かれることになった。そこには、大火後における罹災者の救助支援の有無が関わっていたことは明らかであろう。大火後の局面において、本間金之助が名望を再生産するには、やはり那波のような活動が必要だったことになる。

第四節　罹災者の救助支援と近世以来の旧家

1　五月九日の大火と那波家

一九〇五年五月九日の大火後には、官民による救助支援活動が展開されていた。このうち、民間の個人による活動で最大の規模だったのが、那波三郎右衛門の活動である。那波は、前述したように、罹災救助基金や有志による寄付の救助の実施前に、罹災した「貧民」、少なくとも七五戸以上に白米を支給した。『秋田公論』五月一三日付の雑報「那波氏の慈善」は、「何時もながら同家の貧民に対する同情は感ずべきなり」としている。『秋田時事』の前掲「何ぞ速かに賑救せさる」も、こうした活動を「流石に那波家」と賞揚している。一八八二年に確立された那波家のメディア表象を、一九〇五年の『秋田時事』『秋田公論』も踏襲していたことがわかる。那波三郎右衛門家の「積善の家」イメージは、この大火の局面でも再生産されており、同家にとって名望を獲得・再生産する機会にもなっていたといえる。

那波三郎右衛門家は、第三章までにふれたように、近世以来の旧家で、秋田町有数の資産家だった。一八二九（文政一二）年の感恩講創設を主導した八代目の三郎右衛門祐生以来、地方都市秋田の福祉に貢献してきた。一九〇五年当時は、一〇代目祐富の義理の孫である一二代目の三郎右衛門祐謹（一八八九―一九五六）の代だった。[*62] 那波家では、前年の一九〇四年四月に祐富の長男である一一代目の祐命（一八七六―一九〇四）、八月に祐富が相次いで死去した。一二代目の祐謹は、祐富の甥・那波亥之助（一八六三―一九三二）の次男であり、祐富の存命中に本家に入籍し、故祐命の長女マツ（一八九九年生）の配偶者と決まった。一二代目祐謹の実父亥之助は、一八八三年の分家以来、本家に同居してその家業に従事しており、祐富の死後には、その法定相続人であるマツの後見人として家政と救貧事業を統括した。

前述した五月九日の大火後における罹災者の救助支援は、「積善の家」としての実践が、一二代目祐謹やその後見役の亥之助らによって「選びとられ紡がれ」たことを表現している。そして、それは地域社会にたいして、代替わり後も従来の那波家と変わりはないことを明瞭に示すことになった。『秋田公論』の前掲「那波氏の慈善」、『秋田時事』の前掲「何ぞ速かに賑救せさる」などは、そうした一二代目祐謹の姿勢にたいする賞賛だったといえる。

この大火後の局面において、地域社会からの信用と期待に応えたことは、那波家が従来の名望を維持するうえで決して些細なことではなかったと考えられる。前節でふれたように、同じ局面でそうした活動を控えた本間金之助は、少なくとも従来の名望を維持することはできなかった。福祉活動に実績のある資産家も、局面ごとにその選択を問われており、那波家も例外ではなかったはずである。大火後における救助支援活動が、那波家の地域における名望を再生産するうえで重要だったことを確認しておきたい。

2　七月二六日の市役所火災と那波家

一九〇五年七月二六日の市役所火災では、風下の川反三丁目にあった那波三郎右衛門方も延焼の危機に直面した。『秋田時事』七月二八日付の雑報「火災彙聞」は、次のように伝えている。

> 斯る大火と僅か川一本を隔つる川反二丁《ママ》目の那波三郎右衛門方にては、尠からじ火塵を蒙りしも、平素慈善に富む同家の事とて、招かすして消防夫は屋根に登りて喞筒の吸管を据付け、傍ら手伝人の黒山を築きたれば火は遠く飛びそれたり。

前述した川反三丁目の豆腐屋方同様、那波方も少なからぬ火の粉に見舞われたが、消防夫と「手伝人」の活動によって延焼を免れたという。屋根に上ってポンプを据えつけたという消防夫の行動は、飛び火を防ぐためだったと考えられる。第三章でふれたように、延焼の危険が迫った際、屋根に上って飛び火を防ぐのは、近世以来の防火法であり、一定の効果も認められている。「黒山を築」いた「手伝人」も、ポンプを使わずに、火の粉を防いでいたと思われる。当時の秋田市では、前述したように、近代的な消防設備や技術が普及していなかった。「消防夫」と「手伝人」の防火活動は、第三章でふれた一八八六年当時と同じく、那波家の実利にかなうものだったといえる。

「招かすして」那波方の防火に努めたという消防夫の行動は、第三章でふれた「鳶と出入り先をめぐる伝統」との関わりを思わせる。[*63] 一八八六年の大火では、消防組としての活動よりも、平常の出入り先である那波家の防火を優先したと思われる消防夫もみられた。一九〇五年七月の市役所火災において、「招かすして」防火に努めた消防夫にも、那波家への義理立ての場合があったと考えられる。近代的な消防活動が普及していなかったことは、そうした義理を立てる余地を残していた。「鳶と出入り先をめぐる伝統」および「積善の家」との相互関係も、この時期まで「選びとられ紡がれて」いたことがうかがえる。

「手伝人の黒山」にも、那波家への義理立てが示されている。一八八六年の大火の際、那波方の「手伝ひ人」の多くは、出入りの関係者だったとされるが、一九〇五年七月の市役所火災でも同様だったと想定しうる。その場合、「積善の家」と出入り関係者との相互関係が、市役所火災の局面において「選びとられ紡がれて」いたことになる。

「招かすして」防火に努めた消防夫と「黒山を築」いた「手伝人」が示した義理とは、那波家からの「好意に対する返し」だったといえる。そうした義理立ては、地方紙の報道姿勢にも影響を与えていたと考えられる。一九〇五年五月九日の大火後には、前述したように、消防夫の活動にたいして、金持ち優先といった批判がみられた。『秋田時事』も、五月一二日付の社説「耐災方策を講すべし」で次のように論じている。

纏ひを押立て、屋上に飛び登る防火夫の敏活は、甚□頼母しきに似たれど、ポンプ据置の場所には、水汲む人の影少なきは如何。彼等は利欲に籍られて事をなす。否、余儀なく鳶を振る真似を試みるもの也。観よ、防炎□天を焦す猛火盛炎の中に突立し、誰か一人の奮発せしものありしや。屋上徒らに纏ひの影多くして、防火の実効更にわが《マ》らず《マ》。風向延焼の自然に任じて、幸ひにも鎮火しうれば、得々各自の手柄話を誇り、富豪の手よりは及ぶ限り貪らんことを努む。否々、鎮火の間際に金のとれさうなる富豪の前には、纏ひの影はいつはやく走せ参ずるにあらずや。

消防夫の活動は、富者からできるだけ多くの礼金を得ることが目的であり、防火に役立っているかは疑わしいという。耐火建築の普及を主張する社説であり、消防夫を実際以上に貶めていたことも想定しうるが、かれらの「利欲に籍られ」た打算の側面に焦点を当てていることも否めない。

他方、『秋田時事』の前掲「火災彙聞」では、市役所火災における那波方での消防活動を「平素慈善に富む同家の事」ゆえと肯定的に伝えていた。五月九日の大火後における批判的な姿勢を一転させ、那波方での消防活動を美談として報じたことになる。こうした報道姿勢の違いには、前述した義理立てと関わりがあったように思われる。相手が那波家だったことで、消防夫らの行動は、目先の「利欲に籍られ」たのではなく、「積善の家」から受けた「好意に対する返し」、まさしく義理立てとして認識されていたのではなかろうか。『秋田時事』が美談として報じたのは、そうした認識を共有していたためと考えられる。そして、こうした報道も、那波家の名望を再生産することになった。

なお、七月二六日の火災当夜には、鎮火後の那波方で酒を強請った男が、もらった酒樽を交番前に置き去りにするという出来事も起こっていた。『魁』七月三〇日付の雑報「不審の酒樽」によれば、「当夜鎮火後一人の男同店に来り。以前土蔵の屋根は燃上りたるも我々は消止めたりとて恩に着せたる申す条に、流石は慈愛に富む同家の事とて、早速慰労の為め該酒一斗を遣はしたれど何人なるか一向不明の由」という。酒を強請ったのは、那波側で見知らぬ男であり、「積善の家」をめぐる相互関係からの逸脱といえる。だが、そうした逸脱も「流石は慈愛に富む同家の事」として名望の再生産につながっていたことを確認できる。

那波家は、強請りといった逸脱への対応を含め、その局面、局面で地域社会からの信用と期待に応えてきた（とみなされていた）旧家だった。局面ごとでのそうした選択が、地域における那波家の名望を再生産していたといえる。

3　加賀谷長兵衛による罹災者の救助支援

火災時の美談は、那波家に限られたものではなかった。加賀谷長兵衛方での消防活動についても、そうした報道を確認できる。

加賀谷長兵衛家は、第二章でふれたように、秋田藩の御用聞町人を務めた近世以来の旧家で、質屋業や金融業などを営む、秋田市有数の資産家・大地主だった。親子二代で感恩講の年番を務め、居住地である上川口（現旭南三丁目）周辺では、米を無利子で貸し付ける恒常的な生活支援を少なくとも三〇年以上実施していた。当代の長兵衛である茂景（一八五八―一九二四）は、一八九六年の秋田銀行創立から取締役、一九〇二年から同行副頭取、一九一九年から秋田農工銀行頭取を務めた。[*64] 秋田商業会議所では、一九一四年から一九二二年まで会頭を務めた。地方政界では、一八八九年の市政実施から市会議員となって改選を重ね、市会議長在職中に死去した。

上川口は、外町の南部にあり、前述した一八八六年や一九〇五年五月の大火を免れた。だが、一九〇四年八月二七日の火災では、加賀谷長兵衛方も延焼の危機に直面している。同日二三時四五分に上川口の民家から出火、北側の馬口労町（現旭南一～三丁目、楢山登町）方面に延焼して、民家六四戸・土蔵五棟などを焼失、潰家三戸を出し、約二時間後に鎮火した。[*65]『魁』同年九月二日付の雑報「加賀谷長兵衛氏の美挙」は、この火災と加賀谷家について次のように伝えている。

> 這般川口より起れる火災に際しては、同家は稍々風下とも云ふべき位置なるにも拘らす、消防組は勿論、多数の人々の尽力に依り、隣家迄延焼せるも幸ひ其災害を免れたるが、同家に於ては同町内の縁みを以て、上川口の類焼者全部に対し貧富を問はす、罹災見舞として白米一俵つゝ寄贈したるよし。猶又馬喰町の類焼者にも夫々金品等贈与の必要あるべしとて、目下其筋と協議中なりと事《ママ》なるが、秋田消防組に対しても多分の金員を寄贈し、秋田署長に其配当方依嘱したるよし。寔に奇特の事と云ふべし。

火元のやや風下にあたる加賀谷長兵衛方は、隣家まで延焼したものの、消防組や「多数の人々」の尽力によって罹災を免れていた。こうした防火活動は、前述した那波家の事例と重なる。また、加賀谷は、上川口の類焼者全員に、白米一俵ずつを寄贈している。さらに、馬口労町の罹災者への支援についても行政などと協議していたという。消防組にたいしても多額の現金を寄贈していた。一九〇四年の火災の際、加賀谷長兵衛は、前述した那波家同様の救助支援活動を実施していたことがわかる。災害時のこうした支援活動や恒常的な支援活動は、加賀谷長兵衛家が、上川口周辺の「積善の家」だったことを示している。こうした居住地区レベルの「積善の家」は、各地に存在していたのではなかろうか。

加賀谷家文書の「万日記」（明治四〇～大正三年）には、長兵衛茂景が、一九〇八年に秋田市役所へ提出した「履歴書」の控が記されている。[*66] この「履歴書」には、「公職」「寄附金」「賞与」に分類して経歴が記されているが、「寄附金」と「賞与」の事項を整理すると、表5―2となる。一八八一年の感恩講への寄付（表1―3）がみられないように、記載漏れも少なくないと思われるが、加賀谷の社会活動の領域をうかがうことができる。金額的に突出しているのは、一九〇五年に秋田市の兵営誘致に寄付した二〇〇〇円であるが、そうした誘致運動

表5-2：加賀谷長兵衛の寄付と賞与

年	月日	寄付・賞与	分野	寄付内容
1886(明治19)	8月25日	秋田市罹災貧民救助トシテ金百五拾円寄附シタルニ付、秋田県ヨリ木杯一組ヲ賞与セラル	罹災救助(火災)	150円
1888(明治21)	3月26日	〔1887年2月〕南秋田郡役所新築費トシテ金拾円寄附シタルニ付、秋田県ヨリ木杯一個ヲ賞与セラル	インフラ整備	10円
1889(明治22)	3月30日	〔1888年8月8日〕南秋田河辺両郡病院新築費トシテ金参拾円寄附シタルニ付、秋田県ヨリ木杯一個ヲ賞与セラル	インフラ整備	30円
1890(明治23)		有志ヲ以テ旧士族町究民へ直引米ノ義捐トシテ、金拾壱円五拾弐銭五厘ヲ寄附ス	米価騰貴	11円52銭5厘
1891(明治24)	12月1日	明治二十三年中米価騰貴ノ際、市内貧民救助トシテ金弐百五円五拾四銭弐厘施与シタルニ付、秋田県ヨリ木杯一組ヲ賞与セラル	米価騰貴	205円54銭2厘
		秋田慈善会ニ会資トシテ金百円ヲ寄附ス	貧民授産	100円
1892(明治25)	4月6日	秋田市火災ニ付、罹災貧民救助トシテ白米参石四斗壱升、及金弐拾弐円ヲ施与ス	罹災救助(火災)	白米3石4斗1升 22円
1894(明治27)	8月11日	陸軍恤兵部并ニ海軍経理局ニ軍資金トシテ各金百円ツヽヲ献納ス	軍事関係	200円
		東部感恩講ニ白米弐石壱斗寄附ス	東部感恩講	白米2石1斗
		東部感恩講へ永世究民救助ノ資金トシテ金参百円ヲ寄附ス	東部感恩講	300円
1897(明治30)	3月20日	明治二十九年八月三十一日本県震災ノ際、罹災救助トシテ金参百円寄附ニ付、木杯一組ヲ賞与セラル	罹災救助(地震)	300円
	6月1日	明治二十七八年戦役ノ際、軍資金弐百円余献納ニ付、秋田県ヨリ木杯一組賞与セラル	軍事関係	200円余
	9月30日	日本赤十字社ニ金弐拾五円ヲ出金ス	日本赤十字社	25円
	11月6日	秋田県育英会基本金トシテ金五百円、創業費トシテ金弐拾五円寄附ス	奨学事業	525円
1898(明治31)	6月1日	明治三十一年五月十八日本市下肴町出火ノ際、罹災者救助トシテ金五拾円寄附ニ付、秋田県ヨリ木杯一個ヲ賞与セラル	罹災救助(火災)	50円
		米価騰貴ニ付、貧民救助トシテ金百四拾四円六拾銭ヲ寄附ス	米価騰貴	144円60銭

1901(明治34)	6月7日	神武天皇御降誕大祭会ニ金参拾円ヲ寄附ス	皇室神道	30円
	6月12日	日本尚兵義社ニ金参拾円ヲ寄附シ、特別社員章ヲ受ク	軍事関係	30円
	6月28日	明治十四年十二月七日勅定ノ藍綬褒章ヲ賜ハル	感恩講	
	7月29日	秋田県教育会基本金ニ金四拾円寄附ス	教育関係	40円
	9月25日	日本赤十字社ニ金弐百円寄附ス	日本赤十字社	200円
1902(明治35)	5月20日	〔1901年4月10日〕河辺郡川添学校へ金五拾円寄附シタルニ付、秋田県ヨリ木杯一個ヲ賞与セラル	インフラ整備	50円
1904(明治37)	8月10日	明治三十六年四月平鹿郡横手町罹災貧民へ金五拾円救恤ニ付、秋田県ヨリ木杯一個ヲ賞与セラル	罹災救助(火災)	50円
	12月22日	大日本武徳会秋田県支部武徳殿建設并ニ支部基本金トシテ金一百円ヲ寄附ス	教育関係	100円
1905(明治38)	3月20日	明治三十七八年戦役ニ際シ、〔1904年10月〕従軍者家族扶助ノ為メ金八拾弐円寄附シタルニ付、秋田県ヨリ賞状及木杯一個ヲ賞与セラル	軍事援護	82円
	4月1日	大日本武徳会総裁宮殿下ヨリ御沙汰ヲ以テ特別会員ニ列シ、三等有功章ヲ下賜セラル	教育関係	
	12月27日	兵営敷地買収費トシテ、秋田市ニ金弐千円ヲ寄附ス	兵営誘致	2,000円
1906(明治39)	6月1日	明治三十七八年戦役ノ際、日本赤十字社救護事業ニ尽力ノ廉ヲ以テ、同社長ヨリ謝状及銀杯一個ヲ寄贈セラル	日本赤十字社	
1908(明治41)	3月7日	岡山孤児院へ秋田館建築費トシテ金五拾円寄附ス	児童福祉	50円

出所:「万日記」明治40～大正3年（加賀谷家文書、秋田県公文書館所蔵、加賀谷Ⅰ－ア－12)。
注:「寄附金」と「賞与」で重複している内容は、後者の記述を記載した。

には地域振興やそれをめぐる地域間競争の側面も指摘されている。[*67] とはいえ、日清戦時の献納や日露戦時の軍事援護など、地方の一資産家として近代日本の軍事や戦争を支えていたことは間違いない。

そうした軍事関係のほか、インフラ整備や教育関係への寄付もみられるが、多数を占めているのは、福祉分野である。感恩講事業をはじめ、日本赤十字社や奨学事業である秋田県育英会など、恒常的な福祉事業への寄付を確認できる。また、第三章でふれた一八八六年の大火など災害時の救助支援、第四章でふれた一

表5-3：加賀谷長兵衛家の購読新聞（日刊紙）

	秋田魁新報	秋田時事（秋田時事新聞）	秋田日報	秋田公論（東北公論）	秋田毎日新聞（秋田新聞）	秋田朝日新聞	中央紙
1900年	年払		半年払	月払			『東京朝日新聞』年払
1908年		年払		月払			『時事新報』月払
1909年	年払	年払		年払			『時事新報』月払
1910年	年払						
1911年	年払	年払		半年払・月払	月払		『時事新報』月払
1913年	年払	年払			年払		『時事新報』月払
1914年	年払	年払					『時事新報』・『国民新聞』月払
1915年		年払					『中央新聞』月払
1916年		年払					『時事新報』・『中央新聞』月払
1917年		年払			年払		『中央新聞』月払
1918年					年払		
1921年					年払	月払	『東京朝日新聞』年払

出所：「当座帳」明治33・41・42・44、大正2・3～4・4～5・5・5〔6〕・10年（加賀谷家文書、秋田県公文書館所蔵、D-ウ-1～9・12）。

注：「当座帳」は、1月中頃から始まり、翌1月中頃まで記されているものが多い。

八九〇年の米廉売など米価騰貴への対応も記されている。ただし、一九〇五年五月の大火については記載がみられない。

一九〇一年、加賀谷長兵衛は、感恩講の事業存続と発展への多大な貢献、および「其他救荒恤窮ノ為メ私貲《しし》ヲ投スル等、公衆ノ利益ヲ興シ成績著明」として、藍綬褒章を授与された。[*68]「其他救荒恤窮」は、表5―2にみられるような福祉への貢献を指すと考えられる。だが、加賀谷長兵衛の藍綬褒章受章について、『魁』同年八月八日付の「冥府無線電話（七）　佐野八五郎」は、次のように評している。

加賀長さん〔加賀谷長兵衛〕は、辻さん〔兵吉〕と相対して秋田市の両関だか、此頃感恩講事件で緑《マ》綬《マ》章を貰つたさうですが目出度い事です。併し感恩講といへは、那波さんを思出され、詰り那波家の遺業に過きないから、是も加賀谷一己の工業を起し、自分も儲かり、中等以下に生業を与へ、何うか秋田市をして芸娼妓の産出地にされたくないものです。

感恩講への貢献を賞された加賀谷だったが、事実上の創立者と目される那波家の存在感によって、『魁』から二番煎じといった評価を受けている。同紙は、前節でふれたように、一九〇五年五月九日の大火後の救助支援活動についても、加賀谷を名指しで批判していた。これらは、加賀谷家の名望に居住地区周辺と市全体との間で、少なからぬ隔たりがあったことをうかがわせる。そこには、那波家の存在も関わっており、その名望は、加賀谷家のような近世以来の旧家が、地域の名望を獲得するうえでも一定の制約になっていたことを確認できる。

なお、加賀谷家文書の「当座帳」には、購読していた新聞の支払いも記されている。日刊紙について整理すると、表5—3のようになる。一九〇〇年の加賀谷家では、秋田市で発行されていた三紙を購読していた。一九〇八年以降も地方紙を複数購読していることが多い。『魁』については、一九一五年以降の支払いを確認できないが、加賀谷長兵衛は、前年一二月・同年七月に発行元の秋田新報社へ計五〇〇円を出資している。[*69] あるいは、『魁』を寄贈されていたのかも知れない。資産家の新聞購読については、一八九六年の辻兵吉家が、地方紙の『魁』・『秋田新聞』のほか、中央紙の『毎日新聞』・『やまと新聞』を定期購読していたことが指摘されている。[*70] 明治後期の秋田市の資産家は、複数の地方紙と中央紙を購読していたことがうかがえる。地方紙の記事内容が市内の資産家や上層のあいだで共有されて当然だったとすれば、『魁』の前掲「冥府無線電話（七）佐野八五郎」のような記事を、当事者が等閑視することは難しかったのではなかろうか。

第五節　秋田市の資産家による福祉活動の歴史的性格

近代の秋田市において、辻兵吉・本間金之助・那波三郎右衛門・加賀谷長兵衛は、いずれも有数の資産家だった。だが、一九〇五年の火災を契機として現れた社会意識は、四者個々の獲得していた名望に、少なからぬ隔たりがあったことを示している。『秋田時事』一一月一三日付の「最近秋田故人（四）那波三郎右衛門君（下）」で、一〇代目祐富について、次のように述べている。

辻兵吉君、本間金之助君、加賀谷長兵衛君等の素封饒富は、既に那波家を圧して、遠く其上□在り、平野三郎兵衛君亦貴族院議員の資格を有して、即ち那波家一籌《いっちゅう》を輸するに似たるも、世間は這般諸君の名を称せんよりは、那波家の徳を賛して措かす。古人我れを欺かす、積善の家には余慶ありと。真な□哉。

経済力では辻らに圧倒されていた那波家であるが、地域の名望では優勢だった。それは「積善の家」の「余慶」だという。一九〇三年の直接国税納税額では、辻が四四五八円、本間が二九三四円、加賀谷が二六六〇円、平野が二二六五円、那波が一八〇四円となっている。[*71] 納税額を指標とすれば、那波家の経済力は、辻らには及ばなかったといえる。だが、地域での名望は、そうした経済力に比例してはいなかった。「積善の家には余慶あり」は、儒教の経典である『易経』の「坤卦・文言伝」に由来する。那波家の「積善」について、この記事の上編（一一月一二日付）では、感恩講への貢献をあげている。故人への賛辞にとどまらず、福祉への継続的な貢献が高く評価されていたこともうかがえる。八代目祐生以来の代々の福祉活動によって得られた那波家の名望は、二〇世紀初頭の秋田市において、他の資産家をはるかに凌ぐものとなっていた。

一九〇五年当時、秋田の地方新聞は、本章で詳述してきたように、局面ごとでの福祉活動の有無によって資産家個々の評価を左右していた。那波家による名望の再生産が、そうした報道にも後押しされていたことは確認したとおりである。第四章でふれたように、『秋田時事』の前身にあたる『秋田日日新聞』も、一八九〇年の社説で「慈善」により「莫大の名誉と信用」を得られることを強調していた。[*72] 当時の資産家にとって、地方新聞は、福祉への貢献を促す社会的圧力であると同時に、地域での名望を獲得・再生産する機会を提供する媒体でもあった。それはまた、当時の地方新聞が、民間福祉を間接的に支える役割を果たしていたことを示している。民間福祉をめぐる資産家と地方新聞とのこうした関係性は、近世における富者の福祉活動との大きな違いの一つといえる。秋田の場合、こうした報道は、第一章でふれたように、最初の地方新聞が創刊された一八七四年まで遡ることができる。

際立った名望を獲得していた那波家だったが、当該期にはその活動への批判も現れている。『秋田時事』一一月一二日付の「最近秋田故人（四）那波三郎右衛門（上）」では、次のように論じている。

> 其所謂感恩講の慈恵□方法は消極的にして、或は却て貧民の依頼心を誘致し、惰漫に流れしむるの弊なきにあらさるも、決して咎むべからすして、大に賛賞《ママ》すべきものたり。〔中略〕大資を蓄積して之を流動するを知らさる如き観あるは、今日の社会事情に通せさるのみならす、或は経済界に少からさる阻害を与ふるものとなすものあらんも、抑も古来の慈善方法は此圏套を脱する能はざるか、一般の通習なりしか故に独り感恩講に多きを望み、那波君を責むべきにあらす。〔中略〕世間那波家を以て、守旧となし、頑固となし、時代後れとなし、甚しきは好んで大勢に逆らふものとなすものあるは、大なる謬見なり。

一九〇五年当時、感恩講の救貧事業には、「惰民養成」への懸念、資産運用への消極的な姿勢という二点で批判がみられた。それが、那波家を「時代後れ」とみなすような認識につながっていたという。『秋田時事』は、那波家を擁護する姿勢であるが、消極的な論駁にとどまっている。それは、こうした批判の論理が、当該期において容易に反論しがたい説得力を有していたことを示している。

那波家と感恩講へのこうした批判が、当該期の地方紙で展開されていたことも確認できる。『秋田時事』の対抗紙である『魁』は、一九〇一年五月二三日付の社説「公論子の那波家に告くるを賛す（下）」において、感恩講の救貧事業による「惰民養成」への懸念を強調したうえで、次のように論じている。

> 今吾が富豪の慈善救恤の様を見るに、概して一時的なり。即ち盆暮れに米何斗宛を施すとか、金何拾銭宛を恵むとか云ふ風にして、其の上乗のものと雖、一家と其の生命を同ふし、家運の衰ふるあれは、その家の慈善救恤も則ち止むを常とす。斯る姑息にして浅墓《マ》な《マ》き慈善救恤法は、〔中略〕開国文明の今日には寧ろ害あるとも益なきことたり。〔中略〕感恩講の財産を挙けてある二三種の工業の資本に投入せんか、其の功用は独り本県を利するのみならす、物に依りては国を益すること必然たらん。

「吾が富豪の慈善救恤」の多くは、継続性がなく、「開国文明の今日」において、「惰民養成」の害しかもたらさない。感恩講の資産は、すべて有望な工業分野に投資すべきであり、その経済発展によって「男子も女子も、老人も子供も皆な之に依て相応の衣食を得可く、秋田市には無職の遊民なく、又た無告の貧民なきに至ること必然たり」という[*73]。ここには、一八七〇年代中頃の秋田県庁による感恩講事業への介入（第一章）や一八九〇年の『魁』の「慈善」に関する論調（第四章）と重なるような論理も確認できる。だが、目指すところが県や国レベルにまで利益をもたらす工業化となれば、授産事業による生計の確保とは格段の違いがある。一九〇一年の『魁』は、「自立」を強いる論理と地域経済の活性化を結びつけて批判を展開していた。那波家や感恩講の救貧事業は、「経済界に少からさる阻害を与ふるもの」として[*74]、いわば資本主義社会に不適合とみなされていたことになる。それはまた、「吾が富豪の慈善救恤」の受給者にたいしても、「惰民」といったスティグマを強めていたはずである。

ただし、『魁』が、那波家の名望を認めていなかったわけではない。前述したように、一九〇五年五月九日の大火直後、『魁』の前掲「紅焔録」では、那波家の活動を引き合いに出して、市内の資産家に罹災者救助の寄付を促している。那波家に代表される「吾が富豪の慈善救恤」に批判的だった『魁』も、災害時や米価騰貴時における資産家の救助支援活動については、むしろ積極的に奨励していた。『魁』の前掲「公論子の那波家に告くるを賛す（下）」では、そうした那波家に批判を向けた理由を「県下各郡の富豪にして慈善救恤に名ある者にして、範を那波家に取らさるもの蓋し寡なかるべし。〔中略〕那波家は旧家丈けに名流丈けに、其の家風の下各地に及ひたること深くして且つ広し。故に其の家風の更改たる一家の問題にあらすして、実は一県の問題たるなり」としている。那波家の名望ゆえに、秋田県内の資産家には、その活動を模範とする傾向が広くみられる。このため、那波家の家風の改善は、同家にとどまらない全県的な課題であるという。那波家の際立った名望が、秋田市内にとどまらず、県内各地の資産家にも福祉活動を促す要因となっていたことがうかがえる。『魁』の批判は、そうした那波家の名望とその影響力を認めていたがゆえのものだった。

たしかに、「吾が富豪の慈善救恤」には、家経営の衰退によって打ち切りとなるリスクがあった。だが、加賀谷家の事例のように、地域住民の生活を支えている場合も少なくなかったと考えられる。地域住民にとっては、商品経済や資本主義の進展がもたらす生活危機を一定程度緩和する役割を果たしていたといえる。むしろ、資産家の供給していた福祉などが、住民生活をある程度支えていたからこそ、商品経済や資本主義も地域に相当程度浸透し得たのではなかろうか。武田晴人は、資本主義経済発展の歴史過程について「営利企業の制度化は近代を画する出来事だというわけですが、そうして浸透し始める資本主義経済制度は経済社会の一部分を覆うことにしかならない。〔中略〕広汎な共同体的な社会構造が周辺部に存在し、それがセーフティネットになって資本主義経済制度のもとでの市場メカニズムの調整の失敗を支えるような関係に立っている」と指摘している。[*75]

だが、『秋田時事』の前掲「最近秋田故人（四）那波三郎右衛門（上）」の消極的な論駁に示されているように、「自立」を強いる論理と地域経済の活性化を結びつけた批判には、容易に反論しがたい説得力があった。一九一〇年代には、秋田県を含む東北地方が後進的な位置に固定化していくこともあり[*76]、地域振興の切迫性は、高まりこそすれ弱まることはなかったはずである。第二節でふれたように、福祉活動では十分な名望を確保し得なかった辻兵吉は、一九〇五年九月以降、地方利益を導入した功績によって名望を獲得していったが、そうした切迫性の高まりにも後押しされていたと思われる。

おわりに

本章までに確認したように、秋田市の資産家による福祉活動は、住民生活の維持に一定の役割を果たしていた。一九〇五年の二件の火災後に現れた社会意識は、そうした福祉活動の実績が、資産家個々の名望を左右していたことを示している。五月九日の大火後、新興商人である辻兵吉への不信が地域社会に現れていた。そこには、辻が、経済力に相応しい福祉活動をしていないとの認識も関わっていた。他方、同じ新興商人で、辻の実兄でもある本間金之助が、一定の名望を確保していたことも確認できる。その背景には、貧困児童の教育機関の創設が関わっていた。辻と本間の対照的な事例は、福祉活動の実績が、名望の獲得に大きく影響していたことを示している。

名望を再生産することも、決して容易ではなかった。五月九日の大火直後には高い評価を得ていた本間金之助も、罹災者の救助支援を見送ったことで、地方紙の批判に曝された。近世以来の旧家で、居住地区の福祉に貢献していた加賀谷長兵衛も、同様の批判を受けている。本間や加賀谷のように福祉活動の実績を有する資産家であっても、その局面、局面で対応を問われていたことになる。それはまた、資産家の福祉活動には、名望を再生産するためにやむを得なかったという、消極的な面もあったことをうかがわせる。

五月九日の大火後の局面で、民間の個人として最大規模の罹災者の救助支援を実行したのが、那波家の一二代目祐譓だった。那波家は、感恩講を創設した八代目祐生以来、代々の当主や一族が、そうした局面の都度、地域社会から寄せられた信用と期待に応えてきた（とみなされていた）旧家だった。代々「選びとられ紡がれ」てきた福祉活動によって得られた那波家の名望は、他の資産家をはるかに凌いでいた。だが、当該期には、那波家の救貧にたいして、「自立」を強いる論理と地域経済の活性化を結びつけた批判も現れており、その影響力も強まっていた。

行政による社会事業・社会政策の開始以前の二〇世紀初頭において、秋田市の資産家は、名望の獲得や再生産との関わりで、自発的に、あるいは社会的圧力に促され、救貧や罹災者の救助支援を担っていた。地方新聞は、局面ごとでの福祉活動の有無によって資産家個々の評価を左右することで、そうした福祉のあり方を間接的に支える役割を果たしていたことになる。

註

＊1　秋田市編『秋田市史　第四巻　近現代Ⅰ通史編』（二〇〇四年）、五〇〇〜五〇一頁。

＊2　「地方新聞雑誌通信内情調　三十九年」明治三九年九月末調（原敬文書研究会編『原敬関係文書』第九巻・書類編六、日本放送出版協会、一九八八年、所収）。

＊3　「秋田市長ヨリ茶町菊ノ町ノ火事ノ火災報告書」五月一二日（「災害其他諸報告」明治三八年以降、秋田県公文書館所蔵、九

三〇一〇三―〇九七九〇、件番号七）。

＊4　「消防組の働き振りに就て」『魁』五月一四日雑報。

＊5　「大火災余聞」『魁』五月一二日雑報。

＊6　前掲「消防組の働き振りに就て」。

＊7　「火の粉」『魁』五月一一日雑報。

＊8　「秋田市ニ係ル罹災救助ニ関シテ」（「罹災救助関係書類」明治三三～三八年度、秋田県公文書館所蔵、九三〇一〇三―〇〇八二三、件番号一〇）。

＊9　罹災救助基金法（一八九九年三月二二日・法律第七七号）は、二〇年の時限立法だった備荒儲蓄法に代わって制定された。旧法では全国単位だった基金運用が、府県単位となった。救助内容も、食料費・小屋掛費に加えて、避難所費・被服費・治療費・就業費といった費目への支出が認められている。

＊10　前掲「秋田市ニ係ル罹災救助ニ関シテ」、「罹災救助の実施」『魁』五月三〇日雑報。

＊11　「罹災救助の取調」『魁』五月一七日雑報。

＊12　同前「罹災救助の取調」。

＊13　安藤和風『秋田五十年史』（秋田郷土会、一九三二年）、一〇一～一〇二頁。

＊14　「罹災寄附金」『魁』五月一二日雑報、「本市富豪と罹災救助」同前五月二四日雑報。

＊15　前掲「罹災救助の実施」。

＊16　「那波氏の慈善」『秋田公論』五月一三日雑報。

＊17　「那波氏の施与」『魁』五月一五日雑報。

＊18　前掲「罹災救助の実施」。

＊19　「消防組の義捐」『魁』五月一四日雑報、「同情の涙」同前。

＊20　「遺族罹災」『魁』五月一四日雑報。

＊21　「焼失損害価格調」『魁』五月一四日雑報。

＊22　「一昨夜の大火」『魁』五月一一日雑報。
＊23　「火の粉」『魁』五月一一日雑報。
＊24　「保険金領収広告」『魁』五月一五日広告。
＊25　『魁』八月二日「話の種」。
＊26　「一昨夜の火事」『魁』七月二八日雑報、「一昨夜の火災」『秋田時事』七月二八日雑報。
＊27　同前「一昨夜の火事」。
＊28　同前「一昨夜の火事」。
＊29　「火災彙聞」『秋田時事』七月二八日雑報。
＊30　「又も市役所に放火」『魁』八月一九日雑報。
＊31　鈴木淳『町火消たちの近代—東京の消防史—』（吉川弘文館、一九九九年）、一四〇～一四二頁。
＊32　秋田市前掲『秋田市史　第四巻　近現代Ⅰ通史編』、三八五頁。
＊33　前掲「火の粉」、「耐火家屋構造に就きて（前号の続き）」『秋田時事』五月二三日社説、など。
＊34　松下孝昭『軍隊を誘致せよ—陸海軍と都市形成—』（吉川弘文館、二〇一三年）、一七四～一七七頁。
＊35　「失火事件検事送り」『魁』五月一四日雑報。
＊36　「火元事件不起訴」『魁』五月二六日雑報。
＊37　『魁』五月三一日広告。
＊38　「出火原因見聞材料（七）」『魁』五月一九日雑報、「再び出火原因に就きて（魁の投書者に答ふ）」『秋田時事』五月二一日雑報。
＊39　「出火原因材料（四）」『魁』五月一六日雑報。
＊40　「出火原因材料（九）」『魁』五月二一日雑報。
＊41　渡辺真英編『秋田資産家名鑑』（片谷同盟堂、一九〇三年、秋田市立土崎図書館所蔵）。
＊42　以下、辻家についての記述は、辻國四郎編『亀花の系譜』（辻家家史研究会、一九八一年）、秋田市史編さん委員会近・現代

部会（差波亜紀子）編『秋田市史叢書12　近現代辻家史料Ⅰ』秋田市、二〇〇五年）による。

＊43　石井博夫「田中隆三」（秋田県総務部秘書広報課『秋田の先覚―近代秋田をつちかった人びと―第3』秋田県、一九七〇年）、八九～九〇頁。

＊44　一九〇九年五月、政友会の有力者である長谷場純孝が、東北遊説で秋田市を訪れ、市政関係者にも入党の動きが広がった（『政友』第一〇七号、一九〇九年五月二五日）。辻兵吉の動向も取り沙汰されていたが、同月下旬の市参事会員選挙では、政友会系の支持を受けて当選している（「市参事員候補者」『魁』一九〇九年五月二九日雑報）。非政友会系（立憲国民党）の『魁』は、同年七月一一日付で、辻を政友会の支持者と断定している（「うめ艸」）。

＊45　秀峰生「乗合船　一　辻兵吉君」『秋田毎日新聞』一九一五年七月五日。

＊46　辻前掲『亀花の系譜』、五七～五八頁。

＊47　〔三代目〕辻兵吉「祖父兵吉と父兵吉」（『秋田』第六巻第三号、一九三八年三月）、三六頁。

＊48　辻前掲『亀花の系譜』、九〇頁。

＊49　安丸良夫『日本の近代化と民衆思想』（青木書店、一九七四年）。

＊50　『秋田県慈善事業一班』（『秋田県報』第一九四八号附録、一九〇五年）、二五頁。

＊51　倉地克直「『生きること』の歴史学・その後」（『日本史研究』第六〇四号、二〇一二年一二月）、三六頁。

＊52　「風聞録」『魁』一九〇四年七月三一日雑報、秋田県編『秋田県史　五巻』（一九六四年、復刻版、加賀谷書店、一九七七年、四〇一～四〇二、九〇五頁）、秋田銀行一〇〇年史編纂室編『秋田銀行百年史』（秋田銀行、一九七九年、五〇頁）。

＊53　「金融界の立者辻兵吉氏逝く」『秋田新聞』一九二六年四月二七日、「本県財界の巨頭辻兵吉氏死去」『魁』同前、「県財界の巨頭　辻兵吉翁逝す」『日刊新秋田』同前。

＊54　『魁』一九二六年四月二七日付夕刊「問題の問題」。

＊55　私立福田小学校とその後身にあたる財団法人福田会については、戸田金一『明治初期の福祉と教育―慈善学校の歴史―』（吉川弘文館、二〇〇八年）が詳しい。

＊56　以下、本間家についての記述は、伊藤和美「商業・貸付資本の地主的展開―秋田市・本間金之助家の分析―」（『農業経済研

究』第四八巻第四号、一九七七年三月）、辻前掲『亀花の系譜』、差波亜紀子「近世近代移行期における地方都市新興商人」（吉田伸之・高村直助編『商人と流通─近世から近代へ─』山川出版社、一九九二年）による。

＊57 「立志伝中の人　本間金之助氏死去」『魁』一九二九年一月一五日付朝刊雑報。

＊58 本間金之助「祖父本間金之助」（『秋田』第九巻第九号、一九四一年九月）、二四～二五頁。

＊59 本間同前「祖父本間金之助」、二六頁。

＊60 深谷克己『百姓成立』（塙書房、一九九三年、五四頁）、倉地克直『全集日本の歴史　第11巻　徳川社会のゆらぎ』（小学館、二〇〇八年、二六五～二六八頁）。

＊61 戸田前掲『明治初期の福祉と教育─慈善学校の歴史─』、一九一、三〇五頁。

＊62 以下、那波家についての記述は、「出羽国秋田郡久保田町　那波家文書」（冊子目録、秋田市立図書館明徳館所蔵）、「社会事業功労者表彰書類」大正九年以降（秋田県公文書館所蔵、九三〇一─〇三─一〇二五九）による。

＊63 鈴木前掲『町火消たちの近代─東京の消防史─』、一六六～一六九頁。

＊64 以下、加賀谷長兵衛茂景についての記述は、「万日記」明治四〇～大正三年（加賀谷家文書、秋田県公文書館所蔵、加賀谷Ｉ─ア─一二）、「市会議長加賀谷氏逝く　貧民救済に寄与した人」『秋田新聞』一九二四年一月五日、秋田商工会議所編『秋田商工会議所二十五周年史』（一九三二年）、秋田銀行編『秋田銀行八十年史』（一九五九年）による。

＊65 「一昨夜の大火」『魁』一九〇四年八月二九日雑報。

＊66 前掲「万日記」明治四〇～大正三年。

＊67 松下前掲『軍隊を誘致せよ─陸海軍と都市形成─』。

＊68 加賀谷長兵衛編『感恩講誌』（感恩講、一九〇八年）、二〇頁。

＊69 「当座帳」大正三～四年（加賀谷家文書、秋田県公文書館所蔵、Ｄ─ウ─六）、「当座帳」大正四～五年（同前、Ｄ─ウ─七）。

＊70 秋田市史編さん委員会近・現代部会（差波亜紀子）前掲『秋田市史叢書12　近現代辻家史料Ｉ』、一九七頁。

＊71 渡辺真英前掲『秋田資産家名鑑』。

＊72 「紳士豪商の美挙（承前）」『秋田日日新聞』一八九〇年七月一六日社説。

＊73　「公論子の那波家に告くるを賛す（上）」『魁』一九〇一年五月二三日社説。
＊74　「最近秋田故人（四）　那波三郎右衛門（上）」『秋田時事』一一月一二日。
＊75　武田晴人「『日本産銅業史』の先に見えてきたもの」（同『異端の試み―日本経済史研究を読み解く―』日本経済評論社、二〇一七年）、五二四～五二五頁。
＊76　岡田知弘『日本資本主義と農村開発』（法律文化社、一九八九年）。

第六章　「慈善」を促す地域社会
――一八九七〜九八年、一九一二年の米価騰貴をめぐって――

はじめに

一八九〇（明治二三）年の秋田市では、第四章でふれたように、米価騰貴による生活危機を一定程度緩和するような対応がとられていた。そうした対応は、「慈善」と呼ばれていたが、複数の社会的な圧力や「不穏」に促されていたことも確認された。

明治後期には、一八九七〜九八、一九一二年にも米価が高騰した。本章では、これらの米価騰貴のもと、秋田市ではどのような対応がみられたのかを明らかにするとともに、そうした対応の歴史的・社会的背景を検討してみたい。そこでは、一八九〇、一八九七〜九八、一九一二年のあいだの変化が大きな論点の一つとなる。

第一節　一八九七〜九八年の米価騰貴と秋田市

1　米価騰貴と秋田市

一八九七年から翌一八九八年にかけての米価騰貴は、一八九五、九六年と米の収穫高が平年作以下だったところに、一八九七年の凶作が重なったことが原因とされる。[*1] 一八九六年の収穫期に一石あたり九円台から一〇円台へと上昇した米価は、一八九七年に入って、一〇円から一二円の高い水準で推移、同年の収穫期をむかえ一三円台へと高騰した。[*2] 米価の高騰は、豊作となった一八九八年の収穫期にいたるまで続き、同年四月には一六円台を記録している。秋田市の米価も、図6―1のように変動した。

こうした米価高騰により、全国各地で米騒動が起こった。青木虹二の統計的研究では、一八九七年には、九〜一一月を中心として三九件（一一県）、九八年には一五件（九道県）の事例が確認されている。[*3] なかでも、長野県下伊那郡飯田町（現飯田市）の騒擾では、九七年九月一日から三日にかけて、約二〇〇〇人が米商と警察署を襲撃したとされる。[*4]

以下、一八九七年から九八年にかけての米価騰貴をめぐる秋田市の動向を示したい。

（一）米価騰貴と新聞報道

一八九七・九八年の秋田市では、『秋田魁新報』（進歩党系。以下、『魁』と略す）・『秋田日日新聞』（中正党系）・『秋田新聞』（「大久保〔鉄作〕系」）が発行されていたが、[*5]管見の限りでは、『魁』の一八九七年九〜一二月発行分以外の現存を確認できていない。以下、一八九七年の新聞記事については、発行年を略す。

図6-1　秋田市の米価変動（下米１石）

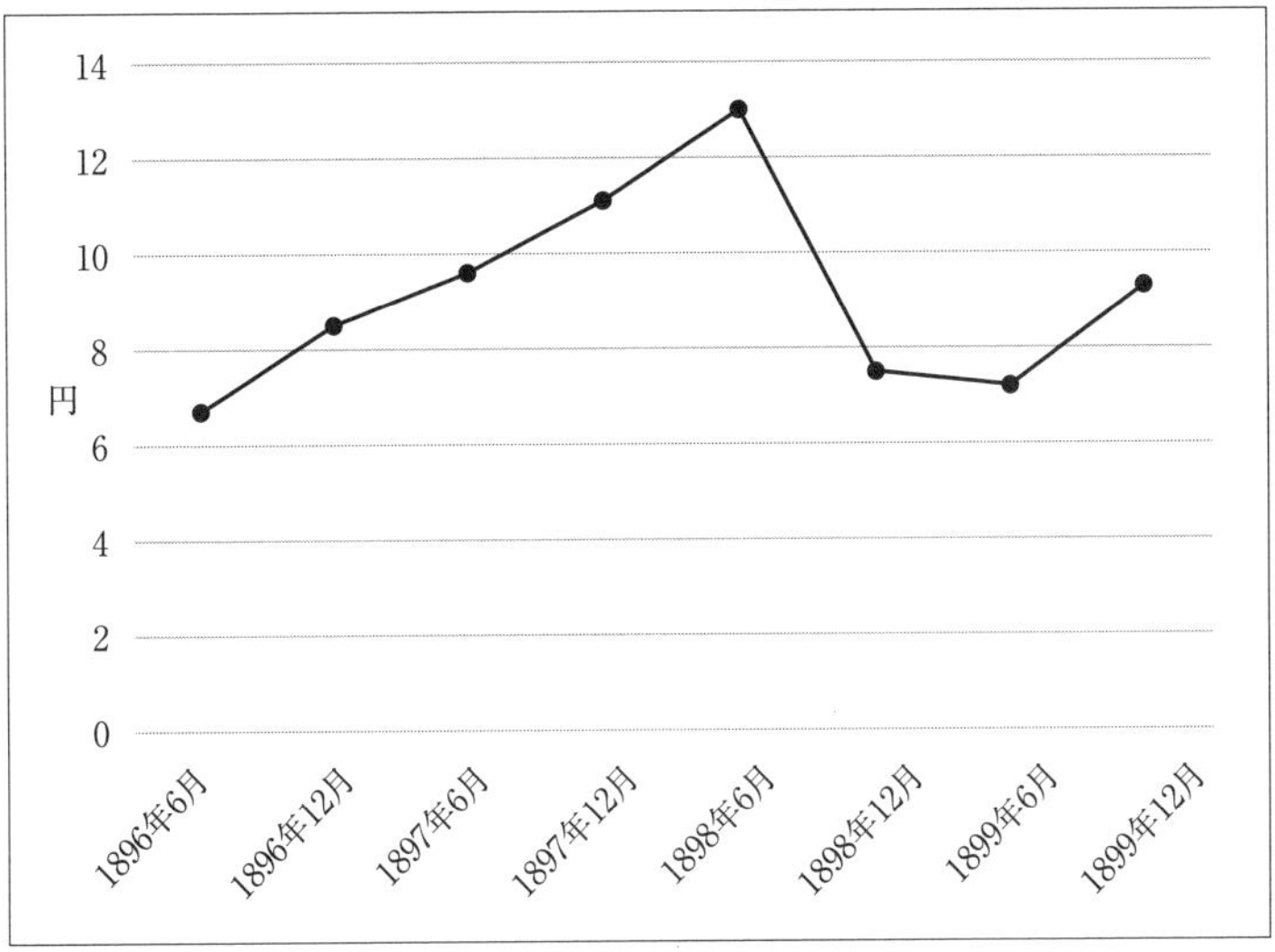

出所：秋田県編『秋田県統計書』明治29〜31年、1897・1898・1901年。

『魁』は、九月二九日付の「一筆言」で、「米価の貴、珠玉の如し。貧民各地に蜂起するも無理ならず。秋田は幸に静穏なれとも、食に泣くもの巷に満つ。困難已に極に達□何時那辺に爆発□る無きを保せ□。当局の注意は勿論の事、富豪家は貧民救済の用意こそ肝要なれ」と述べている。第四章でふれた一八九〇年と同様に、『魁』が「貧民」の「蜂起」「爆発」の可能性を強調して「富豪家」に「救済」を促していたことを確認できる。

『魁』はまた、同一〇月一日付の社説「民心不穏」で次のように論じている。

近時生活の程度昇進し物価騰貴し生存競争の活劇熾《さかん》なるに伴ひ、貧富の懸隔漸く甚しからんとする有り。従つてそか勢力を奪はれたる細民は著しく大を加へ、民心漸く不穏を現はさんとするに至りぬ。新聞の報する所によりて見るも、彼の長野県に於ける精米所破壊事件の如き、既に其人数二千余人家を倒し警察を壊《やぶ》る等殆んと無政治の観あり。其他、富山の如き、山形の如き、深川紡績会社・千住製絨所・煙草職工・鉄道局の同盟罷工の如き、蓋し皆生活の困難より出てたる結果に外ならさる可く、此困難をして尚ほ近き将来にまて及ば、将た如何なる現象を呈するや知る可らさるありて存す。

されは県下に於ける雄勝郡湯沢町の細民か役場に迫りて救助を仰きたるは、孰も生活に窮するの余に出てたるもの、果して今後第二第三の雄勝郡細民の如き行動を呈露するあるなき乎。這般人心の不穏、一たひ変すれは則ち乱となり、油々敷大事となるに至るは自然の道理と謂つ可し。これ社会問題中の最大最急なる問題として、県民の宜しく研□一番を要する所以ならすや。然らすんは、彼の細民の蜂起、社会の騒擾を奈何せん。

「新聞の報する所」という他府県の米騒動や同盟罷工を列挙したうえで、「細民か役場に迫りて救助を仰きたる」秋田県雄勝郡湯沢町にふれて、「細民の蜂起」への警戒を県内に呼びかけている。[*6] ここでも一八九〇年と同じく、他府県の米騒動、さらには県内のそれを報じて、生活危機への対応を促していたことがわかる。

『魁』はまた、米価騰貴との関わりで、感恩講への批判を展開している。感恩講は、『魁』一〇月一日付に、玄米の競争入札に関する広告を出した。所有する一八九五年産玄米三斗一升入り七七四俵（二三九石九斗四升）、九六年産同九九四俵（三〇八石一斗四升）について、各五点に分けて競争入札にかけ、一〇月七日午前一一時を入札期限として直ちに開札するとしている。ただし、一八九六年産玄米の競争入札は、『魁』一〇月六日付掲載の広告で、実施を取り消している。後述する秋田市への精米の譲渡に関わる対応と考えられる。

感恩講は、第一・二章でふれたように、一八二九（文政一二）年の創設以来、地方都市秋田の外町（町人地）において恒常的な救貧を担ってきた事業・施設である。その運営は、外町在住の富者が担っており、表1―2のように、那波三郎右衛門祐富・加賀谷長兵衛・村山三之助・高堂兵右衛門・本間金之助が年番を務めていた。感恩講では、所有田地の収穫米で救貧を実施していたが、その余剰分については、県行政の認可を受けて売却することがあった。前述した競争入札もそうしたケースだった。[*7]

だが、『魁』は、開札当日一〇月七日付の欄外記事「感恩講の玄米入札に就き」で、「今や米価暴騰に加ふるに、市場は殆んと俵米を見さるの有様なれは、若し此入扎《ママ》の結果、他県に輸出せらるの場合に会せは、米価は一層暴騰するは疑ふ可らす」とその注視を呼びかけている。同紙の懸念は、落札された玄米が県外に移出されることになれば、県内の米価がさらに高騰するというものだった。

一〇月七日、感恩講による競争入札の開札がおこなわれ、一八九五年産玄米五点の落札者が決定した。『魁』一〇月八日付の雑報「感恩講の玄米入札」では、その落札額（五点の平均で、玄米一石あたり約一三円八七銭）を伝えるとともに、次のような批判を展開している。

苟くも感恩講なとゞ《ママ》いへて博愛を誇称する彼等は、此危急を救済するの必要上、慈善の看板に対しても、此所有せる俵米を相応に搗屋共に売捌するは今日の場合最も適当なる手段たるに拘はらす、二十八年作の玄米七百七十四俵、当時の相場二円五十銭内外の米をば、此暴騰せる今日に入札せしめ、其倍加の利益を貪らんとする。〔中略〕吾人は彼等か偽慈善偽博愛主義に今更ら驚かさるを得□。平生は真面目らしく装ふも、矢張り商人は商人なり。曽呂盤珠を繰りて利益と見れば、慈善も博愛も何物もなき現金には実に世人の意想外とする所たり。

住民の生活危機に対応するのであれば、「搗屋共」すなわち小売米商に「相応」の価格で所有玄米を売却することが最善にもかかわらず、競争入札によって「利益を貪」っているという批判である。前述した入札額についても「其高直なるや、驚愕せさるを得す」として、「何ぞ一奮発して其金員を当局者に寄附し、救助の一端に供せさる」とその売却益を「救助」に寄付するよう促している。同紙は、翌一〇月九日付の雑報「感恩講終に市民の怨府と為る」で、一〇月六日に一石あたり一二円六六銭前後だった市内の米価が、前述した競争入札後には一三円九一銭に上昇したことを報じて、「一日も早く彼等に其獲たる利益を上け、之を市民に施与するの策に出てんことを切に勧告する」としている。こうした『魁』の批判は、近世以来、救貧に貢献してきた感恩講であっても、局面局面で対応が問われていたことを示している。

（二）秋田市行政の米廉売

秋田市行政は、一〇月六日の市参事会で可決した「安米払下ノ件」を、[*8] 第五一号議案として一〇月八日開会の市会に提出した。[*9] この議案では、「米価騰貴ノ為メ生活困難之趣ヲ以、安米払下方市人ヨリ続々出願、事情難捨置現況ニ付〔中略〕之レヲ救済スルモノトス」として、(1)感恩講から「現相場ヨリ二割引キノ下米ヲ申受ケ」、市役所が「払下」を実施し、その代金を取りまとめて同講に返済すること、(2)「出願人」を一五〇〇人（戸数三〇〇戸）程度と想定し、男女一人あたり一日四合を「払下」ること、(3)「払下」の期間を五〇日間程度と想定し、三〇〇石を充てること、(4)「払下」対象者は「実際家族生活ニ難スルト見認ムル者ニ限」り、出願の際には「現況精密取調、市長限リ其諾否ヲ決定スル事」、ただし「感恩講等ヨリ救助ヲ受ケ居ル者」を除く、(5)「小屋掛費其他ノ諸経費」は「市歳出救恤費」から支出すること、などを定めている。(1)の「現相場ヨリ二割引キ」での譲渡は、感恩講への事前交渉の結果とされる。前述した一八九六年産玄米の競争入札中止は、この譲渡に充てるためだったと考えられる。(2)の「出願人」数は、「今日〔一〇月六日〕迄テノ出願者ノ景況ニ依リ、推測シタルモノ」という。

一〇月八日の市会では、⑴「現相場ヨリ二割引キ」での譲渡について、議員の船山忠定が、一升あたり一〇銭に引き下げるよう、感恩講へ「談判」することを提案し、満場一致で可決された。感恩講との再交渉後、一〇月一〇日に市会が再開された。[*10] 感恩講の回答は、精米等の経費（一石あたり一円程度）を含めて、精米一石あたり一一円五〇銭での譲渡だった。市会では議論の結果、回答の譲渡額を承諾し、その価格での廉売実施を決定した。翌一〇月一一日の市参事会では、「救恤費流用ノ件」「安米買受ノ儀感恩講へ申入ノ件」「米券其他印刷方ノ件」を可決し、[*11] ①米廉売の準備がすすめられた。

①米廉売では、⑴のように、売り上げからの後払いで感恩講へ返済することになっており、譲渡価格と同額での販売を実施するため、損失は計上されない見込みとなっていた。市役所構内に設置した販売小屋の費用、および販売実務にあたる「升取リ」二名分の人件費は、⑸のように、市の救恤費から支出された。なお、こうした廉売の進め方は、県行政から、予算手続き上の不備や法的な裏付けの有無を問い質されることになった。[*12]

①秋田市行政による米の廉売は、一〇月一五日に開始された。表6―1は、①米廉売などの詳細を整理したものである。販売価格の一升あたり一一銭五厘は、この時期「一升十六銭以上に昂」ったとされる市内の米価に比べれば、[*13] 廉価といえる。『魁』一八九七年一〇月二〇日付の雑報「安米給与」によれば、一〇月一八日までの四日間で、廉売の受給を希望して市役所に出願した戸数は一〇九四戸、このうち廉売の受給を許可されたのは、三八二戸（一六四〇人）だったという。開始後四日間で、現住戸数の約一六％が出願し、その六五％強が却下されたことになる。

①秋田市行政の米廉売は、一〇月一五日から一一月二九日の間の四四日実施された。受給者数二四九三人は、

表6-1：1897・1898・1912年の主な米廉売

	1897年 ①市行政の 米廉売	1898年 ③有志の 米廉売	1912年 救済特志会の外国米廉売 ④米券交付対象者		⑤一般向け
実施期間	10/15～11/29	5/8～10/30	7/12～31	8/1～9/28	
実施日数	44日	176日	20日	59日	
販売価格（1升あたり）	11銭5厘	—	19銭	18銭	19銭
販売高（1日1人あたり）	4合	—	3合		
受給者数（1日あたり）	2,493名	1,743名	3,128名		約500名
現住人口中の割合	約10%	約6%	約9%		約1%
受給戸数	594戸	400戸	633戸		約100戸
現住戸数中の割合	約9%	約6%	約10%		約2%
寄付額		1,539.12円	3,328円		
寄付者数		106名	7名		

出所：「秋田市会議事録」明治30年（秋田市役所所蔵、314603）、「安米売払書類」明治30年度（秋田市役所所蔵、315098）、「市議會事務簿　其の一」明治32年（秋田市役所所蔵、314255）、「安米売払関係書類」大正元年（秋田市役所所蔵、315101）、秋田市役所編『秋田市史　下』（1951年、復刻版、1975年）、内閣統計局編『日本帝国統計年鑑　第18回』（1899年）、秋田県編『秋田県統計書』明治31・大正元年（1901・1914年）、より作成。

現住人口（二万六〇二八人）の約一〇%、受給戸数五九四戸は、現住戸数（六六四二戸）の約九%にあたる。*14 なお、受給者数には、(4)のように「感恩講等ヨリ救助ヲ受ケ居ル者」は含まれていない。同年の感恩講・東部感恩講の救助実績は、表2―1のように、三三九人（二一三戸）だった。総販売石高は、二九四石五斗六升九合であり、*15 感恩講から譲渡された精米をほぼ売り尽くして終了したことになる。

（三）米商の外国米廉売と「貧民」の現れ

米価騰貴の収束を待たずに、①秋田市行政の米廉売は終了した。①米廉売の終了後、市内の米商山形善之助は、②外国米の廉売を実施している。*16 一二月一日、山形は、切符を「細民」六〇〇戸余に配布し、廉売を開始した。通常の売価一升あたり一四銭の上等外国米を一二銭二厘で、男女一人あたり一日五合の販売を六〇日間程度継続する見込みだったという。

一二月七日、市内で「貧民」の行動がみられた。『魁』は、一二月八日付の雑報「貧民辻兵に迫る」で次のように報じている。

昨日午後一時頃、八九名の貧民打揃へ、大町二丁目辻兵に到り、救助を懇願して容易に立退かざるより、秋田警察署より巡査出張、説諭を加へ退去せしめたりと。該貧民は始め市役所へ出願せるところ、市役所にては目下山形屋某の安米ありとの理由を以てはね付けたる由なるも、山形屋の方には赴かす、直に辻兵方に来りたるものなりと。

秋田市役所に「出願」を拒まれた「八九名の貧民」が、大町二丁目の辻兵吉方を訪れ、「救助を懇願して容易に立退か」ず、警察の説諭で退去したという。前述した②山形善之助の外国米廉売については、市役所が「出願」を拒んだ理由でもあり、「八九名の貧民」も承知していたはずである。かれらの行動は、そうした廉売が実施されていてもなお、富者に対応を求める声があることを明瞭に示したといえる。また、そうした行動が、秋田市の中心地だった大町二丁目で展開されたことは、富者に米価騰貴への対応を求める意思が地域社会に広く表明されたことを意味する。一八九七年の秋田市では、第四章でふれた一八九〇年に続いて、「貧民」の行動が現れていた。その対象となったのも、一八九〇年と同じく、辻兵吉だった。市内有数の資産家だった辻は、一八九〇年に続いて、米価騰貴に対応すべき富者に措定されたことになる。

他方、『魁』は、前掲「貧民辻兵に迫る」掲載号の社説「貧民問題」で、「世の富家資本家」にたいして「この際慈善の趣意を以て、土木若くは他の建築事業を起し、彼の多数の貧民に向て其の職業を与へ、彼等を飢餓凍餒《とうたい》より救はんことを切望する」として、開墾や道路橋梁の新設・修繕、学校・役場の建築、神社仏閣の修繕といった「有益の事業」の実施を促している。一二月一二・一四日付の論説「消極的慈善につき（上）（下）」では、県内の感恩講事業を「貧民を駆りて安逸に流れしむる虞」のある「消極的慈善」と批判して、「細民に適当なる職業を与へ、相当なる賃金を給し、事業其者を創起」すべきと主張している。第四章でふれたように、一八九〇年の米価騰貴に際して、『魁』は、「惰民養成」の懸念を強調し、授産事業による対応を支持していた。そうした主張が一八九七年にも継承され、感恩講事業への批判にもつながっていたことを確認できる。

(四) 一八九八年における有志の米廉売

一八九八年については、前述したように、秋田市で発行された地方紙が現存していない。以下では、秋田市役所所蔵の公文書より、米価騰貴への対応について二点ふれてみたい。

第一に、「市参事会議事録(M31〜M32)」によれば[*17]、一八九八年三月一二日開会の市参事会において、「貧民ヲシテ砂利運搬セシムルヲ見合ノ件」を可決している。「見合」わせではあるものの、秋田市行政が米価騰貴への対応を模索していたことがうかがえる。

第二に、「明治三十一年事務報告」によれば[*18]、③有志による米の廉売が、一八九八年五月八日から一〇月三〇日まで、一七六日間実施された(表6―1)。受給者数一七四三人は、現住人口(二万七〇九四人)の約六%、受給戸数四〇〇戸は、現住戸数(六七九三戸)の約六%にあたる[*19]。売上代金(六〇二九円六九銭七厘)と売上石数(五五五石四斗四升一合)より計算すれば、販売価格は一升あたり一一銭弱となるが、廉売期間中に販売価格を変更していた可能性もある[*20]。

③米廉売の財源は、有志一〇六名の寄付だった。最終的な負担額は、計一五三九円一二銭となった。表6―2は、主な寄付者とその寄付額を示したものである。辻兵吉を筆頭に、本間金之助、加賀谷長兵衛、那波三郎右衛門ら市内有数の資産家が、寄付額の上位を占めていたことを確認できる。寄付者数一〇六名は、一八九〇年の有

表6-2：1898年の有志による米廉売への寄付額

氏名	寄付額（円）	直接国税納税額（1898年）		職業・備考
		合計（円）	順位	
辻兵吉	190.26	2,902	1	呉服太物商兼機業及金銭貸付
本間金之助	152.21	2,009	2	小間物商兼金穀貸付業
加賀谷長兵衛	144.6	1,869	3	質物商
那波三郎右衛門	133.18	1,290	4	呉服太物商・卸商兼機業
湊彌七	114.16	1,233	5	
平野三郎兵衛	76.11	871	6	貸金貸家業
村山三之助	76.11	628	10	質屋営業・秋田県紙類元売捌所
佐藤文右衛門	64.69	805	7	質屋
三浦傳六	64.69	684	8	紙荒物商兼茶雑貨商
加賀谷富太郎	64.69	533	12	金銭貸付業
奈良右左衛門	38.06	234	18	紙及荒物商・貸金貸家業
鎌田源左衛門	30.45	413	15	紙荒物商兼小間物問屋
松倉庄右衛門	26.64	617	11	
佐藤山三郎	26.64	520	13	醤油醸造
加賀谷正司	22.84	66	40	呉服太物商
鈴木喜右衛門	19.03	224	20	呉服太物商兼古着商兼金銭貸付業
土屋善三郎	19.03	63	41	小間物商
瀬川徳助	19.03			
遠藤小太郎	17.13	60	43	呉服太物商兼国産織物商
佐藤多吉	13.32	100	32	呉服太物商兼畝織製造販売
中村善兵衛	11.42	226	19	金銭貸付業
佐藤左吉	11.42	136	26	清酒醸造
那波伊四郎	11.42	68	38	紙荒物商兼砂糖・茶商
大島勘六	11.42	34	62	漆器商・帽子一式洋品雑貨・自転車商
第四十八銀行	11.42			
安田銀行	11.42			
3名	9.52			
4名	7.62			
4名	5.71			
1名	4.76			
4名	3.81			
9名	1.91			
17名	1.15			
12名	0.77			
22名	0.39			
2名	0.2			
1名	0.12			
1名	0.77			
計　106名	計　1,539.12			

出所：「賞与救恤事務簿」明治32年（秋田市役所所蔵、314791、件番号49）、渡辺真英編『改正秋田県国税拾五円以上納税名鑑』（北辰堂、1899年）、鈴木喜八・関伊太郎編『日本全国商工人名録』（日本全国商工人名録発行所、1898年）、大森卯助編『秋田市詳密地図　附商工人名記』（1901年）、鈴木吉祐『大正の秋田　附商工人名録』（大正堂書店、1913年）。

志による米廉売の寄付者数（一〇九名）とほぼ同数であるが（表4―2）、一円一五銭以下の寄付者五五名のうち二八名が女性であり、仏教関係者と思しき名はなかった。

前掲「市参事会議事録（M31〜M32）」などによれば[*21]、秋田市行政は、③有志の米廉売について、米券発行や廉売の場所として市役所構内を提供すること、市吏員による廉売事務の監督、といった協力を決定していたことがわかる。

以上のように、一八九七〜九八年の秋田市では、①九七年一〇月一五日から一一月二九日までの市行政による廉売、②同年一二月に開始された米商山形善之助による外国米廉売、③九八年五月八日から一〇月三〇日までの有志による米廉売が実施されていた。こうした米廉売は、米価騰貴のもたらす生活危機を一定程度緩和していたと考えられる。以下では、①に関する市会の議論、②担い手である山形の意識と行動を中心に検討したうえで、それらと③との関係についても言及してみたい。

2　米廉売と秋田市会

第四章でふれた一八九〇年の米廉売では、市内の有志が主体だったのにたいして、①一八九七年の米廉売は、秋田市行政によるものだった。だが、市の支出は、販売小屋の設置費用と人件費に抑えられている。経済的な負担の多くは、感恩講が担っていた。前述した一〇月七日の競争入札では、玄米一石あたり約一三円八七銭で落札されており、感恩講は、競争入札で期待できた利益（譲渡額との差額は、一石あたり三円三七銭程度）を放棄したことになる。こうした負担は、市行政との交渉の結果だったが、前述したように、市会の意向によって再交渉もおこなわれていた。以下では、感恩講の経済的な負担の背景や米廉売をめぐる議論について、「秋田市会議事録」明治三〇年（秋田市役所所蔵、三一四六〇三）を中心に検討してみたい。

一〇月八日の市会の議事録では、前述した第五一号議案の審議において、議員七名の発言を確認できる。注目されるのは、船山忠定と安部忠助の発言である。船山は、次のように発言している。

本案ハ下米相場ノ二割減ト云フモ、搗キ減リ升減リ等ヲ計算スルトキハ、実際ニ於テ安米トシテ売下クルノ効能ナカラン。故ニ白米一升拾銭宛ニテ売払フ様ニ感恩講へ談判ス可シ。市会満場一致ノ希望ナレハ同講ニテモ不承諾ナカル可シ。

船山は、「市会満場一致ノ希望」として、白米一升あたり一〇銭での譲渡を感恩講に要求することを提案していた。この提案にたいして、市長御代弦は、次のように答弁している。

本案ハ時日切迫シ居ルヲ以テ二割引トナシタルモ、諸君ノ決議ニ依リテハ、再ヒ同講ニ談スヘキモ、若シ本会ノ請求ニ応セサルトキハ如何ニスヘキヤ。是等モ前以テ決議シ置クノ必要アリ。又諸君ガ直チニ談判ニ向ハ、、同講ヲ動カスニモ至極便利ナラント思フ。

御代市長は、感恩講との再交渉にやや悲観的な展望を示しつつも、市会議員による同講への直談判を勧めていた。最終的には、船山の提案が全会一致で可決され、感恩講との再交渉が決定している。

船山忠定は、第二章でふれたように、貸金業を営んだ士族で、歳末の救貧の担い手であり、東部感恩講の年番も務めた（表1―2）。一八八九年四月の市会議員選挙で当選し、二期目を務めていた。[*22] 当時は市参事会員に在職しており、第五一号議案の原案を可決した一〇月六日の市参事会にも出席していた。[*23] 前述した船山の提案は、市参事会の提出議案について、市参事会員自身が修正を加えるよう、市会の議論を主導したことになる。なお、当時の市参事会員には、感恩講の年番である高堂兵右衛門・村山三之助が在職していた（表1―2。前者は一〇月六日の市参事会を欠席）。他方、市長御代弦の応答も、感恩講との再交渉の場合、市会議員の後押しを期待するものだった。感恩講との事前交渉の結果については、市参事会員の一部にとどまらず、市長も必ずしも満足していなかったことがうかがえる。御代（一八五一―一九三二）は、士族で、一八七五年から秋田県庁に勤め、一八八九年に北秋田郡長となり、河辺郡長、山本郡長を歴任後、一八九六年二月に秋田市長に就任し一期目を務めていた。[*24]

感恩講は、第一章でふれたように、秋田県の監督を受けていたが、秋田市との関係については未だ十分に明らかではない。感恩講の年番のうち、前述した高堂・村山のほか、加賀谷長兵衛・佐藤文右衛門も、現職の市会議員だったが、一〇月八日開会の市会への出欠までは確認できない。とはいえ、市会や市会議員の後押しを得たことは、再交渉において市行政が感恩講に譲歩を促すうえで大きな力になったと考えられる。

『魁』は、一〇月九日付の雑報「市の貧民救済」で、①市行政の米廉売が「感恩講との交渉纏まり次第直ちに実行の都合」と報じて、「感恩講も無論市の申込に応諾すへけれは、事早速定まるへし。一刻も早く救済したきものにこそ」と記事を締めている。市会や市会議員とともに、『魁』も感恩講に譲歩を促していたことがわかる。前述した玄米の競争入札への批判も、感恩講が譲歩せざるを得なかった背景の一つになっていたと考えられる。

次に、安部忠助の発言にふれてみたい。一〇月八日の市会の議事録によれば、安部は、前掲した船山の提案に賛同しながら、「若シ感恩講ニ於テ承諾セサルトキハ、市内富豪家へ義捐ヲ仰ク可シ。兎モ角壱升拾銭ト極ハメ度シ」と述べている。廉売の価格を一〇銭と定め、感恩講からの買値と差額がある場合には、差額分の負担を「市内富豪家」に求めるという提案だった。安部忠助は、士族で、[*25] 一八八九年一一月の補選に当選して市会議員となり、二期目を務めていた。[*26]

感恩講との再交渉後に開かれた、一〇月一〇日の市会の議事録にも、安部の発言が記録されている。一升あたり一一銭五厘での譲渡という感恩講の回答について、安部は次のように述べている。

〔差額の〕壱銭五厘丈ケハ、富豪家ノ寄附ヲ仰キ、一升拾銭上リトスヘシ。

以前ノ安米ノ時ハ、其損分五百円ナリシモ、容易ニ之ヲ支出シ得タリ。然ルニ今回ハ四百五十円ノ損分ナルヲ以テ、願クハ拾銭ノ相場ニテ実行サレ度シ。

安部が、富者に経済的な負担を求める提案を、一〇月八日の市会に続いて、一〇月一〇日の市会でもくり返していたことがわかる。市会議長井上廣居は、この提案を「問題トナラス」として取り上げなかった。だが、一八九七年の市会でも、市内の富者に「慈善」を促す提案がなされていたことを確認しておきたい。

一八九七年の市会議員には、前述した加賀谷・佐藤・村山以外にも、加賀谷富太郎・辻兵吉・平野三郎兵衛といった市内有数の資産家（表6—2）が在職していたが、一〇月八日・一〇日開会の市会への出欠までは確認できない。市制施行三〇周年にあたる一九一九年の『魁』七月一二日付の雑報「辻市議曰く—兵営の運動は当時の市とし《ママ》勇断て《ママ》ある」では、市制施行時から市会議員を務めていた辻兵吉の語りとして次のように伝えている。

市会といへは其頃〔一八九六年頃〕は今とは其趣を異にし、党を作り派を分ち、一切下相談て決するか如きは無く、議場に正々堂々の争ひをなした上多数決をしたものてある。市会の論客といへは内町出身の人々に多く、我々外町議員は殆んと沈黙を守り唯其制《ママ》を聴くの有様たつた。然し議員は誠実て不真面目てないたけは寧ろ今より勝つてゐるものと思はれる。

一八九六年頃の秋田市会は、党派に分かれておらず、内町（旧武家地）出身の議員たちが市会を主導していたという。前述した一八九七年の市会における第五一号議案の審議では、外町（旧町人地）の中村善兵衛（表6―2）らの発言もみられるが、辻ら市内有数の資産家の発言は確認できない。一八九〇年の市参事会が士族優位だったことは、第四章でふれたが、一八九七年の市会も同様だったといえる。外町の救貧事業である感恩講が経済的な負担を迫られた背景には、当該期の政治社会が士族優位だったことも関わっていたと考えられる。

3　「奇特の慈善家」の意識と行動

一八九七年の秋田市では、前述したように、②米商山形善之助が「細民」を対象とした外国米の廉売を実施していた。『魁』一二月二日付の雑報「山形屋の奮発」では、この廉売が山形の独力であることを「市役所の安米給与終るや否や、市内資産家の二三に謀り、引続き安米給与の事を相談しけるに、何分逡巡して之れに応せさるの色」があったためと報じている。山形は、第四章でふれたように、一八九〇年の地方紙二紙で、外国米廉売を計画していたとして「慈善の人」と顕彰されていた。同年には、山形以外にも、横田勇助や木下正兵衛らが「奇特の慈善家」などと賞されていたが、そこには、自らの経済力に見合う以上の行動が関わっていた。山形も、一九〇三年の直接国税納税額が地租三円、所得税・営業税一六円であり、*27 秋田市有数の資産家との間には大きな経済格差がみられる。『魁』の前掲「山形屋の奮発」では、②山形の外国米廉売を「義挙」と強調しているが、同時に「市内資産家の二三」を引き合いに出すことで、住民の生活危機を放任する富者の姿勢を浮き彫りにしていたといえる。「奇特の慈善家」を引き合いに出して富者に「慈善」を促す報道が、一八九〇年に続いて、一八九七年にもみられたことになる。

他方、第四章では、山形善之助ら「奇特の慈善家」が、自らの行動をどのように認識していたのかまでは明らかにできなかった。以下では、一八九七年一二月一日付で市書記古谷運吉が発議した復命書を検討することで、[*28]そうした課題に応えたい。本史料は、②外国米廉売を始めた山形を「奇特ニ被存依、命出張其方法ヲ承ル所」とされる。

本史料によれば、①秋田市行政による米廉売終了後の状況について、山形善之助は次のように述べたという。

本年米作不出来之為メ米価騰貴シ随テ諸物価モ昂騰ニ付、細民ノ困難実ニ甚タシク〔中略〕時下寒冷、日雇等ノ困難ノ場合増々困難ヲ来スベク、爰ニ救済ノ策ナクンバ或ハ不穏ノ虞ナキヲ保ス可ラズ。

山形は、米価を含めた物価騰貴などによる「細民ノ困難」をふまえて、「不穏ノ虞」を懸念していたことがわかる。前述したように、六日後の一二月七日には、「貧民」の行動が現れており、山形の懸念が裏付けられることになる。

こうした現状認識のうえで、山形善之助は「市内一二有志ノ士ト相謀ル所アリシガ、何分尺取ラザルヨリ、断然一己ノ力ヲ以テ相企テ」たとする。そこには、次のような意図もあったという。

市内有力者ニ比較スルトキハ、力ラ万一ニモ足ラサレトモ、聊カ此企ヲ以テスルトキハ、況ンヤ市内富豪ノ者黙手《ママ》スルニモアラザルベク、我カ微力ヲ以テ凡ソ向後六十日間救済スルトセバ、市内富豪ノ力ヲ以テスレバ来年中ハ容易ニ之カ企ヲナス亦疑モナカルベク、凡テ物ハ始ヲ作スモノナクハ気焔モ相立マジクト存候ヨリ、敢テ微力ヲモ不顧右相企候。

経済力で劣る山形が「救済」を実施すれば、「市内富豪ノ者」は黙視できないはずという。山形は、市内の富者が「細民」を「救済」すべきと考えていた。そして、自身の「救済」実施が、富者に「慈善」を促すであろうことも十分に自覚されていた。山形は②自らの外国米廉売によって、富者に米価騰貴への対応を求める意思を表現していたことになる。こうした山形のような認識は、横田勇助など他の「奇特の慈善家」にも共有されていたのではなかろうか。

一八九七年一二月に開始された②米商山形善之助の外国米廉売は、富者に「慈善」を促すことを自覚した行動だった。一二月七日には、「八九名の貧民」が富者に「救助を懇願」している。一〇月の市会での安部忠助の発言後も、富者に米価騰貴への対応を求める意思表示が続いていたことになる。翌一八九八年に実施された③有志の米廉売については、関係史料が限定されており、その背景を十分に明らかにすることは難しいが、前年一八九七年に継起した富者に対応を求める意思表示が影響していたことも想定しうる。

第二節　一九一二年の米価騰貴と秋田市

1　米価騰貴と救済特志会の外国米廉売

日露戦後に低迷していた米価は、一九一一年後半から一三年にかけて高騰した。一〇年の凶作の後、一三年まで作柄が悪かったことで、深刻な米不足となったことが原因とされる。[*29] 一一年七月に一石あたり二〇円台まで高騰した米価は、一〇月に一旦は一五円台まで急落するも、年末には一八円台まで上昇した。[*30] 米価は、一二年に入っても上昇し続け、三月には二〇円台に、七月には二四円九〇銭に達している。だが、八月に入って急落し、一〇月まで一九円台を推移した。秋田市の米価も、図6―2のように変動している。

富山県や新潟県では、米騒動が起こった。青木虹二の研究では、一九一二年の六月下旬から七月上旬にかけて、富山県で九件、新潟県佐渡郡で一件の事例が確認されている。[*31]

図6-2　秋田市の米価変動（白米中1石）

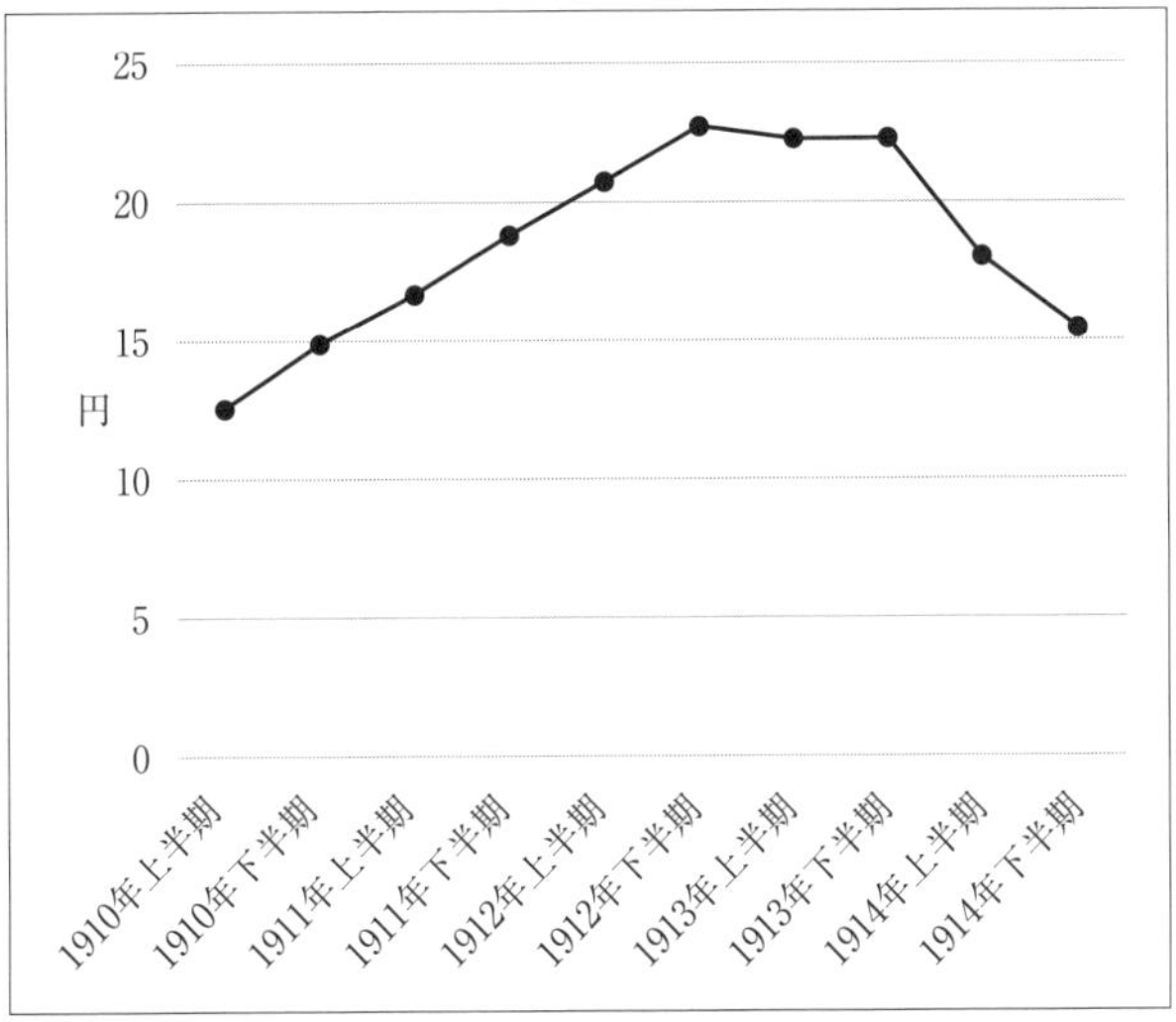

出所：秋田県編『秋田県統計書　大正三年』1916年。

一九一二年六月から九月の秋田市では、『魁』・『秋田時事』・『秋田毎日新聞』（以下、『秋田毎日』と略す）の三紙が発行されており、[*32]『秋田時事』六月分以外は現存している。『魁』・『秋田毎日』は立憲国民党系、『秋田時事』が立憲政友会系だった。『秋田毎日』の創刊には、港湾修築をめぐる地域間競争が関わっている。秋田県では一八九九年以降、船川築港論（船川港町、現男鹿市）と土崎築港論（土崎港町、現秋田市）が対立してきたが、『魁』の前者への支持が明らかになると、土崎港町の有力者はこれに対抗して一九一一年九月に『秋田毎日』を創刊した。[*33] 以下、新聞の発行年は、明記した場合を除き一九一二年である。『魁』は、七月一日付の雑報「米価」で「米価の暴騰、実に開闢以来也。政府当路者、速に善後処置せずむは災測るへからす」、同七月三日付の「うめ草」（コラム）で「生活難の為めに義務教育中の小学校生徒か退校したり、巡査が強盗に変したり、貧民が富豪の輸出米に妨害したりなどの事実頻々として聞えて来るは甚た遺憾に堪へぬ」と論じている。『秋田毎日』も、同七月四日付の論説「弱者は飢饉同様なり」で、「憔悴せる飢人の死を叫ぶに到らざる以前に於いて、安寧秩序の紊れざる以前に於て、之れが救済緩和を決行せざる可からず」と主張している。同紙は、翌七月五日付の社説「断行の機なり」で、汽船への移出米積み出しの際に「飢に咽《むせ》びたる男女の窮民三百名海岸に駆け寄りて、阿修羅王の如く、狂ひ叫びて、其俵米に泣き縋かりて、遂に一俵をも積載せしめざりし」という六月二六日の米騒動（富山県下新川郡生地町か）を引き合いに出して、政府に対策の「断行」を求めている。一九一二年にも、前述した一八九七年と同じく、他府県の米騒動など「不穏」を強調して、生活危機への対応を促す報道がみられたことを確認できる。

『魁』は、七月七日付の雑報「細民救済の請願」で、「井川某は数日前、市長に対し救済方法を講すへく請願書を提出し、是と同時に、保戸野鉄砲町及び楢山方面の一部有志連中も寄り〳〵協議を凝らしたる末、市長に建議を提出せる由」と報じている。前者は、井川友治が市会議長宛に提出した上申書を指し、「米価騰貴ノ場合ニ付巡査、看守、押丁、公吏、雇、小使、人足其他ヲ救済スルコト」などを求めるもので、七月九日の市会で朗読された。[*34] 後者の「保戸野鉄砲町及び楢山方面」は、旧武家地であり、士族による「建議」の動きがみられたことを示す。一九一二年の秋田市でも、米価騰貴への対応を求める民間有志の行動がみられたことがわかる。

秋田市では、こうした新聞報道と前後して、米価騰貴への対応が進められていた。以下では、そうした対応について、秋田市役所所蔵の「安米売払関係書類」大正元年（三一五一〇一）を中心に整理してみたい。

七月一日、秋田市行政は、市内の「多額納税者」と「御令旨遵奉会」の一部にたいして「細民」「救済」の協議への参加を書面で求めた。[*35] 多額納税者とは、貴族院を構成する多額納税者議員の選出母体となる各府県の直接国税納税額の上位一五名を指す。当該期の秋田市では、辻兵吉・本間金之助・加賀谷長兵衛・平野三郎兵衛・湊彌七が該当する。[*36]「御令旨遵奉会」の詳細は不明であるが、多額納税者以外で参加を求められたのは、那波亥之助・村山三之助だった。那波亥之助は、第五章でふれたように、那波三郎右衛門家の一二代目祐譴の実父で、同家を後見する立場にあった。後述する第二回の協議会以後は、那波三郎右衛門が招集されている。[*37] なお、辻・加賀谷・村山は現職の市会議員であり、辻・加賀谷は市参事会員、村山は市会議長を務めていた。湊彌七は、次男鶴吉が現職の市会議員で、市参事会員を務めていた。本間は、現職の貴族院議員だった。

七月二日、秋田市役所において「細民」「救済」の協議会が開催された。[*38] 出席者は、市長大久保鉄作・助役・収入役・本間金之助・加賀谷長兵衛・村山三之助・辻良之助（兵吉長男）・那波謙治だった。市行政は、事前に準備した「安米売払ニ関スル要件」「安米売払ノ損失及経費予算」をこの協議会に提出している。[*39] 協議会では、米廉売の実施や外国米の購入などが決定された。[*40] 販売方法については、直営と市内の米商への依託で議論が分かれたが、経費を節約できる後者に決まった。受給者数については「貧民ノ程度ヲ定ムルハ最モ困難ノ事業ナルモ、市役所及警察署ト協同調査ヲ依頼」することになった。また、「貧民」向けとは別に「何人ニ対シテモ販売スルコト」も検討されている。

七月六日、秋田市役所で第二回の協議会が開かれ、米廉売の主体として「救済特志会」を組織すること、販売方法を直営に変更し市役所構内に販売所を設置すること、「其他ノ手続」を市役所に一任することなどを決定した。[*41] 救済特志会の成員は、本間金之助・辻兵吉・加賀谷長兵衛・湊彌七・那波三郎右衛門・平野三郎兵衛・村山三之助の七名となった。また、前述した調査の結果として、市内の「貧民」は約二五〇〇人と報告されており、これを受けて、受給者数の見込みを三〇〇〇人としている。「市役所敷地迄買受ケノ為メ来ルモノハ、全クノ貧者ニ非ラサレハ出来得サル行為故、大抵ノ願人ハ許可スル」という。廉売米は、こうした「貧民ニ対シテノミ売渡スコト」に決まった。

なお、七月一三日付秋田県知事宛報告（前掲「安米売払関係書類」大正元年）には、この米廉売が対象とする「細民ノ程度」を、次のように記している。

（イ）労働者一人ニテ一日五十銭ノ収入アリ、家族三人ヲ有スルモノヲ、下等ノ上トス

（ロ）労役者ノ種類ニヨリ一日五六十銭ノ収入アルモ、家族三人中病者等アルモノモ、下等ノ上トス

（ハ）労役者二人ニテ一日六七十銭ノ収入アルモ、家族十人内外アルモノハ、最下等トス

（ニ）家宅ヲ有スルモ他ニ抵当ト為シ、三十銭以内ノ賃金ニテ三人家族アルモノハ、中等トス

（ホ）老人夫婦限リニテ一日僅カニ六七銭ノ収入アルモノモ亦、最下等トス

（ヘ）三十歳内外ナルモ盲人等ニテ一日二十銭以内ノ収入アリトスルモ、子女二人アルカ如キモノ、最下等トス

（ト）全ク収入ナキ老者幼者ニシテ、感恩講ノ枚《ママ》助ヲ受クルモノハ、除外ス

労働可能であっても、収入・家族構成・老幼・障がい・疾病などの条件を満たせば、米廉売の受給資格が得られたことがわかる。表6―3は、『秋田県統計書　大正元年』の「秋田市賃銭累年比較」より作成したものである。（イ）の条件にある日給五〇銭程度の業種には、男性の機織職・鍛冶職などがあり、それ未満には、米搗・日雇人夫のほか、女性の従事するものが多かったことを確認できる。受給資格を得た「貧民」とは、感恩講の救助を受けていない、就労者が男性一名で米搗・日雇人夫などに従事する家族、就労者が女性一名の家族などだっ

表6-3：1912年における主な業種の日給（銭）

業種	上半期	下半期	備考	業種	上半期	下半期	備考
煉瓦積職	100	100		鋳物職	60	60	
瓦積職	75	80		漁夫	60	60	
植木職	70	70		染物織	57	67	賄い付き
屋根職	70	70		菓子製造職	57	57	賄い付き
畳刺職	70	70		養蚕職　男	50	55	
塗師職	70	70		機織職　男	50	50	
左官職	65	70		下駄職	50	50	
経師職	65	70		靴職	50	50	
車製造職	65	70		煉瓦製造職	50	50	
石工	65	65		鍛冶職	50	50	
桶製造職	65	65		活版植字職	50	50	
大工	62	65		米搗	45	45	
船大工職	62	65		日雇人夫	42	45	
綿打職	60	60		版刷職	40	40	
和服仕立職	60	60		農作日雇　男	37	40	
洋服仕立職　男	60	60		紙漉職	30	30	
木挽職	60	60		養蚕職　女	25	25	
建具職	60	60		蚕糸繰女	25	30	
指物職	60	60		機織職　女	22	22	
馬具職	60	60		農作日雇　女	20	22	
飾職	60	60					

出所：「第一　秋田市賃銭累年比較」秋田県『秋田県統計書　大正元年』1914年。

たといえる。なお、同年の感恩講・東部感恩講の救助実績は、表2―1のように、三八一名（戸数一一五戸）だった。

同七月六日ないしは翌七日、市長大久保鉄作と本間金之助は、南秋田郡土崎港町に出張し、外国米の購入について、問屋の村金商店、野口銀平と交渉している。[*42] この結果、村金商店から一等蘭貢米五〇〇袋（三三〇石、一石あたり二〇円八〇銭）、野口から同一〇〇〇袋（六六〇石、一石あたり二一円）の買入を契約した。

七月八日、秋田市参事会において、第二八号議案が可決された。[*43] この議案は、救済特志会による米の廉売に、市役所構内の施設を提供するというものだった。翌七月九日、第二八号議案は市会に提出され、議論の結果、原案どおり可決されている。[*44]

七月一〇日、第三回の協議会が開催された。市長大久保鉄作は、「市会ノ希望ハ、売払所ヲ増設シテ買受人之便利ヲ与フルコト」であり、「増設ノ為メ増加スル経費ハ市ヨリ補助スルモ差支ナキコト」を述べている。[*45]これを受けて、協議会では、販売方法を再度変更し、楢山表町・馬口労町・下肴町・大工町付近の米商に販売を依託することを決定した。[*46]また、本間金之助・辻兵吉を「常設委員」とし、依託する米商の選定を一任することなども決めている。なお、前掲「安米売払関係書類」（大正元年）では、市行政が「安米ノ外、一般ヘ原価ニテ売払フコト」について提案を準備していたことを確認できるが、[*47]実際に協議されたのかは定かではない。同日、市行政は、救済特志会による外国米廉売の実施を各掲示場に公告した。[*48]購入希望者は、市役所へ申請するよう呼びかける内容だった。

七月一一日、受給申請の受付が開始された。[*49]市役所では、申請を認可した受給者の住所・氏名・世帯構成を台帳に登録して、番号を付している。[*50]受給者に交付した米券には、この番号と各世帯への販売量（一人一日分三合）のみが記載された。米券は一枚一日分であり、一回の申請で、五枚ずつ交付されている（七月三〇日の第四回協議会で、一〇枚に変更）。[*51]廉売の実施期間中、救済特志会から販売を委託された、市内四ヶ所の米商で使用できた。『魁』七月一五日付の雑報「特志会の安米」によれば「市役所に於ける安米切符交附係りに於ても、申込者に対し時間を活用し迅速に取斗ひつゝ、ありて、往年の如く半日も一日も暇を潰しこと《ママ》無きよしなり」という。

同七月一一日、救済特志会は、市内内町の米商橋本勘之助、外町の米商伊藤東吉・川尻直治・小嶋善助に廉売米の販売を依託した。[*52]米商四名には、救済特志会が購入した外国米が預けられた。七月一二日と八月五日の二回、土崎港町の村金商店から蘭貢白米五〇袋ずつの引き渡しを受けている。[*53]外国米廉売の開始後は、一〇日間ごとに販売量と代金を算定し、受け取った米券を付して報告することなどが義務づけられた。[*54]これらの実務を米商四名は「無手数料ニテ取扱」っている。『魁』の前掲「特志会の安米」によれば「該米委托販売店は、営業の信用上名誉なりとなし、枡減り其他遺憾なき様注意をなし親切に取扱」っていたという。橋本ら米商四名にとって、救済特志会からの販売依託が、地域社会での信用の獲得を期待できるものだったことがうかがえる。

救済特志会による外国米の廉売は、表6―1のように、七月一二日から九月二八日まで、七九日間実施された。[*55]この廉売は、④米券を交付された受給者を対象とするもの、および⑤「一般」向け、に大別できる。④は、七月一二日から三一日までが、一升あたり一九銭での販売だった。原価から二銭の割引であり、販売開始時の外国米の市価（二三銭）よりも四銭割安だった。[*56]八月一日以後は、一升あたり一八銭に値下げされた。[*57]⑤「一般」向けは、八月一日に開始され、一升あたり一九銭での販売だった。七月二日の協議会で検討された「何人ニ対シテモ販売スルコト」が実現したことになる。

八月一日の④の値下げと⑤「一般」向けの開始は、七月三〇日開催の第四回協議会で決定されたが、[*58]その経緯までは記録されていない。表6―4は、救済特志会から廉売米の販売を依託された米商四名の売上高の推移を示したものである。七月後半に下落した米価は、八月に再び上昇に転じたものの、八月下旬には下落に向かっており、[*59]④外国米廉売の売上高も減少していったことがわかる。④の値下げと⑤の開始は、一つには、そうした米価の低落傾向と④の売上高の減少に対応したものと考えられる。九月四日の第五回協議会では、買入契約をした外国米のうち、未納入だった野口銀平の一〇〇〇袋の処分が検討されている。[*60]村金商店から納入された五〇〇袋も約四八％が売れ残っており（八月三〇日時点）、[*61]さらに大幅な在庫を抱えることは回避したかったことがうかがえる。最終的には、辻兵吉、本間金之助による野口との交渉の結果、二二〇〇円を支払うことで買入契約を解除している。九月の売上高も伸びなやんでおり、九月二七日の第六回協議会で、④⑤外国米廉売の終了が決

表 6-4：救済特志会による外国米廉売の売上高

販売対象	廉売米売上高（石）								廉売終了時の米商の在庫高（石）
	7/12 ～ 21	7/21 ～ 31	8/1 ～ 10	8/11 ～ 20	8/21 ～ 30	8/31 ～ 9/10	9/11 ～ 28	計	
④米券交付対象者	39.1385	27.7550	32.9850	31.5250	20.5250	9.1150	11.5975	172.6435	73.5815
⑤「一般」向け	——	——	16.2200	0.6700	2.5000	0	0	19.3875	
計	39.1385	27.7550	49.2050	32.1950	23.0250	9.1150	11.5975	192.0310	

出所：「安米売払関係書類」大正元年（秋田市役所所蔵、315101）所収史料より作成。7/12 ～ 8/30 の売上高は、「安米売払一覧表」に拠る。8/31 ～ 9/10 の売上高は、各米商が提出した「安米売払報告」に拠る。9/11 ～ 28 は、「安米売払一覧表」「安米売払報告」「売米及残米調」を照合して算出した。売上高の計のうち、④⑤は「安米売払調」と「安米売払一覧表」を照合して算出し、総計は「売米及残米調」に拠る。廉売終了時の米商の在庫高は、「売米及残米調」に拠る。

注：「安米売払調」によれば、⑤の 8/1 ～ 10、8/21 ～ 30 の売上高は、計 0.0025 石多い。その 0.0025 石は④の売上高のため、④の計に加算した。

表 6-5：1912 年救済特志会会員寄付金額

	寄付金額（円）	返還額（円）	負担額（円）
辻兵吉	720	23.505	696.495
本間金之助	720	23.505	696.495
加賀谷長兵衛	560	18.281	541.719
平野三郎兵衛	400	13.058	386.942
湊彌七	400	13.058	386.942
那波三郎右衛門	400	13.058	386.942
村山三之助	240	7.835	232.165
計	3,440	112.300	3,327.700

出所：「安米売払関係書類」大正元年（秋田市役所蔵、315101）。

定された。[*62]『魁』九月三〇日付の雑報「市内雑事」によれば、「近頃安米購買者殆んど皆無の如き有様にてありし」という。結局、村金商店の五〇〇袋は、約四二%が売れ残っている。販売を依託された米商四名には、各自の在庫を一石あたり一七円で処分し、その代金を納入することが求められた。[*63]

表6—1のように、④の廉売で米券を交付された受給者数は三一二八人、受給戸数が六三三戸だった。[*64] 現住人口（三万六一一五人）の約九%、現住戸数（六一七五戸）の約一〇%にあたる。[*65] また、⑤「一般」向けを購入した人数は、約五〇〇人（約一〇〇戸）程度とされる。[*66]

救済特志会員による寄付の総額は、三四四〇円となった。表6—5は、その内訳と決算後の返還額を示したものである。この寄付額は、前述した価格の引き下げや売上高の伸びなやみにより、計画段階で想定していた金額を上回っていたと考えられる。注目されるのは、前述した一八九八年の米廉売への寄付者が一〇六名（表6―2）にたいして、この外国米廉売は、救済特志会員七名という少数の富者による寄付を財源としていた点である。こうした寄付の担い手の変化については、本節第三項にて検討してみたい。

以上のように、一九一二年の秋田市では、市内の富者七名が組織した救済特志会により、④七月一二日から九月二八日まで米券を交付された受給者を対象とする外国米廉売、⑤八月一日から九月二八日まで「一般」向けの外国米廉売が実施されていた。こうした外国米廉売は、米価騰貴のもたらす生活危機を一定程度緩和していたと考えられる。次項では、七月九日の秋田市会に提出された第二八号議案の審議に着目して、救済特志会・市行政・市会の三者の関係について検討してみたい。

2　外国米廉売と秋田市会

以下では、救済特志会・市行政・市会の三者の関係について「秋田市会会議録（M45～T1）」（秋田市役所所蔵、三一八〇九五）を中心に検討してみたい。七月九日の秋田市会に提出された、第二八号議案の内容は「米価騰貴ノ救済トシテ、本市特志者ニ於テ安米売却ニ付、当所附属建物荷車置場ヲ使用セシムルコト。但シ期間ハ約一百日トス」というものだった。当日の議事録では、この審議において、市川護幸（士族・富士生命代理店主）・片屋永之助（紙類荒物・印刷業）・籠谷定雄（士族）・三好巻次（士族・銀行支配人）・森沢善吉（質物商）

の議員五名による発言を確認できる。[67] 議事の内容は、⑴米価騰貴にたいする市行政の姿勢や対応を問うもの、⑵救済特志会にたいする具体的な要望、に大別できる。

⑴の質疑で、まず注目されるのは、市川護幸の質問とそれにたいする市長大久保鉄作の答弁である。市川の「御報告ノ人名ノ方々カ救済会ヲ起シ、市ハ好意上場所ヲ貸ス積リナルヤ」との質問にたいして、大久保市長は「特志ニ出来タル事業ニシテ、市ハ便宜ヲ与フルハ当前ナリ」と応えている。答弁では、救済特志会の自発的な事業にたいして、市行政が協力するのは「当前」と強調されていた。

市が有志による米廉売のために「場所ヲ貸ス」のは、第四章でふれた一八九〇年、前述した一八九八年の際にも取られてきた対応である。だが、そうした対応について、片屋永之助は「此案ノ外、当局ニ於テ考ヘナキヤ」、三好巻次も「特志家丈ノ催シニテ、市ハ何事ヲモナサズヤ」と問いただしている。籠谷定雄も「特志家ノ事業ニテ不充分ナラバ、市費ニテ行ハレタシ」と要望している。片屋らは、市行政にたいして、生活危機へのより積極的な対応を求めていた。

そうした対応に関して、市川護幸は「市当局ハ、米価騰貴ノ原因及持続等ニ就キ御調査アリヤ。又其他ノ食料品ニモ影響アレバ、市場ナドヲ設ケ調節スル御考ナリヤ」と質問している。ここでの「市場」とは、公設市場を指すと考えられる。公設市場は、食料などの生活必需品を安定した価格で供給することを目的とする社会政策的な施設である。一九一八年の米騒動後に全国で普及し、[68] 秋田市にも一九一九年に開設された。[69] 大久保市長の答弁は、質問の前半部のみにとどまったが、一九一二年の秋田市会で、米価騰貴を契機として公設市場の設置が提案されていたことを確認しておきたい。

また、三好巻次は「小学校ニ於テ、外米ヲ食シ居ルヤ否ヤヲ生徒ニ向ヒ問ヘリト云フ。此等ノ事ハ、教育上御考へアリタシ」と要望している。能川泰治によれば、明治後期から大正期において、外国米は「下層民衆」の常食だったため、「中間層は〔中略〕外米を食することに対して屈辱感を抱いて」おり、「自己の社会的ステイタスの没落として認識され」ていた可能性があるという。[*70] 三好のいう「教育上」の配慮とは、そうした認識を前提にしていたと考えられる。

大久保鉄作は、一九〇六年に秋田市長に就任し、一期目を務めていた（一九一二年八月一五日再選）。大久保は、一八九八年八月の衆議院選挙で当選後、一一月に憲政本党を除名され、翌一八九九年六月に憲政党に入党した。『秋田県史　五巻』によれば、従来、進歩党―憲政本党中心だった秋田県政界は、大久保らの移籍以降、憲政党の党勢が拡大し、憲政本党対憲政党・中正党に二分化されたという。[*71]『魁』の前掲「辻市議曰く――兵営の運動は当時の市とし《ママ》勇断て《ママ》ある」でいう「党を作り派を分ち、一切下相談て決するか如き」市会の様相は、これ以降に生じたとみられる。戦前の秋田市会の党派関係については未だ十分に明らかではないが、七月九日の市会で発言した市川護幸ら五名の議員は、一九一〇・一九一三年の市会議員選挙で『魁』や『秋田毎日』に支持されており、[*72] 立憲国民党系（憲政本党の後身）か、少なくとも非政友会系とみなされていたといえる。前述した市川ら四名の発言の背景には、早々に外国米廉売実施を打ち出した立憲政友会（憲政党の後身）の大久保市長への対抗があったのかも知れない。とはいえ、一九一二年の時点で、住民の生活にたいする市行政の役割を問い直し、公設市場設置や中間層への配慮を求める声が現れていたことに注目しておきたい。

(2)救済特志会への要望は、片屋永之助の質問にたいする市長大久保鉄作の答弁が端緒となっている。片屋は、「此案〔第二八号議案〕ニ関係ナキモ、当局ハ貧民丈ニテ、其他ノ救済ニハ案ナカリシヤ」と質問した。「其他ノ救済」とは、中間層などが対象と考えられる。大久保市長は、「原価ニテ売ルノ案ヲ立テシモ、前ニ述ベタル如クニ纏マリ、場処モ役所内ニテハ不便ト思ヒシモ、是亦今回ノ如クニ纏マレリ」と答弁している。「原価ニテ売ルノ案ヲ立テ」たことは、市行政が中間層を「救済」する必要を認識していたことを示す。そして、「特志家」の過半には、そうした認識が共有されていなかったことになる。大久保の答弁にたいして、片屋は「本員モ市長ノ御調ニ同感ナリ。範囲ヲ拡ムルガ宜シカラン」と応じて、市行政の「原価ニテ売ルノ案」を後押ししている。中間層の「救済」の必要については、市行政と市会議員の間で意見の一致がみられたことになる。他方、救済特志会との協議において、市行政の意向が必ずしも貫徹されていたわけではないことも確認できる。

片屋永之助は、続けて「販売所ノ如キモ、遠方ナレバ貧困者ハ困難スル故、御注意セラレタシ。又各地ノ例ニ見レバ、米ノミナラズ、麦ヲモ実費ニテ頒ツ居レル処アリ」と述べている。籠谷定雄も、「場所ノ如キモ、一ヶ処ニ市全部ノ細民ガ集ルヤウニテハ宜シカラズ。本員ガ過日市長ニ会ヒシ時ニハ、五ヶ処位ノ調ナリシ。売払時間ノ五時迄ハ労働者ニ取リテハ不便ナルベケレバ、今少シ延長シテハ如何。又一升二銭引トスレバ安価ナルヤウナルモ、貧民ハ尚ホ安キモノヲ食ヒ居ルヤモ知レザレバ、今少シ安価ナルモノヲ供給シテハ如何」と問うている。片屋と籠谷が発言した麦の廉売や外国米廉売の値下げは、救済特志会にさらなる経済的な負担を求めるものだった。大久保市長は「明日午前、特志者ノ会合アル故、御話ノ事ヲ述ブベシ。特志会ノ人数ハ不足ト思ヒシモ、多キ時ハ議論多ク纏マルマジト考ヘタレバナリ。今後他ニ特志者出デナバ、別働隊トセン。今回ノ挙ニ就テハ、約三千円トナルベケレバ、此上更ニ損失ヲ増サシムルモ如何ト思ハルルナリ」と答弁し、救済特志会へのさらなる負担要求に難色を示した。なお、救済特志会員の加賀谷長兵衛・辻兵吉・村山三之助、および湊彌七の次男鶴吉は、当日の市会を欠席していた。

最終的に、第二八号議案は、原案どおり可決された。市川護幸は、議案の採否とは別に、「救済」について

「別ニ協議会」を開くことを提案し、議長も閉会後に賛同者で協議するよう述べている。前述したように、翌七月一〇日に開催された救済特志会との協議会では、市長大久保鉄作が「市会ノ希望」を伝えており、閉会後の「協議会」が市会の要望を集約する機会になったと考えられる。また、大久保市長が懸念していた、救済特志会へのさらなる負担要求は避けられたことになる。

3　米価騰貴への対応における変化

一九一二年の米価騰貴への対応には、一八九七〜九八年の対応からの変化が複数認められる。第一に市行政が救済特志会の富者に配慮を示していたこと、第二に外国米廉売への寄付が七名の富者に限定されていたこと、第三に救済特志会と市会で中間層の「救済」が議論されたこと、などがあげられる。このうち、第三は次項での検討とし、以下では、第一、二について検討してみたい。

第一について、七月九日の秋田市会では、第二八号議案の審議において、救済特志会にさらなる経済的な負担を求める発言がみられたが、市長大久保鉄作はそれに難色を示していた。中間層の「救済」をめぐる質疑では、救済特志会との協議において市行政の意向が貫徹されていたわけではなかったことも確認できる。こうした市行政の姿勢は、一八九〇年や一八九七年にみられた富者や感恩講にたいする対応とは大きく異なっている。

外国米廉売を実施した救済特志会は、前述したように、秋田市行政により招集された市内の多額納税者ら七名によって組織された。管見の限りでは、市行政が招集の書面を発した七月一日以前に、富者の自発的な「救済」の動きは確認できない。救済特志会員のうち、市参事会員を務めていた辻兵吉・加賀谷長兵衛・湊彌七の次男鶴吉とは、市参事会などでの事前の打ち合わせも想定しうるが、市参事会議事録などでは確認できない。[*73]

七月二日の最初の協議会は、市行政が事前に準備した原案への追加・修正やその細部を詰めるものだった。この協議会の開催はもちろん、米廉売の実施や議事の進行といった大筋は、市行政の主導によって進められたといえる。前掲「日誌」（七月二日）によれば、市長大久保鉄作は、協議会で「本事業ハ役所ノ仕事トセス、主トシテ有志者ノ事業トシ、市役所ハ其労ヲ取ルコト、スルノ希望ヲ述へ」たという。

救済特志会の役割を確認しておけば、全員に共通するのは、寄付（表6―5）と市行政との協議会への出席となる。全六回の協議会への出席状況は、辻兵吉六回（一回）、本間金之助五回、加賀谷長兵衛五回、平野三郎兵衛一回（一回）、湊彌七一回、那波三郎右衛門六回（四回）、村山三之助四回だった（括弧内は、親族等による代理出席の回数。第五・六回は不明）。「常設委員」を務めた本間と辻は、販売を依託する米商の選択や外国米販売元との交渉、在庫米の販売価格の決定を担った。また、本間は、外国米の一部を保管するため、所有する倉庫を提供している。辻も、外国米販売元への支払額の一部を立て替えた。救済特志会員では、やはり「常設委員」の本間と辻の役割や負担が大きかったことがわかる。

市行政が担当したのは、救済特志会および販売を依託された米商四名の担当分を除くすべての実務だった。前述した受給申請の受付や米券発行の業務のほか、精算業務や銀行取引、救済特志会員への連絡などがあげられる。こうした役割分担は、前述した市長大久保鉄作の「希望」に沿ったものだったが、七月九日の市会でみられた救済特志会への配慮をふまえると、財源を寄付した同会を尊重する姿勢だったこともうかがえる。市長と救済特志会員との関係が、かつての士族優位から変化していたことになる。

『秋田毎日』は、一〇月二二日付の月旦子「大久保鐵作君（下）」で、市長大久保鉄作を「行政的手腕□到りては、全く『ゼロ』。唯だ精励勤勉なる幕僚に依りて、僅かにお茶を濁しつつあり。而して大小の事凡て自己一身に処決する事能はずして、富豪辻兵吉氏に到りて其指揮を俟つ」と評している。辻兵吉は、第五章でふれたように、一九〇九年以降、立憲政友会の支持者として知られるようになった。『魁』一九一三年四月四日付の「うめ艸」では、同年三月の市会議員選挙により、多数派を維持できなかった政友会系が「辻兵同様、昨今〔大久保〕市長の拝み倒しを受け其の巾着に片足を入れつ、ある人々を語らひつ、あるさうだ」と述べている。いずれも大久保市長を揶揄する記事であるが、非政友会系は、辻兵吉との関係を「拝み倒し」て支持者になってもらい、「大小の事凡て」「指揮を俟」っているとみなしていたことがわかる。対抗する党派の見方とはいえ、大久保市長にとって、辻兵吉は有力な支持者だったことがうかがえる。大久保は士族であり、辻は近代転換期に急成長を遂げた商人だった。一九一二年の両者の関係は、かつての士族優位とは大きく異なっていたことがうかがえる。前述したように、秋田市会は一八九八年以降、士族優位から党派間の対立へと変化したが、各党派が勢力の拡大を目指すとすれば、士族以外の議員や有権者の支持も欠かせなかったはずである。それは、辻にみられるように、平民の富者の政治的な立場も上昇させたと思われる。前述した大久保市長の救済特志会への配慮の背景として一つには、そうした政治社会の変化が影響していたと考えられる。

第二に、救済特志会による外国米廉売への寄付が、市内有数の資産家七名に限定されていた点である。一八九八年の米廉売への寄付者は一〇六名であり、一九一二年には寄付の担い手に変化がみられたことになる。一八九八年までの秋田市の有志による米廉売を確認しておけば、一八七九年の寄付者数が七四名（第一章）、一八九〇年が一〇九名（表4―2）だった。米廉売と同じく市レベルの大規模な寄付となった感恩講事業の場合、一八八一年の感恩講への寄付申請者が一七四名（表1―3）、一八九三年の東部感恩講への寄付者が二二八名（表2―

2）だった。もっとも、こうした米廉売や感恩講事業への寄付においても、市内有数の資産家による寄付が大きな割合を占めていた。けれども、一九一二年のように、そうした資産家だけに寄付が限定されることはなかった。一八九八年の米廉売で、一円一五銭以下の寄付者が五五名いたように（表6―2）、同年以前の米廉売などでは、少額の寄付者も少なくなかった。少額の寄付者の存在は、富者の「慈善」という面が強かったそれらの米廉売などに、平等な互助としての性格も一定程度付与していたといえる。一九一二年における寄付の担い手の変化は、そうした平等な互助の性格を一掃して、外国米廉売を富者の「慈善」に純化したことになる。

一八九八年から一九一二年の間で、寄付の担い手にそうした変化をもたらした契機を推論すれば、一つには一九一一年の恩賜財団済生会への寄付があげられる。済生会は、同年二月一一日の済世勅語に謳われた「無告ノ窮民」への「施薬救療」を目的として、[*74]恩賜金と全国からの寄付によって設立された財団法人である。池田敬正は、「国家責任を回避させる天皇の名による社会問題対策」であり、[*75]「形式上は民間団体といえるのであるが、したがって資金は圧倒的に民間から募金されたが、天皇制イデオロギーをその理念上の根拠とし、現実の運営にあたっては行政機関の手によってすすめられていた」とする。[*76]

秋田県では、県行政が招集した多額納税者の協議により、「各自所有ノ地価金ニ割当テ醵金スルコト」に決定された。[*77]表6―6は、秋田市の済生会会員を示す。後に救済特志会員となる七名をはじめ、一四名の富者が寄付を申請していた。前述した一八九八年までの有志による大規模な寄付と比べると、限定された富者が対象になっていたといえる。

より重視すべきは、済生会に関して県行政の招集により多額納税者の協議が実施されたことかも知れない。前述したように、市行政が「細民」「救済」の協議への参加を求めたのは、多額納税者と「御令旨遵奉会」の一部

表 6-6：秋田市の済生会会員

秋田市済生会会員		職業	直接国税納税額（1911 年）	
氏名	寄付約束高		計	納税額順
●辻兵吉	6,000	呉服太物商（辻合資会社）	7,436	1
●本間金之助	4,500	雑貨及小間物商	6,739	2
●加賀谷長兵衛	3,000	質物商	5,597	3
●平野三郎兵衛	2,000	貸金貸家業	4,347	4
●湊彌七	2,000	〔貸金業〕	3,819	5
●那波三郎右衛門	2,000	畝織八丈羽二重　質物商	3,142	7
平野政吉	1,000	貸金貸家業	1,856	14
三浦傳六	800	紙及荒物商	2,916	8
●村山三之助	800	質物商	2,462	9
加賀谷富太郎	800	質物商	2,434	10
佐藤文右衛門	800	秋田共益信用組合理事長	1,859	13
江畑省三	500	貸家貸金	1,931	12
松倉庄右衛門	500	貸金業	1,432	16
佐藤山三郎	500	商業	1,148	17
秋田市（14 名）計	25,200			
秋田県（108 名）計	122,620			

出所：「秋田県寄附金完納者調　大正十三年八月七日現在」（「社会課事務簿」大正 7 ～昭和 3 年、秋田県公文書館所蔵、930103-10257）、「秋田県寄附金払込未済調　大正十三年七月末日現在」（同前）、鈴木吉祐『大正の秋田　附商工人名録』（大正堂書店、1913 年）、瀬谷純一『秋田県紳士名鑑』（秋田県紳士名鑑発行所、1919 年）、渡辺真英編『秋田名誉鑑』（秋田名誉鑑発行所、1911 年）。
注 1：●印は、救済特志会会員を示す。
注 2：〔〕は、代替わり後を示す。
注 3：1911 年の納税額順は、6 位が辻良之助（辻兵吉長男）、11 位が那波マツ（那波三郎右衛門妻）、15 位が本間永助（本間金之助長男）である。

だった。それは、県が済生会に関して招集した協議を先例として踏襲した可能性もある。なお、前掲「日誌」（七月二日）には、救済特志会の成員に「済世会員ノ十四《ママ》名ヲモ今後加フルコト」を検討していたことも記されている。済生会の設立には「富裕層に、天皇を中心とする身分秩序のなかに自らを位置づかせることを認識させながら、その慈善心を意識させようとする考え方」があったとされるが[*78]、秋田市では、従来よりも「慈善」の担い手が限定される契機となった可能性がある。

4　中間層の生活難と地方新聞

一九一二年の米価騰貴への対応でみられた変化の第三は、救済特志会と市会で中間層の「救済」が議論されたことである。この過程を整理しておけば、七月二日の「細民」「救済」の協議会では、「貧民」向けとは別に「何人ニ対シテモ販売スルコト」も検討されたものの、七月六日の第二回協議会で前者のみの実施に決まった。七月九日の市会では、中間層の「救済」の必要を主張する市会議員にたいして、市長大久保鉄作も同意を示した。市行政は「一般へ原価ニテ売払フ」提案を準備したが、七月一〇日の第三回の協議会で実際に議論されたかまでは定かではない。八月一日には、⑤「一般」向けの外国米廉売（一升あたり原価の二銭引き）が開始されており、中間層の「救済」が実現したことになるが、その決定の経緯までは記録されていない。

以下では、中間層の「救済」に関する記事に焦点を置いて、地方新聞三紙の論調を確認してみたい。

（一）秋田時事

『秋田時事』は、七月四日付の論説「富豪の奮起」で、七月二日の「細民」「救済」の協議会について、「今回の挙に対して又多くを言はず、美挙として、将た忍び能はざる情の発動として、当面の急を救はんとする富豪の奮起を称揚して止まざるものである」と称賛している。七月九日付の雑報「霞城市尹の談」では、市長で立憲政友会所属の大久保鉄作の談として「細民救助米に就て昼夜殆と忙殺せられて居る」と報じており、同党系の『秋田時事』が大久保らの功績を喧伝していたこともうかがえる。また、七月一一日付の論説「富豪と救済」では、次のように論じている。

世人の富豪に尊敬を払ふは、富豪其の物に払ふに非ずして、其の社会に尽し、人生に貢献する大小軽重に依らずんばあらず。〔中略〕富豪の人類性と禽獣性の多少は、社会に注ぐ涙の量によりて測定するを得べし。今回市郡の富豪諸氏か殆んど自動的に細民救済の旗上げをなせるは社会に注ぐ涙の多きを証し、社会的良心の摩滅せざるを示して余まりあるものといはざるべからず。吾人は此意味よりして富豪の挙を賛し、併せて左顧右眄未た決せざるの富豪に速かに救済の義旗を翻さんことを望むものなり。

「世人の富豪に尊敬を払ふ」のは、その社会貢献ゆえであるとして、「細民救済」を称賛するとともに、県内の「富豪」にその実施を促している。同紙は、七月九日付の汀水生「卓上語」で「我等は斯くの如き企画〔④救済特志会の外国米廉売〕の一日も速かなれかしと、幾度か富豪の奮発を促かす所あつた」としており、現存を確認できていない六月発行分でそうした報道を重ねていた可能性がある。

また、『秋田時事』には、七月三日付の潮堂のコラム「卓上語」など、授産事業を勧める記事も複数みられる。七月八日付の長井金凮の論説「零信　七月初六」では、次のように論じている。

〔現状の「細民救済」のような〕一時的にして、而も申訳ばかりの救急は、余り多くの美果を齎《もたら》すものにあらず。且や、今の細民なるものも、亦自己の人格を知り、権利を知るに至らんとするものなれば、彼等と雖も、無趣意に、他人の救済に与《あつか》らんことをも避けさるべからず。

このように「他人の救済に与」ることを否定したうえで、本論説では、商工業の地産地消により地場産業を育成し、「細民に職業を与」えて地域振興を図るべきとの主張が展開されている。長井金凮（行《あきら》）は、北秋田郡大館町（現大館市）出身で、一八八九年の『魁』創刊時に編集人を務めた後、上京してジャーナリストや漢詩人、東洋史学などの分野で活動し、一九一〇年に秋田県史編纂主任に就任、一九一二年当時は、『秋田時事』の主筆を兼任していた。[*79] 注目されるのは、「他人の救済に与」ることが、「人格」や「権利」といった観点から否定されている点である。第四章でふれたように、『秋田日日新聞』の前掲「紳士豪商の美挙（承前）」では、富者による米廉売の受給者について、「最劣等の地位」として従属を強いられ、公権も認められない、といったスティグマを押していた。後掲する『秋田時事』七月一二日付の雑報「巷の噂」でも「他の恩恵に依り生活するは大に恥つべきこと」としている。長井は、そうした「人格」を損なうような代償があることを前提として、「他人の救済に与」ることを否定していたといえる。また、授産事業と地域振興を結びつける長井の主張は、第五章でふれた一九〇一年の『魁』の論調に重なる。[*80] 長井の『秋田時事』在職は長くなかったとされるが、[*81] 対抗紙の『魁』と見紛うような論調を同紙にもたらすとともに、「人格」や「権利」といった観点からの富者の「慈善」批判を秋田市の新聞界に登場させたことになる。

「中流」の生活難については、『秋田時事』七月一一日付の汀水生のコラム「卓上語」が、「若し夫れ体面を繕ふの止むなき窮民を挙げなば、恐らく一万人に及ぶ可し」として、「是等一般の者」への対応の必要を強調している。翌七月一二日付の雑報「巷の噂」でも、次のように述べられている。

〔④救済特志会の外国米廉売では、〕官署や会社の給料に衣食する者は、其の給額の多少に拘らず資格かないとのことである。▲成程他の恩恵に依り生活するは大に恥つべきことである故、自ら進んで抗議を申込む人もあるまいか、去りなから其の家庭の内容を査察すれば頗る悲惨の状を呈しつゝある者も尠なくないさうだ。此連中の救済方法も亦熟考を要することであらう。

④外国米廉売の受給資格がなかった「官署や会社の給料に衣食する者」のうち、「頗る悲惨の状を呈しつゝある者も尠なくない」として、「救済方法」の「熟考」が必要という。長井金風の前掲「零信　七月初六」をふま

えると、④外国米廉売を受給すれば「人格」を損なうことになる。「熟考」を必要としたのは、あるいは、「体面を繕ふの止むなき窮民」にふさわしい「救済方法」の検討を要するためだったのかも知れない。『秋田時事』は、「中流」の生活難、およびその対策が従来の「慈善」では難しいととらえていた可能性もある。

だが、⑤八月一日の「一般」向けの外国米廉売開始については、同日付の雑報「救済米の値引」でその価格等を簡潔に報じるにとどまった。『秋田時事』は、「中流」への対応の必要を強調していたにもかかわらず、実際に「救済」が実現した際にはさほど関心を寄せなかったことになる。ただし、⑤の報道については、後述する『魁』『秋田毎日』も同程度にとどまっている。前述したように、七月後半には米価が低落するとともに、④の売上高も減少していた。また、七月三〇日の明治天皇死去前後には、各紙とも、その関連記事に多くの紙面を割いていた。⑤の報道が低調だったのは、そうした状況の変化が関わっていたと考えられる。

(二) 秋田魁新報

『魁』は、七月六日付の「うめ艸」で、「当市でも此の頃貧民救済の議あつたそうて、結局調査してからといふ事になつたと聞く。〔中略〕目前に迫れる此問題も調査だの何だのといふ間に時機を失する場合が往々にして之れ有る知らず」として市行政を批判している。立憲国民党系の『魁』が、立憲政友会所属の市長大久保鉄作に対抗していたこともうかがえる。他方、一八九七年以前の『魁』にみられた「惰民養成」への懸念や授産事業を促す主張などは見受けられない。

「中流」の生活難については、『魁』も七月一三日付の論説「米価漸く下落す」で、「〔米価の下落に〕中流の人々、殊に月給に生活してゐる人々は如何に胸を撫で下したか分らぬ。今の時代に外体面を飾り、内最も困つてゐるは中流人士だからである」としている。ただし、同紙の「うめ草」では、生活難の背景には「外米は甘くない、麦は不味い」といった「贅沢」があり（七月三日付）、「近年に於ける中流社会の奢侈的傾向たる実に収入に伴はざる生活を為す破産的な沙汰と言はねばならぬ」（七月一〇日付）として、「中流」の「贅沢」「奢侈」への戒めをくり返している。能川泰治は、同年の『北國新聞』（石川県）、一九一八年の『都新聞』の記事をふまえて、「明治末・大正期において、下層民衆の中にも、エネルギー効率性〔腹持ちの良し悪し〕などの理由から、内地米志向が定着しつつあり、それを周囲は分不相応の贅沢とみなしていたこと」を指摘している。[*82]『魁』の前掲記事は、「中流社会」の内地米志向についても「贅沢」とする見方があったことを示す。一九一二年の同紙は、そうした「贅沢」を戒める以外に「中流」の生活難への対策を提示することはなかった。

（三）秋田毎日新聞

『秋田毎日』は、七月九日付の論説「貧民視察」で、「無告の窮民を救済するが為めに、這回市役所に会合するの挙あるは甚だ善し。唯だ議論を避け、長談義を止め、速やかに之れを実行するの果断明快を要す。〔中略〕蒼顔憔悴幽霊然たる彼等の相貌は、殆んど飢饉同様なり。〔中略〕富豪権貴者の猛奮す可き時なり」と述べている。それは、秋田新聞記者協会が「其の事業の第一着手」として、七月八日に実施した「市内各所の貧民窟」の視察をふまえての主張とされる。秋田新聞記者協会は、県内の新聞記者と新聞通信員により組織されたもので、会員の「品位を高め権威を保ち親睦を図り、県富源の開発、名勝古跡の紹介、社会風教の維持、其他県民の休戚に関する事項に付一致の態度を以て輿論を喚起し実行を期するを以て目的」としていた。[*83]七月七日の第一回総会では、小作農の疲弊、全県青年大会の開催、能代遊郭の移転とともに「貧民の生活状態を視察し、富豪及び当局をして米価調節、貧民救済上適宜の方法を講せしむる事」を取り上げることが決まった。
『秋田毎日』では、七月一〇日付から一八日付まで「米が喰へない」と題して全八回の連載をしているが、そのうち七回分を七月八日の「貧民視察」の報告に充てている。七月一一日付の「米が喰へない（二）」では、「豚小屋にも劣る一棟長屋」に子と暮らす女性について、次のように伝えている。

早く亭主を失つて唯子供と二人暮し。商売は〔中略〕網すきであるが、賃銭はほんの小使位のもの。漸く感恩講の施米にありついてゐるからどうにか喰ふ丈は喰つてゐるやうなもの、、施米丈ではいくら倹約しても足らず、其の余は南京米で間に合はしてゐるが、是の上米が高くなつてはどうなることやらとホロリとする。記者等は〔中略〕近々市役所では安い米を売る筈だから、少しは息つくことが出来やうと慰めた。

網の製作では生計が立たず、感恩講の「施米」を受けているが、その不足分を外国米の購入で補っているため、さらなる米価騰貴には不安が大きいという。あるいは、感恩講の救助対象は、子どもだけだったのかも知れない。同記事では、同じ長屋の隣人親子三人が、兵営の残飯で三食を賄い、売り切れの際には外国米の粥で飢えを凌いでいたことも伝えている。そうした残飯中心の食生活と比べれば、この女性の生活水準は、感恩講の救助により底上げされていたといえる。「米が喰へない」の連載では、「商売が立たない」「御鉢に飯がない」「蚊帳も吊れない」「残飯屋の大繁盛」など、同時代の「貧民窟」ルポルタージュに重なるような具体的な描写で「貧民」の生活を報じており、[*84] その「悲惨」な現状が一貫して強調されている。なお、秋田新聞記者協会の「貧民視察」については、『魁』が七月一〇・一二日付の「米価が高い（一）（二）」で概要を報じ、『秋田時事』では、七月八日付の潮堂「卓上語」などで視察予定のみを伝えている。両紙と『秋田毎日』とでは、「貧民視察」の報道に少なからぬ温度差があったことがうかがえる。

『秋田毎日』のそうした報道姿勢は、④救済特志会の外国米廉売の開始を報じた七月一三日付の雑報「市役所の貧民」にもうかがうことができる。

縞目の分らぬ程洗ひ晒した穢い着物に力なく眠つて居る子供を背坦《せお》つた婦人達は、事務所に集まつて先きを争ふて米券の交附を迫つて居る。▼痩せ衰へて骨ばかりの蒼白い顔した男が垢で真黒になつた手を延べては負けずとあせつてる所は餓鬼道地獄は実に見目も惨めなものである。〔中略〕これ〔米券〕を貰らつた貧民は甦つた様に疲れた足を運んで行く。〔中略〕貧民の多くは屑拾ひや日雇乃至は一人暮しの婦人だ。

「屑拾ひや日雇」、「一人暮しの婦人」が④外国米廉売を歓迎していたこととともに、同紙がここでも「悲惨」な現状を強調していたことを確認できる。

他方、同紙七月一八日付の「米が喰へない（八）」では、「某所に奉職してゐる一人の役人」は「毎日出勤するのに古ぼけた垢だらけの洋服一つしか有たないと云ふ有様」であるが、「まさか全然下流社会のやうな生活も出来ず、世間の体面上余儀なくかうした生活を続けてゐる」など、「中流以下の社会、即ち高等貧民の生活状態」を報じており、『秋田毎日』も、「中流」の生活難という現状認識を共有していたことがわかる。だが、「米が喰へない」の七回分を「貧民」の現状報告に割いているように、「貧民」の問題が格段に重視されており、「中流」の生活難への対策などは述べられていない。

「中流」の生活難について、『秋田毎日』は対策の提案にまでは至らず、『魁』は「贅沢」が原因として倹約を促すにとどまっていた。『秋田時事』は、④救済特志会の外国米廉売のような、従来の富者の「慈善」では対応しがたいことまでとらえていた可能性があるものの、対案の提示には至っていない。前述したように、市会では公設市場の設置が提案されており、地方紙よりも市会議員のほうが「中流」以下の生活危機への対応を先取りしていたといえる。とはいえ、地方紙三紙が揃って取り上げたことは、「中流」の生活難が、秋田市でも社会問題として認識され始めたことを示している。

おわりに

秋田市では、一八九七年には市行政によって、一八九八、一九一二年には市内の富者らの寄付によって大規模な米廉売が実施された。第一章でふれた一八七九年、前章でふれた一八九〇年の事例もふまえると、明治期の秋田市では、米価騰貴による生活危機を一定程度緩和するような対応がとられていたことになる。一八九七年以外の対応で財源の多くを占めていたのは、市内の富者による寄付だった。秋田市の富者は、恒常的な救貧だけではなく、米価騰貴のもとでも住民の生活を維持する役割を一定程度果たしていたことになる。一八九七、一九一二年には、富者にそうした対応を促すような社会的な圧力があったことも確認された。米価騰貴への対応を模索していた市行政や市会、「奇特の慈善家」、地方新聞などの動向、そして「不穏」がそれにあたる。一八九八、一九一二年の米廉売における資産家の負担は、やはり促された「慈善」だったと考えられる。

一九一二年の米価騰貴の局面では、少なくとも一八九七〜九八年以前とは異なる模索や対応もみられた。第一に市長が救済特志会に配慮を示したこと、第二に外国米廉売への寄付が市内有数の資産家七名に限定されたこと、第三に「中流」の生活難の社会問題化、などがあげられる。第一は、秋田市の政治社会が士族優位から党派間の対立に変化したことで、平民の富者の政治的な立場が上昇したことを示す。第二は、一八九八年の米廉売までみられた少額の寄付が一掃され、富者の「慈善」に純化されたことを示している。

第三の「中流」の生活難の社会問題化は、福祉の受け手をめぐる大きな転換に関わっている。倉地克直は、一八世紀の「救恤の繰り返し」によって社会階層の境界が明確となり、「中下層」には「倹約・勤勉の徳目を身につけて救恤を受けずに『自立』すること」が求められたと指摘している。[*85] 前章までにふれた災害救助支援や米廉売の場合も、対象とされたのは「貧民」であり、それ以上の社会層には「自立」が促されていた。「中流」の生活難が社会問題となったのは、福祉にともなう「包摂と排除」の境界線に大きな揺らぎが生じていたことを示す。一九一八年の米価騰貴の局面では、こうした「中流」の「包摂と排除」、さらには「安定と拘束」をめぐる問題が浮上することになる。そうした転換は、一九一八年の米騒動後における都市行政の「社会都市」的な変容を後押しすることになったと考えられる。[*86]

註

＊1　後藤靖・山本四郎「一九一八年『米騒動』以前の米騒動」（井上清・渡部徹編『米騒動の研究』第五巻、有斐閣、一九六二年）。

＊2　中沢弁次郎『日本米価変動史』（一九三三年、再刊、柏書房、一九六五年）。

＊3　青木虹二『明治農民騒擾の年次的研究』（新生社、一九六七年）。

＊4　平沢清人「明治三十年の米騒動」（『伊那』第四二五号、一九六三年一〇月）。

＊5　秋田県編『秋田県統計書』明治三〇・三一年（一八九八・一九〇一年）、安藤和風『秋田五十年史』（秋田郷土会、一九三二年、八一～八二頁）。

＊6 『魁』では、他府県の米騒動などのうち、「長野」「山形」の詳細について報じていたことを確認できる（「長野県貧民の暴行」『魁』一八九七年九月九日雑報、「信州暴動事件」同前九月一〇日雑報、「山形県の一揆」同前九月二六日雑報）。秋田県雄勝郡湯沢町の騒動に関する『魁』の報道は、管見の限りでは、本社説以外の記事を確認できていない。社説「民心不穏」掲載号の前号にあたる『魁』同九月三〇日付は、現存を確認できていないため、同日付で報道されていた可能性もある。なお、『東京朝日新聞』同一〇月四日付の「地方近事」では、秋田県雄勝郡湯沢町で「貧民五十名許り」が「町役場に救助を出願」と報じているものの、日付など詳細は記されていない。

＊7 「秋田県指令庁甲第一六九八号」一八九七年九月三〇日付（「諸控　第一号（明治26年1月～明治30年12月）」秋田感恩講文書、日本福祉大学付属図書館所蔵マイクロフィルム、FT二三三八）。『感恩講慣例』一八九二年（秋田県公文書館所蔵、九三〇一〇三―〇〇八五九）では、第二七条で、「県庁ノ認可ヲ受ク」べき次項の一つとして「救恤ノ残米ヲ売却スル事」をあげている。

＊8 「市参事会議事録（M29～M30）」（秋田市役所所蔵、三一四五五八）。

＊9 「秋田市会議事録」明治三〇年（秋田市役所所蔵、三一四六〇三）。

＊10 同前「秋田市会議事録」明治三〇年。

＊11 前掲「市参事会議事録（M29～M30）」。

＊12 「庶務事務簿（七月～）」明治三〇年（秋田市役所所蔵、三一四四〇〇）、件番号五二。

＊13 「隣県の細民救済状況」『魁』一八九七年一〇月一七日雑報。

＊14 内閣統計局編『日本帝国統計年鑑　第一八回』（一八九九年）。

＊15 秋田市役所編『秋田市史　下』（一九五一年、復刻版、歴史図書社、一九七五年）、四七二頁。

＊16 前掲「庶務事務簿（七月～）」明治三〇年、件番号六六。

＊17 「市参事会議事録（M31～M32）」（秋田市役所所蔵、三一四五五九）。

＊18 「市議會事務簿　其の二」明治三二年（秋田市役所所蔵、三一四二五五）、件番号八。

＊19 秋田県前掲『秋田県統計書　明治三二年』。

＊20　秋田市役所前掲『秋田市史　下』、および秋田市編『秋田市史　第四巻　近現代Ｉ通史編』（二〇〇四年）では、③米廉売の販売価格を一升あたり「約十三銭位」としているが、前述した売上代金、売上石数とは整合しない。

＊21　前掲「市参事会議事録（Ｍ31～Ｍ32）」、「秋田市会決議報告（Ｍ31～Ｍ32）」（秋田市役所所蔵、三一四六三一、第八号）。

＊22　佐藤儀助編『秋田市政を動した人々』（一九五八年）。

＊23　一〇月六日の市参事会について、前掲「市参事会議事録（Ｍ29～Ｍ30）」は、出席者と議案の採択結果のみを記した簡潔なものであるため、議事の詳細までは不明である。

＊24　秋田市史編さん委員会近・現代部会編『秋田市史叢書5　御代弦日誌』（秋田市、二〇〇二年）。

＊25　安部忠助は、一九一三年三月の市会議員選挙の際、楢山南部（旧武家地）の予選会の座長を務めており（「市議員候補者予選会」『秋田毎日』一九一三年三月七日雑報）、士族だったと考えられる。

＊26　佐藤前掲『秋田市政を動した人々』。

＊27　渡辺真英『秋田資産家名鑑』（片谷同盟堂、一九〇三年、秋田市立土崎図書館所蔵）。

＊28　前掲「庶務事務簿（七月～）」明治三〇年、件番号六六。

＊29　大豆生田稔『お米と食の近代史』（吉川弘文館、二〇〇七年）、一六四頁。

＊30　中沢前掲『日本米価変動史』、四二九、四三三頁。

＊31　青木前掲『明治農民騒擾の年次的研究』。

＊32　秋田県編『秋田県統計書　大正元年』（一九一四年）。

＊33　秋田県編『秋田県史　五巻』（一九六四年、復刻版、加賀谷書店、一九七七年）、一〇六八～一〇六九頁。

＊34　「秋田市会会議録　第廿二号」七月九日（「秋田市会議録（Ｍ45～Ｔ1）」秋田市役所所蔵、三一八〇九五）。

＊35　七月一日付回議番号第五六八号「辻外六名へ照会案」（「安米売払関係書類」大正元年、秋田市役所所蔵、三一五一〇一）、「日誌」七月二日（同前）。

＊36　渡部真英編『秋田名誉鑑　一名秋田県直接国税拾五円以上納税名鑑』（秋田名誉鑑発行所、一九一一年）。

＊37　七月五日付回議番号第二七五号「通知ノ件」（前掲「安米売払関係書類」大正元年）。
＊38　前掲「日誌」七月二日（「安米売払関係書類」大正元年）。
＊39　七月二日付回議番号第五六九号（同前「安米売払関係書類」大正元年）。
＊40　前掲「日誌」七月二日（「安米売払関係書類」大正元年）。
＊41　「日誌」七月六日（同前「安米売払関係書類」大正元年）、「救済特志会決議事項」（七月六日）（同前）。
＊42　前掲「秋田市会会議録　第廿二号」七月九日（「秋田市会会議録（M45～T1）」）、「秋田市の窮民救済」『魁』一九一二年七月八日雑報。
＊43　「秋田市参事会議事録（M44～T1）」（秋田市役所所蔵、三一四五七五）。
＊44　前掲「秋田市会会議録　第廿二号」七月九日（「秋田市会会議録（M45～T1）」）。
＊45　「安米売払特志者協議会」七月一〇日（前掲「安米売払関係書類」大正元年）。
＊46　同前「安米売払特志者協議会」七月一〇日（「安米売払関係書類」大正元年）、「日誌」七月一〇日（同前）。
＊47　七月一〇日発議回議番号第五九〇号（同前「安米売払関係書類」大正元年）。
＊48　七月一〇日付回議番号第五九二号（同前「安米売払関係書類」大正元年）。
＊49　秋田市役所前掲『秋田市史　下』、七二五頁。
＊50　七月一〇日付回議番号第五九一号（前掲「安米売払関係書類」大正元年）。
＊51　「安米協議会」七月三〇日（同前「安米売払関係書類」大正元年）。
＊52　「安米売払ニ関スル重要事項」（同前「安米売払関係書類」大正元年）。
＊53　「安米交付簿」（同前「安米売払関係書類」大正元年）。
＊54　救済特志会代表大久保鉄作宛川尻直治「承諾書」（同前「安米売払関係書類」大正元年）。
＊55　前掲「安米売払ニ関スル重要事項」（「安米売払関係書類」大正元年）。
＊56　秋田市役所前掲『秋田市史　下』、七二五頁。
＊57　前掲「安米協議会」七月三〇日（「安米売払関係書類」大正元年）。

＊58　同前「安米協議会」七月三〇日（「安米売払関係書類」大正元年）。
＊59　「米価低落」『魁』一九一二年七月一九日雑報、「外米低落」『魁』一九一二年七月二〇日雑報、「外国米の値上げ」『魁』一九一二年八月四日雑報、「米価下落」『魁』一九一二年八月二九日雑報。
＊60　「九月四日　救済会」（前掲「安米売払関係書類」大正元年）。
＊61　村金商店から納入された五〇〇袋は、三三二石二斗九升五合（「安米交付簿」同前「安米売払関係書類」大正元年）。八月三〇日時点の在庫は、本間金之助所有倉庫の在庫分・六六石六斗八升二合五勺（同前）、および米商四名分・九四石二斗九升四合（表6—4）。
＊62　「特志救済会」九月二七日（同前「安米売払関係書類」大正元年）。
＊63　一〇月三日付回議番号一三四号（同前「安米売払関係書類」大正元年）。
＊64　前掲「安米売払ニ関スル重要事項」（「安米売払関係書類」大正元年）。
＊65　秋田県編前掲『秋田県統計書　大正元年』。
＊66　秋田市役所前掲『秋田市史　下』、七二七頁。
＊67　「市議員候補者　有縁無縁（三）」『秋田毎日』一九一三年三月九日雑報、鈴木吉祐『大正の秋田　附商工人名録』（大正堂書店、一九一三年）、瀬谷純一『秋田県紳士名鑑』（秋田県紳士名鑑発行所、一九一九年）、安藤和風『秋田人名辞書』（秋田郷土会、一九三二年）。
＊68　林宥一『「無産階級」の時代—近代日本の社会運動—』（青木書店、二〇〇〇年）、一五四頁。
＊69　秋田市前掲『秋田市史　第四巻　近現代Ⅰ通史編』、七一六頁。当初は、県農会が運営し、特定の商人に食料品の廉売を実施させていたが、一九二二年から市営となった（「市経営の公設市場」『秋田朝日新聞』一九二二年四月五日雑報）。
＊70　能川泰治「地方都市金沢における米騒動と社会政策—一九一一～二三年—」（橋本哲哉編『近代日本の地方都市—金沢／城下町から近代都市へ—』日本経済評論社、二〇〇六年）、一八三、一九五頁。
＊71　秋田県前掲『秋田県史　五巻』、八二～八三、八六～八七頁。
＊72　「市の選挙界」『魁』一九一〇年三月二〇日雑報、「市会議員選挙界大勢」『魁』同三月二六日雑報、「市議員候補者　有縁無

縁（七）」『秋田毎日』一九一三年三月一三日雑報、「市議員候補者　有縁無縁（一三）」『秋田毎日』同三月一九日雑報、「選挙だより」『魁』同三月二一日雑報、「選挙だより」『魁』同三月二二日雑報、など。

＊73　前掲「秋田市参事会議事録（M44～T1）」。この議事録には、開催日時・出席議員名等の事務的な事項や議案の内容、その採択結果以外は記されておらず、議事の経過などを確認することはできない。

＊74　『官報』号外、明治四四年二月一一日。

＊75　池田敬正「恩賜財団済生会の設立」（後藤靖編『近代日本社会と思想』吉川弘文館、一九九二年、一五〇頁）。済生会の設立について、高岡裕之は、「貧民救済に冷淡であった明治国家が、こと医療に関しては『無告の窮民』に対しても提供されるべきという姿勢を示したことは、日本における『社会国家』化が医療を中心に進行する歴史的前提となった」と指摘している（高岡裕之「『生存』をめぐる国家と社会―二〇世紀日本を中心として―」『日本史研究』第五九四号、二〇一二年二月、一一頁）。

＊76　池田敬正「天皇制的慈恵の動揺と再編成」（『京都府立大学学術報告　人文』第三五号、一九八三年）、一九八頁。

＊77　「万日記」明治四〇～大正三年（加賀谷家文書、秋田県公文書館所蔵、加賀谷Ⅰ―ア―一二）。

＊78　池田前掲「恩賜財団済生会の設立」、一四八頁。

＊79　村上早苗「長井金風」（秋田県総務部秘書広報課編『秋田の先覚―近代秋田をつちかった人びと―第2』秋田県、一九六九年）。

＊80　「公論子の那波家に告くるを賛す（下）」『魁』一九〇一年五月二三日社説。

＊81　村上前掲「長井金風」。

＊82　能川前掲「地方都市金沢における米騒動と社会政策―一九一一～二三年―」、一八六頁。

＊83　「秋田新聞記者協会」『秋田時事』一九一二年七月九日雑報。

＊84　中川清『日本の都市下層』（勁草書房、一九八五年）。

＊85　倉地克直「『生きること』の歴史学・その後」（『日本史研究』第六〇四号、二〇一二年一二月、三六頁）、同『江戸の災害史』（中央公論新社、二〇一六年、二三二頁）。

＊86　源川真希『東京史―七つのテーマで巨大都市を読み解く―』（筑摩書房、二〇二三年）。

第七章　「慈善」と中間層——一九一八年の米価騰貴をめぐって——

はじめに

明治期の秋田市では、第六章でふれたように、米価騰貴による生活危機を一定程度緩和するような対応がとられていた。そうした対応は、「慈善」と呼ばれていたが、複数の社会的な圧力や「不穏」に促されていたことも確認された。だが、一九一二（明治四五）年には、一八九七〜九八年以前とは異なる模索や対応もみられており、とりわけ「中流」の生活難が社会問題となったことが注目される。

一九一八（大正七）年夏、シベリア出兵を見越した投機によって米価が高騰し、米騒動が全国各地に広がった。最盛期の八月一一〜一六日を中心に、少なくとも四九市・二一七町・二三一村と二九の炭鉱で騒動が発生した。[*1] 二〇〇四年現在までに米騒動が確認されていないのは、青森・秋田・沖縄の三県とされる。[*2]

本章では、一九一八年の米価騰貴のもと、秋田市ではどのような対応がみられたのかを明らかにするとともに、そうした対応の歴史的・社会的背景を検討してみたい。そこでは、秋田町（市）の生活を支えてきた富者の「慈善」と「中流」の生活難との関係が大きな論点となる。

第一節　一九一八年の米価騰貴と秋田市

1　米価騰貴と秋田市

一九一六年秋に上昇局面に入った米価は、一八年に暴騰した。図7―1は、秋田市における白米中等一石あたりの月次平均米価を示す。一九一六年七月まで一三円前後だった米価が八月から上昇し、一九一七年七月には二〇円を超え、二三円から二五円強を推移した後、一九一八年四月に二九円前後まで急騰した。その後は二九円台を推移したが、七月に三一円、八月に三七円を超え、さらに上昇を続けている。米価は、翌一九年も上昇を続け、二〇年に入って下落に転じた。

当該期における米価高騰は、第一次世界大戦による景気回復と一九一五年半ばからはじまる大戦ブームが要因とされる。[*3] 輸出の拡大により諸産業は活況となり、諸物価が上昇、投機熱も高まり定期市場の米もその対象となった。また、日露戦後に形成された食糧供給構造が、外国米依存を前提としていたため、その供給地域である英領ビルマや仏印、タイの輸出制限・禁止から深刻な影響を被ったことも指摘されている。

四月中旬、『秋田毎日新聞』（以下、『秋田毎日』と略す）は「台所の節約」「高い高い米の値」「活気づいた質屋」など物価騰貴に関わる記事を掲載している。[*4] 四月二二日の秋田市会でも、物価騰貴をめぐって質疑が交わされたが、[*5] 市行政が何らかの対応をとることはなかった。なお、一九一八年の秋田県で発行されていた一般日刊紙は、『秋田魁新報』（以下、『魁』と略す）・『秋田毎日』だったが、[*6] 管見の限りでは、『秋田毎日』の五〜九

図7-1　秋田市の月次米価（白米中等・一石）

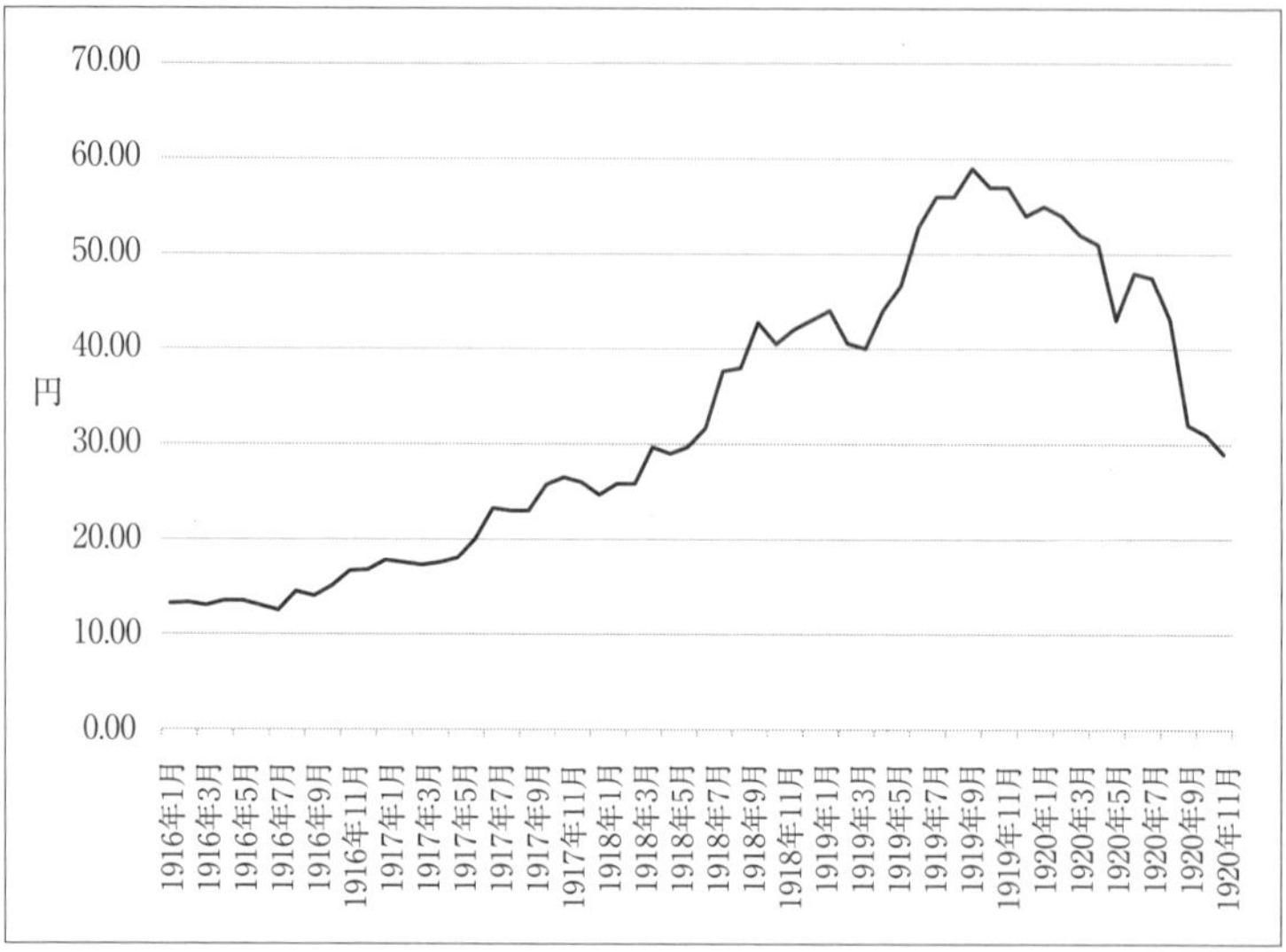

出所：秋田県編『秋田県統計書』大正五～九年、1919～1922年。

月分以外は現存している。『魁』は憲政会系、『秋田毎日』は立憲国民党系だった。以下、一九一八年の史料は年を略す。

農商務省では、四月中旬までに米穀取引所の監視・規制や内地米の輸出制限などを実施した。[*7] 四月二五日には、同省に外国米輸入の管理等によって穀価の変動を調節する権限が付与された。これに伴い、臨時外米管理部が設置され、四月二六日に外国米管理規則が公布・施行された。こうした対応により、内地米の相場は一時的に下落したものの、シベリア出兵の決定により七月中旬から急騰している。

『魁』八月二日付の雑報「外米購買につき」では、次のように報じている。

秋田商業会議所の高島書記は、外米購入の為め上京したるが、其の通信に曰く……私事去月二十七日着以来、外米購買の件に付、東奔西走酷暑を冒して各方面活動否探査せるが、目下は各地方の団体や各商業会議所員も上京、夫々運動をなし皆現金にて前渡

図 7-2　秋田市の米価と賃金

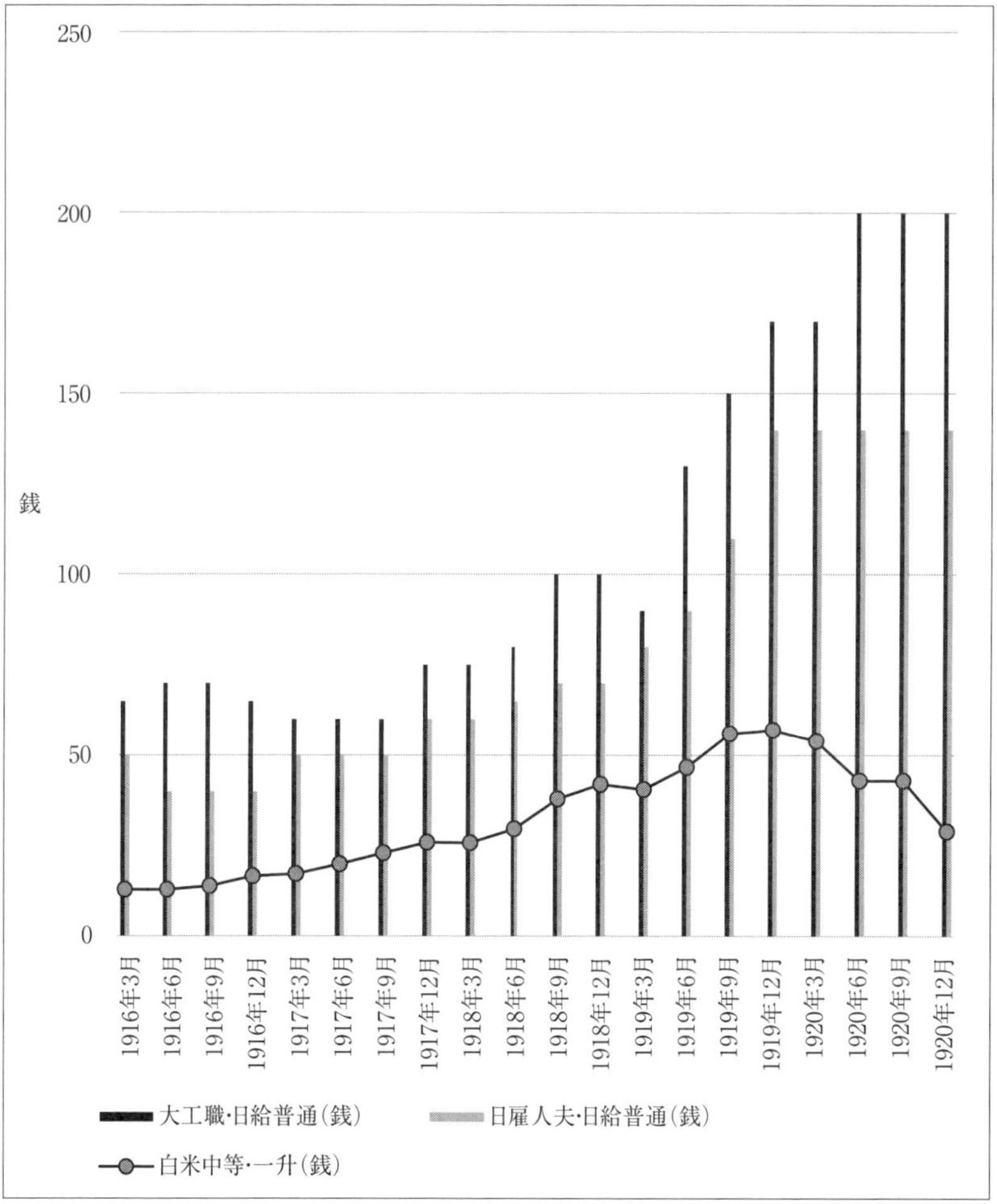

出所：秋田県編『秋田県統計書』大正五〜九年、1919 〜 1922 年。
注 1：「白米中等・一升（銭）」は、一石分の価格を一升分に換算した。
注 2：1920 年の「日雇人夫・日給普通」は、すべて賄い付き。

すと言ふ景況なるが、品物は事実皆無と言ひ居るも、指定商中には十車や十五車は持合せする者もあり。〔中略〕最も外米は目下着船致さず、品払底の現状なれば、互に暴利取締令の裏を潜りと秘密に行はるゝ如く〔中略〕何れも係員に対し手取り早い話が飲食させて多少に拘はらず買取り又売る如くに推察せらる。

全国各地の需要にたいして外国米の供給が追いついておらず、秋田市の関係者も確保が困難だったことがわかる。こうした外国米の供給不足もあって、秋田市の内地産白米の小売価格も上昇し、八月一三日には、一升四二銭五厘の高値となった。[*8] 図7—2は、秋田市における白米中等一升あたりの平均米価、および大工職・日雇人夫の日給それぞれの推移を示したものである。大工職・日雇人夫の日給は、一九一七年九月以降上昇に向かった。だが、米価一升が二五・八銭から三八円へ急騰した一九一八年三月から九月にかけて、大工職の日給は七五銭から一〇〇銭へと上昇しているものの、日雇人夫では六〇銭から七〇銭への増額にとどまっている。特に後者の場合、米価の急騰に日給の増額が追いついていなかったといえる。日雇人夫など、日給生活者の家計は、米価急騰によって圧迫されていたことがうかがえる。

2　秋田市の米騒動

『魁』は八月九日付の東京電報「男女漁民一揆」で、中新川郡滑川町での八月六日の騒動について報じている。富山県では、七月から八月初旬にかけて、富山湾東部沿岸の中小都市を中心に米騒動が起こった。[*9] 八月五日以降、西水橋町や東水橋町、滑川町などの動向が、中央紙や県外紙でも報道され、騒動が全国各地に広がる契機となった。『魁』も八月九日付以降、こうした他府県での騒動の情報を電報欄や雑報欄に掲載している。

秋田市内についても、『魁』は、八月一五日付の雑報「鉄工場の不穏」で、「各地不穏の状報に伴ひ、市内にても某富豪が数十人に談判されたとか、川尻村同富豪倉庫附近又は総社内に多人数集会せる抔の巷説あるも、何れも虚聞にて事実なき如し」と伝えている。そうした「巷説」は、「虚聞」ではあっても、米価騰貴下における地域社会の不安を示していたと思われる。また、『羽後新報』九月一日付の春浪生「秋田より」によれば、「『市民大会を催す』と云ふ意味の張紙が、馬喰町に下げられた」という。一九一八年八月の秋田市では、騒擾こそ起こらなかったものの、複数の噂が流布し、集会を呼びかける貼り紙もみられたことがわかる。

なお、井上清・渡部徹編『米騒動の研究』第一巻では、青森・岩手・栃木・沖縄の各県とともに、秋田県を一九一八年の米騒動が起こらなかった県としている。[*10] だが、前述した秋田市の事例以外にも、河辺郡新屋町（現秋田市）では、町内「十ヶ所に、新聞紙へ町民大会を開催すべく志士仁人来り会せよとか其他不穏の文字を羅列しありしを翌朝発見し大騒ぎ」になったとされる。[*11] これらは、井上・渡部前掲『米騒動の研究』第一巻でいう、米騒動の分類Ｃ「集会をよびかける貼紙、富豪・米屋等にたいする個人的脅迫等がおこなわれ、いわゆる『不穏』な情勢を生じたが、何らの群集行動も現実には生じなかつたもの」に該当するはずである。[*12] また、内務省警保局作成の「府県別米価問題騒擾状況一覧表　大正七年九月末現在」では、秋田県を「貼紙等アリタルモ多衆集合ノ程度ニ至ラスシテ止ミタルモノ」の八県の一つに数えている。[*13] 本表は、各府県からの報告書をもとに作成された「所謂米騒擾ニ関スル件」に所収されている。県内のどのような出来事を指すのかまでは不明であるが、当時の県行政や県警が「貼紙等アリタル」ことを把握し、本省へ報告していたことを確認できる。秋田県は、一九一八年の米騒動が起こった県に位置づけても差し支えないといえる。

また、『魁』八月三〇日付の雑報「富豪へ暴漢」では、「話は一昨夜のこと、暴漢四五名が大町通りの大富豪の宅を襲ふたと云ふ、平静な当地では旱天の雷雨の如く噂が高まつた」が、これは「元計手の狂人が、陸軍の一種帽をかぶつて馬を乗り廻し、果ては馬鹿にも性根があると見え、単身右富豪に至り、安米を売らせると叫んで駆けつけたのを親類の人や三丁目の旦那さん連は狼狽し、之を取押へんとドサクサして追跡したゝめ、一犬嘘を吠万犬和すで、之を見た弥次馬は、扨は愈々当地でも暴動が起つたわいと頼まれもせぬ吹聴したこと」と報じている。「富豪」の「親類の人や三丁目の旦那さん連」の「狼狽」には、米騒動にたいする富者の懸念が示されている。警察も、そうした懸念を共有していた。『魁』八月二六日付の雑報「市に於ける廉売と一般の市況」によれば、「其の筋に於ては専心予防警戒に怠りなく、特に秋田署に於ては角袖をも各町に派して厳重警戒をなしつゝあるより、市民は却て異様の感を為しつゝあ」ったという。後述するように、八月下旬の秋田市では、米廉売が実施されていた。「狼狽」や過剰な「警戒」は、米廉売開始後も、富者や警察の懸念が解消されていなかったことを示す。

米廉売開始前には、そうした懸念がなおさら大きかったと考えられる。『魁』は、八月一五日付の雑報「秋田市富豪は如何―自発か他働か―」で、次のように論じている。

各地米騒動につれ、本県にても土崎は外米廉売の経費を富豪が寄附し、本荘町にても米穀商一同が七百円を醸し貧民に廉売せんとし、横手町会議所も秋田《マ》市役《マ》所と協同して一層廉売の徹底を図らんとしつゝあるが、斯る危急の時に際し、平生素位素餐国家の優渥なる恩寵に浴し一般国民よりも一層生命財産の保護を得、且つ米価騰貴に依り大に利益せる市内富豪は如何なる態度に出つるか、他の強制を待たず自発せざるか。又県当局者も暴動の起るに及び始めて狼狽し臨機の措置を取るか、又は未然に予防するか、吾人は刮目して其一挙一動を監視せんとす。

同紙が、秋田県内の南秋田郡土崎港町（現秋田市）や由利郡本荘町（現由利本荘市）、平鹿郡横手町（現横手市）での廉売実施の事実とともに、「他の強制」や「暴動」といった暴力行使への懸念を強調することで、秋田市内の富者や地方行政に対応を促していたことを確認できる。

3　米穀廉売会

八月一二・一三日開会の秋田市会では、米価騰貴への対応をめぐって質疑が交わされた。[*14] 質問をした複数の市会議員、答弁した市長井上廣居の双方から、騒動への懸念が示されたものの、市会の場では具体的な対応を決定するにはいたらなかった。

八月一四日、市長井上廣居は、市の代表的な富者である辻兵吉・本間金之助・加賀谷長兵衛・那波三郎右衛門・平野温之助（三郎兵衛の後継）・湊貞輔（彌七の後継）方を歴訪して、米の廉売実施をはたらきかけた。[*15] 翌八月一五日には、辻ら六名（代理人二名含む）が市役所を訪れ、米穀廉売協議会が開催されている。[*16] 市行政からは、市長・助役ら五名が出席した。この協議会では、出席した富者らで「米穀廉売会」を組織することを決定し、米廉売の具体的な方法や価格が検討された。また、辻・本間・那波を委員とすること、平野政吉・加賀谷富太郎・村山三之助・三浦傳六を会員に勧誘することなども決まっている。八月一六日、第二回の米穀廉売協議会が開催され、内地米での廉売実施や販売米の等級を三等以下とすること、販売所を市内すべての米商とすることなどを決定した。[*17] 販売所については、米商組合の希望を入れたものという。

米穀廉売会による米廉売は、八月一九日に開始された。『魁』八月二〇日付の雑報「市役所の大繁昌」は、次のように報じている。

市中に兎角の評ありしに似ず、来るわ〳〵正午迄既に九百戸に及び、早朝より門前市を為し其雑踏云はん方なかりき。此につき井上市長曰く「吏員に係などをつけては到底捌き切れざるより、吏員挙つて与へ、いづれの窓口にても簡単に受けられるので評判よく、十日分を買ひ得ざる者へは、一人一日三合平均に一日分づゝの札を発行したり。〔中略〕此を市内いづれの米屋に提出しても時価（組合公定）より一升につき内米三銭安にて購はれ、又月給取の如く月払の者は取引の米屋と協議の上、月末勘定にて差支なかるべし。昨日廉売券を受けた人々は労働者多く、風呂敷を懐中にし来る者も見受けたれば、騒動を起さずとて必ずしも労働者のみ裕福に非ざるを示したるが、若し役所等なれば代表して申込まば、一纏めにして発行するに差支なく、〔中略〕今日の場合廉売券発行より良方法なし」と語られたり。

受給希望者には、市役所への申請により、一人あたり三升（一日三合を一〇日分）の廉売券が発行された。一日分の発行も可能という。この廉売券は、市内すべての米屋で使えるものだった。米屋のほうは、販売の際に受け取った廉売券を証明として、割引分の金額を米穀廉売会に請求したと考えられる。

この米穀廉売会による廉売は、八月一九日から一〇月七日まで二度の中断を挟んで実施された（表7―1）。この廉売は、①八月一九日から九月七日まで、②九月一三日から一〇月七日（二三日から二七日まで中断）までの二期に分けられる。①では、受給希望者全員にたいして廉売券が交付され、八月一九日から二一日までの発行分は内地米一升あたり「時価（組合公定）」（後述）の三銭引き、八月二二日から九月七日までの発行分は時価の五銭引きで購入することができた。受給者数二万二一九七人は現住人口（四万四人）の約五五％、受給戸数四六八六戸は現住戸数（六一九八戸）の約七六％にあたる。[*18] ②では、戸数割賦課額四円未満の受給希望者を対象と

表 7-1：1918 年の秋田市で実施された米廉売

	米穀廉売会による米廉売		天皇の下賜金による廉売		④内務省配当寄付金による米廉売
	①	②	「恩賜食料券」	③「恩賜廉米」	
受給対象者	無制限	戸数割賦課額 4 円未満	「極貧者」		戸数割賦課額 4 円未満
廉売券交付日数	8/19 ～ 9/7[注1]	9/13 ～ 22、28 ～ 10/7[注1]	8/31	8/30・9/10（それぞれ2日分）	9/26
販売価格（1 升あたり）	時価の 3 銭引き 8/22 発行分より、5 銭引き	時価の 5 銭引き		時価の 10 銭引き	時価の 10 銭引き
販売高（1 日 1 人あたり）	3 合	3 合		3 合	
受給者数	22,197 人	17,677 人	1,565 人	33,720 人／ 2 回	15,923 人
現住人口中の割合	約 55%	約 44%	約 4%	約 42%	約 40%
受給戸数	4,686 戸	3,930 戸	436 戸	6,965 戸／ 2 回	3,576 戸
現住戸数中の割合	約 76%	約 63%	約 7%	約 56%	約 58%
売上石高	内地産米 1947 石 9 斗 4 升 8 合			内地産米 427 石 2 斗余	
寄付金額[注2]	16,755 円（残高 7,395.05 円）		276 円	2,100 円（残高 133.93 円）	2,470.5 円（残高240.92円）

出所：「秋田市会会議録」大正 7 年（秋田市役所所蔵、318102）、「米価暴騰による米穀廉売事務簿」大正 7 年（秋田市役所所蔵、315110）、「市に於ける恩賜廉米」『秋田魁新報』1918 年 8 月 27 日雑報、「愈々本日配布の恩賜廉売」同前 8 月 30 日雑報、「第二回目の恩賜デー」同前 9 月 11 日雑報、「富豪寄附の廉売は明日」同前 9 月 25 日雑報、「市に於ける廉売」同前 9 月 29 日雑報、「市に於ける廉売廃止」同前 10 月 5 日雑報、秋田県編『秋田県統計書　大正 7 年』（1921 年）、より作成。
注 1：米穀廉売会が発行した廉売券の使用有効期限は、10 月 31 日まで。
注 2：残高はいずれも、1918 年 12 月に秋田市が秋田県に回答したもの。

して、内地米一升あたり時価の五銭引きの廉売券が交付された。受給者数一万七六七七人は現住人口の約四四%、受給戸数三九三〇戸は現住戸数の約六三%にあたる。発行された廉売券の使用有効期限は、同年の一〇月三一日とされている。[*19]

①から②への変更は、九月七日に開催された第四回協議会で決定された。[*20]この決定を促した要因として一つには、八月三〇日付で県内務部長が各郡市長に発した秋収乙第二二四七号があったと考えられる。この通牒では、「依頼心ヲ助長スル」ことが危惧されるとして、「漸次廉売ヲ受クルモノ、範囲ヲ縮小スルコト」などを指示している。[*21]

一九一二年以前の米廉売で、現住

表 7-2：米穀廉売会による米廉売への寄付額

記載順	寄付月日（1918年）	寄付物件（円）	氏名	職業など	直接国税納税額（1915 年）		直接国税納税額（1920 年）	
					総額（円）	納税額順	総額（円）	納税額順
1	8月21日	2,200	●辻兵吉	市会議員参事会員、秋田銀行頭取	7,143	1	14,926	1
2	8月21日	2,000	●本間金之助	和洋小間物雑貨商、四十八銀行頭取	6,841	2	11,504	2
3	8月21日	1,750	●加賀谷長兵衛	質屋、市会議員参事会員、商業会議所会頭、農工銀行頭取	5,407	3	8,740	3
4	8月22日	1,200	●平野温之助	貸金業	4,221	4	6,483	4
5	8月21日	1,200	●湊貞輔〔彌七〕	貸金業	〔3,633〕	6	5,390	6
6	8月21日	1,200	●那波三郎右衛門	商業	3,824	5	6,000	5
7	8月22日	700	●村山三之助	質屋業	2,549	9	3,256	8
8	8月21日	700	●加賀谷富太郎	質屋、市会議員参事会員、商業会議所副会頭	2,158	10	2,370	10
9	8月21日	700	●三浦傳六	茶紙砂糖荒物商	2,668	8	2,831	9
10	8月21日	700	●平野政吉	貸金業	1,702	13	4,014	7
11	8月22日	500	●佐藤文右衛門		1,982	11	1,611	18
12	8月22日	50	井上廣居	秋田市長	74	168	66	280
13	8月22日	200	江畑省三	貸金業、市会議員	1,619	15	2,016	13
14	8月15日	100	牧野岩次郎	美術小間物商、金華堂	67	179	107	194
15	8月24日	35	田口松太郎				110	186
16	8月27日	100	羽生氏熟	電灯会社重役	156	86	171	129
17	8月30日	10	牧野キン	［牧野岩次郎と同一住所］				
18	8月30日	5	牧野ヨシ	［牧野岩次郎と同一住所］				
19	8月30日	3	牧野サタ	［牧野岩次郎と同一住所］				
20	8月30日	1	伊藤サト	［現住所は、牧野岩次郎方］				
21	8月30日	1	伊藤トメ	［現住所は、牧野岩次郎方］				
22	8月30日	100	中村善兵衛	質屋業	458	33	855	27
23	8月30日	50	鎌田幸蔵				808	29
24	8月30日	200	加賀谷正司	呉服商	351	42	270	80
25	8月30日	250	株式会社秋田農工銀行					
26	8月30日	250	株式会社四十八銀行					
27	8月30日	250	株式会社安田銀行秋田支店					
28	8月30日	250	株式会社秋田銀行					
29	8月30日	500	田中隆三	［現住所は、東京市］				
30	8月31日	300	武藤三治	［現住所は、東京市］				
31	9月2日	200	野口周治郎	酒製造、貸金業、親王醸造元	1,049	21	1,805	16

32	9月4日	100	村山兵蔵	質屋業	606	31	1,180	23
33	9月4日	250	秋田電気株式会社社長羽生氏熟					
34	9月5日	200	金子文蔵〔清治〕	呉服商	593	32	〔2,034〕	〔12〕
35	9月6日	300	日本銀行秋田支店					
36	9月10日	100	栗林キツ		773	23	1,072	24
37	10月2日	100	高橋太惣治	製材業	32	367	1,988	14
	合計	16,755						

出所:「寄附報告（米穀廉売会）」（「賞与救恤事務簿」大正７年度、秋田市役所所蔵、314799）、渡辺真英編『秋田名誉鑑』（秋田名誉鑑発行所、1915 年）、瀬谷純一『秋田県紳士名鑑』（秋田県紳士名鑑発行所、1919 年）、渡辺真英編『秋田名誉鑑』（秋田名誉鑑発行所、1920 年）。

注１：米穀廉売会員には、●を付した。

注２：代替わりの場合は、〔〕を付した。

人口に占める受給者数の割合が最大だったのは、第四章でふれた一八九〇年三～五月の約一八％である。直近の一九一二年は、約九％だった。米穀廉売会による廉売は、①で約五五％、制限を加えた②でも約四四％であり、一九一二年以前よりはるかに大規模だったことを確認しておきたい。そしてそれは、『魁』の前掲「市役所の大繁昌」に見られるように、受給者には「労働者」とともに「月給取」も数多く含まれていたことを意味している。

　米穀廉売会による廉売の財源は、寄付金だった。八月二一日に開催された第三回の協議会では、前述した平野政吉ら四名、および佐藤文右衛門が加入して、会員は一一名となった。[*22] 表7―2は、寄付者とその直接国税納税額（一九一五・一九二〇年）を示す。米穀廉売会の会員は、一九一五年の直接国税納税額の上位一三名に入っている（七位は辻兵吉の長男良之助、一二位は三浦傳六の長男第助）。また、本表と表2―2をふまえると、この一一名の家が、少なくとも一八八九年以降、納税額の上位を占めてきたことも確認できる。第三回の協議会では、辻ら委員三名で協議した原案をもとに、会員一一名の分担額も決定された。[*23]

　会員外への寄付の勧誘は、八月二六日開催の米穀廉売会委員会で決定した。[*24] 実施中の米廉売について「一層資金の充実と趣旨の徹底とを期」すとして、秋田市長と米穀廉売会委員五名（辻ら三名に加え、加賀谷長兵衛・加賀谷富太郎）の連名により、八月二九日付で勧誘状を発した。だが、その翌日の八月三〇日には、前述した秋収乙第二二四七号が発せられた。「漸次廉売ヲ受クルモノ、範囲ヲ縮小スルコト」という指示は、「一層資金の充実」の必要性を低下させたと考えられる。会員外の寄付は、表7―2のように、勧誘状を発した八月二九日以前が五名、以後が二一名となっている。前者五名の寄付は、その経緯までは明らかではない。後者の寄付は、勧誘状に応じたものと考えられるが、勧誘先の人名までは確認できていない。[25] 後者の寄付者名をふまえると、おそらくは、銀行などの法人や納税額の上位四〇名前後までが対象だったと考えられる。

米穀廉売会への寄付者は、会員一一名、会員外二六名の計三七名だった（表7―2）。第六章でふれた一九一二年の七名よりは寄付の担い手が広がっているものの、一八九八年以前には及ばなかった。少額の寄付もみられたが、いずれも牧野岩次郎（美術小間物商）の関係者である。一九一二年ほどではないものの、平等な互助の性格が薄く、富者の「慈善」の面が強かったといえる。米穀廉売会による米廉売は、前述したように、一九一二年以前よりはるかに大規模となり、その受給者には「月給取」も数多く含まれていた。従来の富者の「慈善」が、その供給対象を大幅に拡大したことになる。そうした米廉売の性格と「月給取」など中間層との関係については、第三節で検討してみたい。

米穀廉売会は、廉売券の発行が終了した一〇月七日に解散となった。[26] なお、寄付金の残高は、「食料品廉売ニ要スル費用」「物価調節上必要ノ費用」として市長に委託されることに決定した。実際に、この残高を財源として、翌一九一九年の二月三日から二八日まで、外国米（五〇九石四斗七升）の廉売が実施されている。[27]

4 「公定相場」と米商の「義侠」

第二回の米穀廉売協議会と同日の八月一六日、「市内米商組合にては〔中略〕秋田署楼上に協議会を開き、米価値下につき協議せるが、市よりは高根助役、会議所よりは石田書記長及び丹署長も出席し」、内外米の小売価格の引き下げを決定した。[*28] この値下げは、特等白米一升三九銭・四等三五銭五厘・五等三五銭・外国米二一銭など、時価から三、四銭割安で提供するもので、翌八月一七日から市内すべての米店で実施された。値下げ分は、米商の自己負担となった。なお、市内の米商蔘沼銀治郎は、「更に義侠的に」四等白米三四銭、五等三三銭五厘で販売する予定だったという。

八月一八日、秋田市の米商組合は役員会を開催し、内地米の小売価格のさらなる引き下げを決定した。[*29] 特等白米一升三八銭・四等三四銭五厘・五等三四銭など、八月一六日決定の値下げ価格をさらに一銭引き下げるもので、翌八月一九日から実施された。また、「各配達先に於て一々計量し売買すること」「各米店一切に『廉売同志会指定白米割引販売所』の看板を掲ぐる事」なども決議されたという。

八月一六、一八日の値下げ決定によって、秋田市では、八月一七日から内外米を一升あたり時価の三、四銭引きで、八月一九日から内地米を四、五銭引きで購入できるようになった。前述した米穀廉売会の廉売の受給者は、そこからさらに三銭引き、八月二二日からは五銭引きで購入可能だったことになる。小売米価の一斉値下げによって、住民の生活危機が一定程度緩和されていたことがうかがえる。

『魁』は、こうした一斉値下げを「標準値段」「協定相場」「公定相場」などと呼んでいる。[*30]『魁』八月三一日付の雑報「米値上せず」によれば、在米不足により「公定相場」の値上げも検討されたが、「今回丈は義侠的に奮発し、現在の相場にて販売持続する」ことを決定したという。「公定相場」は、八月末以降も継続されていたことになる。また、米商自ら、ないしは『魁』が、「公定相場」の継続を「義侠的」とみなしていたことに注目したい。「公定相場」は、市内米商の協調のもと、値下げ分を自ら負担、ないしは利益の放棄によって成り立っていた。「義侠的」とは、そうした米商の経済的な負担にふさわしい言葉だったといえる。

5 「恩賜廉米」と内務省配当寄付金による米廉売

米騒動が全国に広がっていた八月一三日、内地米を強制買収する方針とともに、「賑恤」を目的として天皇が三〇〇万円を下賜することが決定された。後者について、秋田市行政は、③天皇の下賜金による米の廉売「恩賜廉米」を八月三〇日と九月一〇日の二回実施している（表7―1）。天皇の下賜金総額三〇〇万円は、各都道府県に分配され、秋田県には四万六〇〇〇円が割り当てられた。[*31] このうち、秋田市には、二三七六円が配当されている。市行政は八月三一日、「恩賜廉米」に二一〇〇円を充て、残金二七六円で「極貧者」を対象とした「恩賜食料券」の配布を実施した。

『魁』八月三一日付の雑報「昨日配布の恩賜廉米」では、八月三〇日の「恩賜廉米」を次のように報じている。

当日は各課各係に於て、一般申込み者に対して恩賜廉売の趣旨を説示し、懇切の取扱ひをなし、各課員とも午前は立ち切りに目も廻らぬ程の劇忙を示せるが、是より先一般に於ては配布券が三千五百枚限りとの事にて、万一遅れて配布漏れの事ありてはと多くの内には払暁より詰駈、午前八時頃に至りては廊下は一面の人にて押すな〳〵の騒ぎをなし、例刻より十時頃迄は前記の雑踏にて、電話の如きも一向聞こえず一般の事務

も尠からず支障を来せるもの、如かりしかど〔以下省略〕

「恩賜廉米」では、一升あたり時価の一〇銭引きの廉売券が二日分交付された。一〇銭引きという割引額は、五銭引きだった米穀廉売会による米廉売との差別化を図り、「充分市民にその聖旨を徹底せしむる」目的だったという。[*32] 北原糸子は、一八九一年の濃尾地震以降、「宮内省は〔恩賜金を〕他の救済金とは別途支給することを指示し、恩賜金を支給された者に領収書を提出することを義務づけた」ことについて、「天皇の『威徳』を感得させる方式を末端行政に求め」たものであり、「天皇の慈悲が具体的な形で国民に届く機会として、災害は一つの重要な場であった」と指摘している。[*33] 交付された廉売券は、米穀廉売会の廉売同様に、市内すべての米店で使用することができた。「恩賜廉米」二回の受給者数は合計三万三七二〇人、受給戸数が六九六五戸だった。一回あたりの受給者数は現住人口の約四二%、現住戸数が約五六%となる。

秋田市行政は、④内務省から配当された寄付金（東京など市外の富者による寄付）による米の廉売を九月二六日に実施した（表7―1）。「恩賜廉米」と同様に、一升あたり一〇銭引きの廉売券が交付された。受給対象は、九月一三日以後の米穀廉売会による廉売と同様だった。この廉売の受給者数は一万五九二三人、受給戸数が三五七六戸であり、現住人口の約四〇%、現住戸数の約五八%にあたる。

6　その他の生活危機への対応

八月下旬以降、前述した米廉売以外にも、生活危機への対応がみられた。県公文書の「秋田市役所検閲復命書」（大正八年六月）によれば、県行政が木炭の製造・実費販売をおこない、県農会が蔬菜模擬市場を設けた。

秋田商業会議所は、外国米の実費販売や大根・葉物野菜の移入販売を実施したという。[*34]「秋田市会会議録　第十八号」（一〇月一四日）には、「味噌廉売券ハ小玉、船木、北潟、佐野、菅原ノ五君ヨリ、又醤油券ハ田中大吉、菅原又治ノ二君ヨリ寄附サレタリ」とある。[*35]秋田市では、県行政や県農会、秋田商業会議所、民間業者により、外国米や食料品、日用品の廉売が実施されていたことを確認できる。

また、秋田信用組合では、組合役員の寄付により、組合員にたいして外国米を一升一五銭（一人一日あたり一合）で提供している。[*36]八月二〇日の開始当初は、一七三戸・一七二三人の申し込みがあったという。

以上のように、一九一八年の秋田市では、市内米商の協調による「公定相場」のもと、①②米穀廉売会、③天皇の下賜金、④内務省配当寄付金による米廉売が実施された。県行政や県農会、秋田商業会議所、民間業者により、外国米や食料品、日用品の廉売もおこなわれていた。こうした対応は、米価騰貴のもたらす生活危機を一定程度緩和していたと考えられる。次節では、秋田市会や米穀廉売会、市内米商の動向に着目して、米廉売や「公定相場」を促した要因を検討してみたい。

第二節　「慈善」を促す地域社会

1　秋田市会の動向

米穀廉売会が組織されたのは、八月一四日の秋田市長井上廣居による富者六名方の歴訪を契機としていた。こうした井上市長の動向には、八月一二・一三日の秋田市会での質疑が関わっていたと考えられる。以下では、「秋田市会議録」大正七年（秋田市役所所蔵、三一八一〇二）を検討することで、米価騰貴をめぐる市会の動向とその意義を明らかにしたい。

井上廣居は、一九一六年に秋田市長に就任し、一期目を務めていた。井上（一八六四—一九五六）は士族で、東京専門学校を卒業後、一八八七年に秋田新報社に入社し、一八八九年の『魁』創刊から取締役主筆、一八九八年から一九一六年の市長就任まで社長を務めた。[*37] この間、秋田市会議員四期、秋田県会議員二期を歴任し、一九一二年から一七年まで衆議院議員を二期務めた（立憲国民党—立憲同志会—憲政会所属）。井上は、市会での市長就任挨拶で、「希クハ諸君ト与ニ相戒メテ、党争ノ為メニ自治体ヲ累スル無カランコトヲ欲ス。予ハ現ニ党派ニ属スルモノナルモ、市政ニ対シ努メテ公平ヲ期スベク、之ニ関シ予ハ多少ノ覚悟ヲ持シ居レルヲ了セラレタシ」と述べている。[*38] 戦前の秋田市会の党派関係は未だ十分に明らかではないが、一九一七年三月の選挙結果について、『秋田時事新聞』（『秋田時事』の後身、立憲政友会系）は、当選議員を「政友派」一一名（うち一名の所属を危惧）、「憲政派」一〇名、「中立」九名に色分けしている。[*39] 憲政会系の『魁』では、議員名を出さずに「政友派が八名、準政友が二名、中立が二名、非政友同志が十八名」と反論した。[*40] 以下の市会議員の党派については、これらの記事を参照している。なお、井上は、一九二〇年の市長選挙で、投票総数二七票中二六票を得て再選されており、政友会系の議員からも一定の評価を得ていたことがうかがえる。[*41]

四月二二日の市会の議事録では、物価騰貴に関する質疑を確認できる。[*42] 市会議員の根田忠黨（中立）は、当該議案とは関係ないと断ったうえで、次のように述べている。

今日時局ノ影響ニ依リ物価ノ暴騰際限ナク〔中略〕殊ニ官吏ノ如キ俸給ニ衣食スル者ニアリテハ最モ甚タシ

キヲ以テ、是等ニ対シテハ臨時手当ヲ与フルトカ、又ハ一時的増俸スルカ如キ有様ナルモ、下層民ニ於テハ人夫賃職工賃ノ如キ幾面トナク値上ケヲ為シツ、アルヲ以テ、中産階級ノモノハ益々困難ニ陥リ〔中略〕。然ルニ官吏ノ如キ俸給ニ衣食スル者ハ、実際生活ニ困難ヲ感シツ、アルモ、進ンデ不平ヲ訴フルコトモ出来ス、止ムヲ得ス薄給ニ甘ンシ居ル悲惨ナル家庭モアリト聞ケリ。〔中略〕斯ル有様ナルヲ以テ、仙台ニ於テハ如何ナル方法カハ知ラサルモ米穀ヲ廉価ニ販売シツ、アリ。其他ニ於テモ、日用品ノ廉売ヲ為シ居ル処アリト聞ケリ。〔中略〕斯ル実況ナルヲ以テ、市ニ於テ相当ノ方法ヲ設ケ、一般救済ノ任ニ当ルヘキ義務アリト信ス。即チ直接大商店ト取引シ実費ヲ以テ販売スルカ、又ハ富豪ノ篤志者ト交渉シ廉価ニ購入シテ販売スルモ可ナルヘク、薪炭ノ如キモ頗ル高価ニシテ〔中略〕大林区署ナドニ交渉シテ其払下ケヲ受ケ、廉売スルカ如キモ亦一方法ナルヘシト信ス。

日給が度々増額されている「下層民」よりも、「官吏ノ如キ俸給ニ衣食スル者」など「中産階級」に深刻な生活難がみられるという。根田は、仙台の米廉売などの例をあげて、「一般救済ノ任ニ当ル」よう、市行政を促していた。根田は、市助役として一八九〇年の米騒動に対応した忠正の長男で、医師だった。[*43] 市長井上廣居は、「此米価並ニ諸物価ノ大勢ニ対シテ調節ノ方法ヲ講スルハ、全ク国家ノ力ニ俟タサルヘカラス」として、「今日ノ〔物価騰貴の〕原因ハ殆ンド不明ナリト云フヲ得ヘキモノニテ、其低落スヘキ期間モ全ク予知スル能ハサル有様ナリ。〔中略〕或ハ富豪ノ力ヲ借ルトシテモ、如何程ノ計画ヲ為シテ然ルヘキヤハ頗ル六ヶ敷キ事」と答弁している。井上市長は、米価下落の見込みが立たないなかで、「富豪ノ力ヲ借」りることに消極的だったといえる。

また、一九一八年の市会でも、第六章でふれた一九一二年に続いて、「中産階級」の「救済」が議論されていたことがわかる。

八月一二日の議事録では、米価騰貴への対応について、市会議員の市川護幸（憲政会系）の質問を確認できる。[*44] 市川は、議事に先立って、次のように述べている。

殊ニ米価ニ就テハ、農商務省ニ於テ種々調節ノ方法ヲ講セルモ却テ反対ノ結果ヲ来シ、益々暴騰シタルヲ以テ、遂ニ富山其他ノ地方ニ於テ暴動ノ起リタルハ、新聞紙ニ依テ伝ヘラレ是亦諸君ノ知レル処ナルヘシ。斯ノ如キ事ハ単ニ対岸ノ火災視スヘカラサル問題ト云フヘク、当局者ハ是ニ対シ予メ備フルノ用意アルヤ。

市川は、富山県などの米騒動について「単ニ対岸ノ火災視スヘカラサル問題」だとして、市行政の現状認識を質した。市川が、秋田市での「暴動」を懸念していたことがわかる。井上市長は、次のように答弁している。

御意見ノ通リ、物価暴騰ノ結果、各地ニ不穏ノ事件続出シタルガ、斯ノ如キ事柄ハ他ニ伝播シ易キ性質ナルヲ以テ、当地ノ如キモ無論警戒ヲ要スルコトナルヘシ。而シテ現在ニ於ケル細民ノ生活状態ノ詳細ニ就テハ、未タ調査シ兼ネ居ルモ、兎モ角今日ノ急ニ処スヘキ道ハ米ノ供給、殊ニ外米ノ供給ヲ豊富ニスルニ在リテ、〔中略〕近来中央ヨリノ分配止マリ居ル状況ニテ、是レガ為メ一般ニ恐慌ヲ来シタルガ、是ニ就テハ政府ニ於テモ相当ノ考慮ヲ払ヒ居ルヘク、又当職ニ於テモ県庁トモ打合セ、成ルヘク外米ノ地方ニ回送セラル様、其筋ニ相当ノ取運ヒヲ致シ度キ考ヲ有シ居レリ。其他商人共ノ取締ニ就テモ、警察署ニ於テ調査中ナルヲ以テ、其結果ニ依リ我々ト協議シ、一般人ノ困難セサル様便宜ノ処置ヲ採ルヘシ。

井上市長は、「不穏ノ事件」への警戒の必要を認めつつも、現状への対応としては、市場への外国米供給などをあげ、県行政や警察と協力していく姿勢を示している。だが、市内の富者に対応を促すといった内容はみられない。

翌八月一三日の議事録では、米価騰貴への対応について、市会議員の根田忠黨（中立）、大嶋重明（政友会系）、籠谷定雄（憲政会系）の発言を確認できる。[*45] 注目されるのは、根田忠黨の発言である。根田は、当該議案とは関係ないと断った上で、次のように述べている。

今ヤ全国至ル処ニ於テ騒動勃発シツ、アル程ナルニ、昨日ノ答弁ニ依レハ外米ヲ輸入スルヨリ外ニ途ナシト云ハレタリ。現今ノ米価暴騰ニハ貧民、準貧民ハ全ク困難ヲ感シ、下層民ノ賃金日々ニ値上ケセラレ、随テ雇フ方ニ於テモ仕事ヲ控ユル状態トナレリ。暴動ハ一種ノ伝染病ノ如ク、一度北陸ニ発シタル以来各地ニ伝播シツ、アルニ、今日市ニ於ケル貧民状態ニ就キテ甚タ曖昧ナル答弁ヲ与ヘラル。

図7―2の大工職のように日給の上昇がみられても、「雇フ方ニ於テモ仕事ヲ控ユル状態」であれば、稼ぐ機会を失っていたことになる。前述した四月二二日の市会では「下層民」よりも「中産階級」の生活難を強調していた根田だったが、八月一三日には、前者の生活難と「暴動」の懸念を論じていた。前日一二日の市会で憲政会系の市川護幸が示した「暴動」の懸念は、市長井上廣居、根田忠黨にも共有されていたことがわかる。八月一三日の市会では、政友会系の大嶋重明も「各地ニ起リタル不祥事ノ伝播スルカ如キコトアラハ実ニ由々シキ事」との認識を示している。「暴動」への懸念、すなわち「不穏」のリアリティは、党派を超えて市会の構成員に共有されていたことになる。

根田は、続けて次のように発言している。

昨日、村山氏ヨリ一万三千円ノ寄附アリタルハ、実ニ空前ニシテ感謝スヘキコトナルガ、同氏ハ市ニ於ケル一流ノ富豪ニアラス。若シ一流ノ富豪ニシテ涙アラハ、一万ヤ二万ノ金ハ何等ノ苦痛モナク醵出シ得ヘシ。当局者ハ是等ノ富豪ト計リ、速ニ救済ノ機関ヲ設ケラレンコトヲ希望ス。是ト同時ニ市会議員ニ於テモ相当ノ寄附金ヲ出スヘク、其実費弁償額ヲ廃シテ迄モ之ヲ実行セント欲ス。

根田は、市行政にたいして、「一流ノ富豪」と協力して米価騰貴に対応するように提案している。「一流ノ富豪」とは、「村山氏」以上の経済力を有する者ということになる。「村山氏」とは、この年の四月一九日に亡くなった村山三之助を指す。[*46] 家督と名を継いだ長男(一八八九年生)は、先代の遺志として市基本財産に一万三〇〇〇円を寄付した。表7―2のように、一九一五年の直接国税納税額で、村山は九位に位置している。なお、この日の市会には、「一流ノ富豪」にあたる市会議員のうち、加賀谷長兵衛(中立)は出席していたが、辻兵吉(政友会系)は欠席していた。

根田の提案は、秋田市の政治社会を公的に代表する市会において、富者に経済的な負担を促すべきという意思が明瞭に示されたことを意味している。議事録には、根田の提案をめぐる具体的な議論は記録されていない。だが、根田の発言を契機として、経済的な負担を富者に求める意向が、地域の政治社会において一定の広がりをもっていると確認されたのではなかろうか。井上市長による富者へのはたらきかけが、この市会の翌日八月一四日だったことは、そのことを示しているように思われる。

2　米穀廉売会をめぐる動向

米穀廉売会組織の契機となった、八月一四日の市長井上廣居による富者六名方の歴訪は、八月一三日の市会の意向をふまえたものだった。第六章では、一八九七年以前の市長と富者との間にみられた士族優位の関係が、一九一二年には変化がみられたことを論じた。その一九一二年には、市行政が「細民」「救済」の協議への参加を書面で求めていたが、一九一八年には、市長自ら富者方を歴訪している。この歴訪が市会の意向をふまえたものだったことからも、市行政と富者の関係は、かつてのような士族優位ではなかったことがうかがえる。このような両者の関係をふまえた上で、本節では、米穀廉売会において市行政の意向が優先される場合の論理や状況に着目してみたい。

前述のように、米穀廉売会の①米廉売は、八月二二日から一升あたり五銭引きに変更となった。この変更は、八月二一日に開催された第三回の米穀廉売会協議会で決定されたが、これを提案したのは、井上市長だった。議事録には、次のように記されている。[*47]

一、井上市長説明ノ要項左ノ通リ〔中略〕（三）廉売後、一般ノ意向ヲ聞クニ、参銭廉売ニテハ稍々少キヤノ感アリトノコトナリ。昨日官民集合ノ場所ニテモ、廉売会ハ結構ナル催ナルガ、猶一層奮起セラレタシトノ希望アリ。又昨日御下賜金ニ付テ市会ノ協議会ヲ開会セルニ、市会議員諸氏ヨリ種々話合アリ、本会廉売ノ一層値下ケセラレタキ希望アリタリ。（四）以上ノ次第ニ付御相談ヲ願ハントスル訳ニテ、之ヲ五銭引トスルトキハ左ノ計算トナル〔以下省略〕

注目されるのは、井上市長が「一般ノ意向」や「官民集合ノ場所」で出された要望、「市会議員諸氏」の要望を強調していることである。そこには、地域の政治社会において、現行の廉売価格は不適切という見方が大勢であることを示すことで、市行政主導での合意をはかる目的があったと考えられる。また、「丹秋田警察署長ハ、本協議会開会ト共ニ傍聴トシテ列席シタリシガ、警察ノ立場ニ就テ説明シ、且ツ本会廉売ノ一層値下セラレタキヲ希望ス」という。こうした警察の意向も、井上市長の提案を後押ししていたことを確認しておきたい。

他方、米穀廉売会会員のなかには、同会を介さずに米の廉売や施与をしている富者もみられた。『魁』は、八月二二日付の雑報「米問題」で、次のように報じている。

市内茶町梅之丁佐藤文右衛門氏は、〔中略〕同町内の為めに外米を買入れ元価を以て分譲する事とし、同町船木四郎治氏の斡旋にて町内毎戸と交渉の結果、去る十九日より申込みに応じつゝあり。

佐藤文右衛門は、居住していた茶町梅之丁で外国米の原価販売を実施していた。第二章でふれた旧暦年末の救貧を実施していたのは、一九一三年に亡くなった先代である。佐藤文右衛門家は、代替わり後も、住民の生活を支えるような活動をしていたことになる。また、『魁』九月四日付の雑報「那波家の施米」では、次のように伝えている。

当市富豪那波三郎右衛門方にては、米価暴騰の今日生計困難なるべしと、出入の細民十数人に対し、今回三斗入白米一俵づゝを施与せる為め一同は感謝し居る由。

那波家一二代目の三郎右衛門祐謹は、「出入の細民十数人」にたいして、白米一俵を与えていた。那波家と出入り関係者との相互関係については、第三・五章でふれたとおりである。そうした関係が、一九一八年の米価騰貴の局面でも「選びとられ紡がれて」いたことがうかがえる。佐藤や那波は、米穀廉売会への寄付以外にも、人びとの生活危機を緩和するような対応をとっていた。一九一八年の秋田市でも、個々の富者による自発的な救助も実施されていたことがわかる。だが、米穀廉売会、すなわち市レベルでの対応では、そうした自発性が、富者主導というかたちで示されることはほとんどなかった。

3　米商の動向

八月一七日に開始された「公定相場」は、前述のように、前日八月一六日に秋田警察署で開催された米商組合の協議会において、同署の丹署長や市助役の高根為吉ら同席のもとで決定された。だが、同日開催された第二回の米穀廉売協議会の議事録には、「本日警察署ニ市内米商ヲ招集シ、米価ヲ指定セリ」と記されている。[*48]「公定相場」の決定には、警察の介入が関わっていたことがうかがえる。

他方、八月一八日のさらなる値下げは、米商組合の役員会で決定されたものだった。管見の限りでは、組合外からの強制を示すような史料を確認していない。八月一八日の値下げは、米商組合により積極的に打ち出されたと考えられる。

だが、『魁』八月二一日付の雑報「市の奸商警告さる」では次のように伝えている。

市内四十間堀川端某店は、昼間だけ弐拾壱銭の貼札をなして置き、日暮よりは弐拾三銭つゞ《ママ》に売りて不正の利を貪りつゝあり。又六丁目川端某店にては、外米一升を弐□□銭ならでは売渡さず、全然協定相場を無視しつゝ居る旨発覚したるより、右両店主及び其他一二の注意商店主は、昨日秋田警察署に呼び出されて其不心得を戒められたるが、今後は一層厳重取締をすると共に容赦なく所罰すべしと云ふ。

「公定相場」を支える経済的な負担について、明に暗に協力を拒む米商が複数現れていた。そうした米商には、警察が説諭をしていたという。また、引用中の「市内四十間堀川端某店」や「六丁目川端某店」は、市内の読者にとって、実名報道と変わらなかったのではなかろうか。『魁』の前掲「米問題」では、「本社にても右奸商発覚次第、紙上に記して注意を与ふべし」と「公定相場」の遵守を促す姿勢を示している。「公定相場」は、米商組合の自発的な協力という体裁だったが、その維持には、警察や新聞の強制力がはたらいていたことになる。

「公定相場」に従わない米商がみられたことは、その経済的な負担が軽いものではなかったことをうかがわせる。『魁』の前掲「米問題」では、警察が「米の等級及枡目を誤魔化して不正の利を得つゝあるものあるを慮り、各米店一切に販売米の店頭容器に衆目に分かるやう一々等級を示せる札をつけしめ、尚特に取締の巡査を不時に米店に派して等級及び枡を検査せしめ違反者は厳重に処罰する方針」と伝えている。一部の米商が販売米の等級を偽ったり、計量用の枡目に細工を施していたのは、より多くの「不正の利を得」たい場合だけではなく、経営維持のためにやむを得なかった可能性も残る。

米相場の続伸により、米商はさらなる負担を負うことになった。『魁』は、八月二六日付の雑報「要領を得ず米商の運動」で次のように報じている。

> 昨今の出米相場にては、従来の公定相場にて販売し兼る所より、田中、登利谷、小島の各正副組長評議員等は一昨日協議の結果、市内富豪某々両家を訪問し、持米を一俵拾弐円五拾銭〔一石三一円二五銭〕にて販売せられたしと交渉せしも、要領を得ずして引取りたりと伝へらる。

「公定相場」を維持するため、米商組合では、「市内富豪某々」二名にたいして所有米の廉価での売却を求めたが、交渉は不調に終わったという。八月二六日の米穀廉売会委員会の議事録には、「加賀谷長兵衛氏、米商ヨリ自分持米売出方交渉アリシモ、売出ノ場合ハ之ヲ廉売会ニ売渡シ、同会ヨリ米商ニ売捌クコトニシタシトノ希望ヲ述ブ。各員意見ナシ」とある。[*49] 米穀廉売会の委員は、「公定相場」の維持への協力には積極的ではなかったことがうかがえる。前述した「公定相場」の値上げ見送りは、資産家との交渉が不調に終わった後のことになる。秋田市の米商は、八月末頃の局面でまさに「義侠的に奮発」していたことが確認できる。

明治期の秋田市では、前章でふれた山形善之助による外国米の廉売のように、米商個人が自発的に「義侠」を示す事例がみられた。一九一八年の「公定相場」では、その維持のため、市内の米商が集団的に「義侠」を示していたことになる。他方、「公定相場」の決定には、警察の意向もうかがえるが、こうした介入は、明治期の秋田市では確認していない。

第三節 「慈善」と中間層

四月二二日の秋田市会では、前述したように、根田忠黨が「下層民」よりも「官吏ノ如キ俸給ニ衣食スル者」など「中産階級」に深刻な生活難がみられると論じていた。『魁』も、八月一六日付の雑報「米価暴騰と薄給者の生計悲惨」で、一九一二年の米価騰貴時とは異なり「屑物商況の景気並に高賃の稼業」によって「貧民」が「好況」を享受する一方、「目下痛切に生計の悲惨を示しつゝあるは〔中略〕官公所等に於ける薄給者の家庭」とする。『魁』九月二五日付の雑報「質屋より見たる昨今の市場」でも、一九一七年末以来、質入れの多くは「中産階級の月俸生計者」であることを強調している。第六章でふれたように、一九一二年の『魁』は、「中流」の生活難を「贅沢」「奢侈」ゆえとみなしていたが、一九一八年には、生活難の深刻さを強調せざるを得なかったことになる。

①八月一九日から開始された米穀廉売会による廉売は、前述したように、希望者全員に廉売券を交付した。生活難が懸念されていた「中産階級」も受給が可能だったことになる。『魁』のコラム「茶一杯」は、①の開始前日の八月一八日付で次のように述べている。[*50]

窮民と貧民と区別すべきか如く、救済と廉売を混淆してはならぬ。廉売は人格を損せぬも、救済には人格なきを以て、ある。而して窮民は救済せらるべくして、貧民は廉売を得ねばならぬ。即ち貧民とは資産の収入に依らず、知識技術等に依り生活する百円以下の月俸衣食者を総称せねばならぬ。

「救済」と「廉売」には、「人格」を損なうか否かの違いがあるという。『魁』は、一九一三年に「本紙の五大主張」として「世界主義」「文明主義」「憲政主義」「自治主義」とともに、「人格主義」を掲げた。それは、「個性の発展を意味し、教育勅語に所謂る《ママ》、知能を啓発し、徳器を成就する」こと、「国民をして物件たらしめす、人間たらしめんとするに在り」という。[*51] 前掲「茶一杯」は、そうした「人格」を損なわないがゆえに、「廉売」が「知識技術等に依り生活する百円以下の月俸衣食者」への供給にふさわしいとする。その一方で、「窮民」には、「人格なき」「救済」が相応とされている。

　だが、「廉売」は従来、一八九〇年の『秋田日日新聞』（第四章）や一九一二年の『秋田時事』（第六章）にみられたように、「人格」を損なうような代償がともなうとされてきた。「茶一杯」の担当記者も、そうした従来の「廉売」観を十分把握していたはずである。能川泰治は、一九一八年の石川県の地方紙の分析から、「中間層にとって廉売に依存すること自体が、『貧民』扱いされることであり、社会的地位の没落ともいうべき屈辱的な体験」であり、「困窮していることが明るみになることを危惧して、廉売に依存することを拒み続けている中間層が少なからずいた」ことを指摘している。[*52] 前掲「茶一杯」では、あえて「救済」の語に従来の「廉売」のイメージを負わせることで、①米穀廉売会による廉売にたいする「中間層の葛藤」の解消を図ったのではなかろうか。

　米穀廉売会は、八月二一日に開催された第三回の協議会において、「各官衙公署等ノ薄給吏員ハ、廉売券ノ交付ヲ請フヲ気恥カシク思ヒ居ルガ如キ風」があるとして、「希望者ハ取纏メ申込ムヤウ取計フコト」を決定した。[*53] その翌日八月二二日付で、内務省は、秋田県知事宛に次のような電報を発している。[*54]

　官公吏其ノ他ノ俸給生活者ニ米ノ廉売ヲ為ス場合ニ於テ、一般ノ者ト同一ニ取扱フコトハ、購入者ニ於テ自然困難ヲ感スル事情モ可有之ニ付、可成各官衙公署会社等ニ於テ取纏メ共同購入其ノ他適当ノ方法ニ依ルコトトシ、且代金ハ俸給日ニ於テ仕払シムル等特別ノ取扱ヲ為スコトハ必要ノ事ト存セラル。

内務省が、「官公吏其ノ他ノ俸給生活者」への米廉売について、「一般ノ者」とは異なる「取扱」を求めていたことを確認できる。前日の米穀廉売会の決定は、そうした方針に適うものだった。また、秋田信用組合では、前述のように、組合員を対象とした外国米の廉売を実施していたが、「配達の便宜を与へらるゝを以て大に喜」ばれていたという。[*55] 廉価米の配達が「大に喜」ばれていたのは、「体面」のうえでの差し障りがなかったためと考えられる。一九一八年の秋田市では、「中間層の葛藤」にたいして一定の配慮もみられたことになる。

①八月一九日に開始された米穀廉売会による廉売は、前述したように、九月七日までに現住人口の約五五％が受給する大規模なものとなった。その開始後には、懸念されていた「中間層の葛藤」とは別の問題が浮上している。『魁』八月二九日付の雑報「市に於ける廉売と郡部の廉売」では、次のように論じている。

相当有資の向にありても、今尚ほ無遠慮に申込みのもの尠からさる傾向のあるは、其行為寧ろ悪むべきものあり。此の種連中に対しては、断然申込みを拒絶すると同時に、実際困難者に対し有意義に廉売の功果を期するは緊急の事なりと伝へらるゝか、此の際相応有資家は申込みを控へ、進んで寄附金の申込みをなすべきなり。

「相当有資の向」、すなわち中間層以上であっても、受給の希望がみられたという。『魁』の「茶一杯」も、八月二三日付で次のように論じている。

秋田市の廉売は、内町より外町に米券を請ふもの多く、第一、市役所員は市長の顔許り窺つて未だ発しないさうだ。之に反し、外町の人は勘定高く、代議士の選挙権ありて貸金し、掛屋敷、高等貸屋ある人が、堂々と米券を貰ひに来るさうだ。

受給希望者は、旧武家地の内町よりも、旧町人地の外町のほうが多く、後者には有産者もみられるという。同紙は、九月八日付の雑報「廉売の遠慮と制限」でも、「何分内町住民は体面を重んずるも、外町住民は恥を知らず相当資産や収入を有し乍ら、既得権で行使する如く申込むものあるに閉口し、自発的に遠慮せずんば他働的に制限すべく取調べ中なりと」と伝えている。『魁』にしたがえば、前述した「中間層の葛藤」は、内町の士族には共有されていたものの、外町の商工業者の一部には共有されていなかったことになる。

米穀廉売会による廉売が、②九月一三日から受給対象を戸数割賦課額四円未満に制限した背景には、こうした中間層以上の受給者の問題も関わっていたと考えられる。八月二六日の米穀廉売会委員会では、「廉売券交付方申出ノモノニテ、所得税等納入ヲナシ相当資格アルモノニハ、再考ヲ促スコト」を決定している。[*56]委員らから見ても、「所得税等納入ヲナシ相当資格アルモノ」の受給申請が少なくなかったことがわかる。そうした受給者を問題視していたところに、前述した八月三〇日付の秋収乙第二二四七号があったことにより、九月七日の米穀廉売協議会において②厳密な所得制限が決定されたと考えられる。②所得制限後、表7―1のように、受給者数は四五二〇人減少しており、その多くが戸数割賦課額四円以上だったと考えられる。米廉売に葛藤を感じていても受給せざるを得なかった中間層、あるいはそもそも葛藤を共有していない中間層も少なくなかったといえる。

他方、①米廉売の実施は、近世以来「倹約・勤勉の徳目を身に付け救恤を受けずに『自立』すること」が求められてきた中間層が、[*57]福祉の受給者になったことを意味する。一九一二年には、中間層の生活難をめぐって、福祉にともなう「包摂と排除」の境界線に大きな揺らぎが生じていたが（第六章）、一九一八年には、そうした境界線が一挙に引きなおされ、福祉への「包摂」が実現したことになる。

だが、中間層を「包摂」したのは、「人格」を損なうような代償がともなうとされてきた、富者の「慈善」だった。『魁』の「茶一杯」は、①米廉売実施中の八月二五日付で次のように述べている。

米券に対し、知人から問合せがあつた。余曰く、政府の調節に因る廉米は、権利として受けよう。個人の慈善に成る廉米は死すとも受けない。但し富豪は常に不当の暴利を得つゝあるゆえ、之を返却せしむる意味にて受くる人あらば、余も亦之に反対するの権利もない。

「政府の調節に因る廉米」の受給は「権利」にあたるが、「個人の慈善に成る廉米」は「死すとも」受けるべきではないという。「廉米」の供給を政府の義務とする一方で、「個人の慈善に成る廉米」が強く否定されている。当時実施されていた①米廉売は、前述したように、従来の富者による「慈善」の供給対象を大幅に拡大したものだった。①米廉売開始前日の八月一八日付では「廉売は人格を損せぬ」としていた「茶一杯」だったが、実施中に①のような廉売を否定する立場に転じたことになる。①米廉売開始後に問題となったのは、前述したように、中間層以上の受給者が多数みられたことだった。「茶一杯」は皮肉にも、そうした受給者らに「中間層の葛藤」を求めることになった。そこでは、従来の「慈善」を強く否定するとともに、中間層への供給にふさわしい福祉の担い手として「政府」が措定されている。「人格を損せぬ」福祉を担う役割が、「政府」に期待されていたことになる。

こうした見解は、「茶一杯」の担当記者にとどまるものではなかった。『魁』は、九月一九日付の社説「富豪の自覚を催す（慈善よりも公益事業）」で、次のように論じている。

所謂社会的義務を尽さんには、決して安価なる涙を垂れ、少額の金円を以て所謂慈善を為し却て惰民を作り、後害を胎《のこ》さんことを勧むるものでない。殊に慈善は、他の人格を無視し、且つ国民の生存権は、国家に要求するの権利あり。他の憐憫を請ふべからざるに於てをや。

「国民の生存権」の保障は、「他の憐憫を請ふ」べきではなく、「国家」に要求すべきという。『魁』は、「国民」の「生存」を支える役割を「国家」に求めていた。中間層を福祉に「包摂」することは、すでに大前提となっており、それにふさわしい担い手として「国家」が措定されている。

「惰民養成」の批判は、前章までに確認したように、明治期の『魁』の基本的な論調だった。この記事では、「惰民養成」にとどまらず、「人格」や「国民の生存権」といった観点も加えて、「慈善」を幾重にも否定している。そうした「慈善」を担ってきた富者についても、この記事では次のように述べている。

故に、富豪たるものは、主として、学校、病院、図書館、博物館、研究所其他公益事業を興し、又は未だ政府の着手せさる社会政策に従事し、以て社会的義務を尽し、以て年々増加し行く階級的反感を融和し、且つ警察も用を為さゝる災難、惨禍より予防せられんことを望まざるを得ない。

「学校、病院、図書館、博物館、研究所其他公益事業を興」したり、「未だ政府の着手せさる社会政策に従事」することが、「富豪」の新たな「社会的義務」という。『魁』は、富者にたいして、「慈善」に代わる別の役割を求めていたことがわかる。

一九一八年の米騒動後における富者の「公益事業」については未だ十分明らかではないが、平野温之助は一九二〇年に秋田市奨学会を、三代目辻兵吉（良之助）は一九二六（昭和元）年に辻育英団を設立して、奨学事業をおこなっている。[*58] 後者について、一九三七年刊行の秋田振興協会編『文化の秋田』では、「先代並に現代兵吉氏の本県実業界に貽した偉績は枚挙に遑ないが、社会事業方面に対して尽瘁する処更に大きく〔中略〕辻育英団の偉業は人のよく知る処」とする。[*59] 秋田市有数の資産家だった平野や辻は、奨学事業のような「社会事業」の担い手となっていた。それは、『魁』のいう「富豪」の「社会的義務」に適うものだったと考えられる。また、先代の二代目辻兵吉は、第五章でふれたように、「慈善」の実績を有していたにもかかわらず、一九〇五年五月九日の大火直後の時点では、その資産に相応しい貢献とまではみなされていなかった。だが、一九三七年には、その二代目以来二代にわたる辻家の「社会事業方面」への尽力が高く評価されていたこともうかがえる。

他県ではあるが、『魁』のいう「社会的義務」のすべてに応えた「富豪」もみられた。岡山県倉敷市の大原孫三郎である。倉敷紡績の経営を中心に多くの企業を創出した大原は、「労働理想主義」にもとづき、倉敷に寄宿舎・社宅・研究所・病院・図書館など様々な施設を設け、インフラ整備をおこなった。[*60] そうした事業には、中間層の福祉の担い手として、企業の役割が大きくなっていったことも示されている。[*61]

おわりに

一九一八年の秋田市では、米穀廉売会による大規模な廉売などが実施されていた。前章までをふまえると、明治期から大正期にかけての秋田市では、米価騰貴による生活危機を一定程度緩和するような対応がとられていたことになる。明治後期と同じく、一九一八年にも、そうした対応を促すような社会的な圧力があったことも確認された。米価騰貴への対応を模索していた市行政や市会、地方新聞などの動向、そして「不穏」がそれにあたる。一九一八年の米廉売における資産家の負担も、やはり促された「慈善」だったと考えられる。

他方、一九一八年の米価騰貴の局面が、一九一二年以前と異なるのは、米廉売の受給者として、多くの中間層が含まれたことだった。だが、米穀廉売会のような富者の「慈善」は、従来、「人格」を損なうような代償がともなうとされてきた。『魁』は、そうした「慈善」を「惰民養成」「国民の生存権」といった観点からも否定し、中間層へ供給するにふさわしい福祉の担い手として「国家」や「政府」をあげている。「国家」や「政府」には、「人格」を損なうことなく福祉を供給する役割が期待されていた。

一九一八年の米騒動後、秋田市では、市行政による社会事業・社会政策が開始された。井上廣居は、一九三二年まで四期一六年にわたって市長を務めた。井上市政は、市営住宅（一九二二年）や公設市場（一九二三年）、職業紹介所（一九二四年）、市診療所（一九二七年）、伝染病院移転新築（一九二八年）、公益質屋（一九三一年）の設置といった事業を推進した。[*62] 秋田市編『秋田市史　第四巻　近現代I通史編』は、こうした市の社会事業が「防貧政策に力点を置いていた」とする。[*63] 中間層へ供給する福祉の担い手となったのは、市行政だったことになる。

社会事業の開始など、第一次世界大戦後の大都市行政の変化について、源川真希は、日本における「社会都市」の成立と位置づけている。大阪市や東京市では、エネルギー供給や社会インフラ、保健衛生、住宅、文化・教育など、「生存配慮」をはかる給付行政が開始されたという。[*64] 第一次世界大戦後の都市部では、住民の生活を支える仕組みにおいて、都市行政や企業の役割が比重を増していったことになる。秋田市の井上市政は、前述した社会事業・社会政策のほか、河辺郡牛嶋町・南秋田郡川尻村の編入による市域拡張（一九二四・一九二六年）、都市計画法適用都市の指定（一九二七年）、上水道第一期拡張（一九二六年）、下水道工事着工（一九三二年）、市立商業学校創立（一九二〇年）、常設消防部の設置（一九二四年）、市営屠場の移転新築（一九三〇年）、などを進めた。[*65] それらは、秋田市においても、社会都市への変容がみられたことを示す。中間層の福祉への「包摂」が、市行政に社会都市への変容を促したことになる。

井上廣居は、一九三二年の『魁』に市長退任の挨拶を寄せ、「市の施設中財源を寄附に仰いだ場合、随分多く毎度富豪篤志の諸君に御迷惑を煩はしましたに拘はらず、御厚意を以て多大の援助を与へられ、成功させて戴きまして誠に有難い次第と存じてを《マ》りま《マ》す」と記している。[*66] 社会都市の形成にあたっても、資産家らの寄付が大きな役割を果たしていたことがうかがえる。

米騒動から一〇年後にあたる一九二八年、『魁』は、一日《ひといち》町（現八郎潟町）の小柳感恩講が、公益質屋の経営・社会教育事業（文庫開設）・学生の育英事業・生業資金貸出・医療保護を実施していることを報じて、「救貧から防貧へ一歩進み出る」「現在社会事業に適切な施設」と称賛した。他方、それ以外の県内の感恩講については「目的規約は遠い〳〵昔の社会制度に則つて出来たものをその儘に現在にいたつて尚ほ墨守し、その範囲を一歩も出でずに救貧事業一本槍」「殆んと眠れるが如き有様」などと評している。[*67] 一九二八年の『魁』は、「現在社会事業」や「防貧」の観点から、従来の感恩講事業を否定的に評価していた。佐々木拓哉によれば、一九二〇年代の京都では、公営と民間の社会事業との間に対立があり、京都府社会課の嘱託で社会事業の専門家である海野幸徳は、従来の民間福祉を「濫救」「非科学的」と批判していたという。[*68] 都市行政などの社会事業が展開されるなかで、「慈善」と呼ばれた従来の民間福祉にたいする批判も強まっていったことがうかがえる。他方、従来の「慈善」にみられた「人格」を損なうような代償や、「自立」を強いる論理は、救貧、すなわち恒常的な貧困への対応において克服されたのであろうか。秋田市については未だ十分に明らかではないが、極めて難しかったように思われる。

註

＊1　井上清・渡部徹編『米騒動の研究』第一巻（有斐閣、一九五九年）、九〇～九一頁。

＊2　井本三夫監修・歴史教育者協議会編『図説　米騒動と民主主義の発展』（民衆社、二〇〇四年）、一二〇～一二一頁。

＊3　大豆生田稔『近代日本の食糧政策―対外依存米穀供給構造の変容―』（ミネルヴァ書房、一九九三年、一三九～一七九頁）、同前『お米と食の近代史』（吉川弘文館、二〇〇七年、一七五～一七六頁）。

＊4　「台所の節約　山脇房子女子談」『秋田毎日』一九一八年四月一二日、「高い高い米の値」同前四月一六日雑報、「活気づいた質屋」同前四月一七日雑報。

＊5　「秋田市会会議録　第十二号」四月二二日（「秋田市会会議録」大正七年、秋田市役所所蔵、三一八一〇二）。

＊6　秋田県編『秋田県統計書　大正七年』（一九二二年）。

＊7　井上・渡部前掲『米騒動の研究』第一巻、一七～三九頁。

＊8　「米価暴騰」『魁』八月一四日雑報。

＊9　滑川市立博物館編『米騒動一〇〇年―滑川から全国へ―』（滑川市立博物館、二〇一八年）。

＊10　井上・渡部前掲『米騒動の研究』第一巻（八八頁）。もっとも、同書では「資料がもっと手に入れば、これらの県にも騒動があったことがわかるかもしれない」としている。

＊11　「貼札をして科料」『魁』八月三一日雑報。

＊12　井上・渡部前掲『米騒動の研究』第一巻、八九頁。

＊13　荻野富士夫編『特高警察関係資料集成　第一九巻』（不二出版、一九九三年、七六頁）。なお、本表で「何等事故ナキモノ」とされるのは、北海道のみである。

＊14　「秋田市会会議録　第十六号」八月一二日（前掲「秋田市会会議録」大正七年）、「秋田市会会議録　第十七号」八月一三日（同前）。

＊15　「市における富豪協議」『魁』八月一六日雑報。

＊16　「米穀廉売協議会（一回）」八月一五日（「米価暴騰による米穀廉売事務簿」大正七年（秋田市役所所蔵、三一五一一〇）。

＊17　「米穀廉売協議会（二回）」八月一六日（同前「米価暴騰による米穀廉売事務簿」大正七年）。
＊18　秋田県前掲『秋田県統計書　大正七年』。
＊19　「米穀廉売会協議会（五回）」一〇月三日（前掲「米価暴騰による米穀廉売事務簿」大正七年）。
＊20　「米穀廉売会協議会（四回）」九月七日（同前「米価暴騰による米穀廉売事務簿」大正七年）。
＊21　同前「米価暴騰による米穀廉売事務簿」大正七年、所収。
＊22　「米穀廉売会協議会（三回）」八月二一日（同前「米価暴騰による米穀廉売事務簿」大正七年）。
＊23　同前「米穀廉売会協議会（三回）」八月二一日。
＊24　「米穀廉売会委員会」八月二六日（同前「米価暴騰による米穀廉売事務簿」大正七年）。
＊25　同前「米穀廉売会委員会」（八月二六日）では、「勧誘人名」を記したとされる別紙を欠いている。
＊26　前掲「米穀廉売会協議会（五回）」一〇月三日。
＊27　「秋田市役所検閲復命書」大正八年六月（秋田県公文書館所蔵、九三〇一〇三―一〇一九〇）。
＊28　「組合協議の末米値下」『魁』八月一七日雑報。
＊29　「市の白米標準値段」『魁』八月二〇日雑報、「割引看板を掲く」同前。
＊30　同前「市の白米標準値段」、「市の奸商警告さる」『魁』八月二一日雑報、「要領を得ず米商の運動」同前八月二六日雑報、など。
＊31　「市に於ける恩賜廉米」『魁』八月二七日雑報。
＊32　「御下賜金にて大廉売」『魁』八月二〇日雑報。
＊33　北原糸子「近代法に基づく災害救済の実際」（同編『日本災害史』吉川弘文館、二〇〇六年）、二九三〜二九四頁。
＊34　前掲「秋田市役所検閲復命書」。
＊35　「秋田市会会議録　第十八号」一〇月一四日（前掲「秋田市会会議録」大正七年）。
＊36　「外米提供」『魁』八月一七日雑報、「信用組合の廉売」同前八月一八日雑報、「米問題」同前八月二二日雑報。
＊37　渡部誠一郎『秋田市長列伝』（秋田魁新報社、一九八九年）、秋田魁新報社史編修委員会編『秋田魁新報百二十年史』（秋田

魁新報社、一九九五年）。
＊38　「秋田市会会議録　第十九号」八月三〇日（「秋田市会会議録」大正五年、秋田市役所所蔵、三一八一〇〇）。「井上市長挨拶」『魁』一九一六年八月三一日雑報。
＊39　「市議の顔合せ」『秋田時事新聞』一九一七年四月三日雑報。なお、立憲国民党系の『秋田毎日新聞』が推薦した候補が一名当選している（「市政の刷新此一挙に在り　諸君の有する清き一票を我が介川君の為に投ぜられよ」同年三月二七日）。
＊40　『魁』一九一七年四月四日「萬年筆」。
＊41　「市長選挙　井上氏再選」『魁』一九二〇年七月三〇日雑報。
＊42　前掲「秋田市会会議録　第十二号」四月二三日。
＊43　渡部前掲『秋田市長列伝』、五一頁。
＊44　前掲「秋田市会会議録　第十六号」八月一二日。
＊45　前掲「秋田市会会議録　第十七号」八月一三日。
＊46　「大正七年事務報告及財産明細表」（「秋田市事務報告並財産表（T1～9）」秋田市役所所蔵、三一四四四三）、四、六頁。
＊47　前掲「米穀廉売会協議会（三回）」八月二一日。
＊48　前掲「米穀廉売協議会（二回）」八月一六日。
＊49　前掲「米穀廉売会委員会」八月二六日。
＊50　一九一八年の『魁』には、「茶一杯」のほかに、「筆の雫」「万年筆」などのコラムがある。いずれも無署名だが、おそらくはコラムごとに一名の記者が担当していたと考えられる。
＊51　「本紙の五大主張」『魁』一九一三年一月一日。
＊52　能川泰治「地方都市金沢における米騒動と社会政策─一九一一～二三年─」（橋本哲哉編『近代日本の地方都市─金沢／城下町から近代都市へ─』日本経済評論社、二〇〇六年）、一九五～一九六頁。
＊53　前掲「米穀廉売会協議会（三回）」八月二一日。
＊54　各郡市長宛内務部長「秋発勧第三七〇号」八月二二日（同前「米価暴騰による米穀廉売事務簿」大正七年、所収）。

＊55　前掲「米問題」。
＊56　前掲「米穀廉売会委員会」八月二六日。
＊57　倉地克直「『生きること』の歴史学・その後」（『日本史研究』第六〇四号、二〇一二年一二月）、三六頁。
＊58　『秋田県勢要覧』（秋田県、一九三〇年）、四三〜四四頁。
＊59　秋田振興協会編『文化の秋田』（一九三七年）、一七二〜一七三頁。
＊60　兼田麗子『大原孫三郎—善意と戦略の経営者—』（中央公論新社、二〇一二年）、阿部武司編著『大原孫三郎—地域創生を果たした社会事業家の魁—』（PHP研究所、二〇一七年）、など。
＊61　高岡裕之「『生存』をめぐる国家と社会—二〇世紀日本を中心として—」（『日本史研究』第五九四号、二〇一二年二月）、榎一江「近代日本のパターナリズムと福利施設」（『大原社会問題研究所雑誌』第七〇五号、二〇一七年七月）、など。
＊62　秋田市編『秋田市史　第五巻　近現代Ⅱ通史編』（二〇〇五年）。
＊63　秋田市編『秋田市史　第四巻　近現代Ⅰ通史編』（二〇〇四年）、七一六〜七一八頁。
＊64　源川真希『東京史—七つのテーマで巨大都市を読み解く—』（筑摩書房、二〇二三年）。
＊65　秋田市前掲『秋田市史　第五巻　近現代Ⅱ通史編』。
＊66　「井上前市長の挨拶」『魁』一九三二年一〇月二日朝刊。
＊67　「古い殻を破つた一日市感恩講」『魁』一九二八年八月九日朝刊雑報。
＊68　佐々木拓哉「一九二〇年代京都における公私社会事業の対立」（『日本歴史』第七七九号、二〇一三年四月）。

終章　「慈善」から「社会都市」へ

第一節　秋田町（市）の生活を支えた仕組み

1　「仁政」から「慈善」へ

救貧事業である感恩講は、町人有志の秋田藩への献金により、一八二九（文政一二）年に設立された。藩の保護のもと、「備高」の年貢として給付された収入により、久保田町の町人地（外町）に救貧を供給していた。その運営を担っていたのは、民間の富者だったが、それらも含めて「御仁政」と呼ばれていたという。また、感恩講の創設を主導した那波祐生の子である祐章は、冬季における衣類・薪炭等の恵与を、嘉永年中（一八四八～一八五四）から始めたとされる。「領主支配」「身分団体」「家」といった直接的な関係とともに、中間団体の感恩講が、都市住民の生活を支えていたことになる。

「仁政」の理念を標榜していた幕藩領主は、明治維新後に退場した。「身分団体」による支えの制度的な根拠となっていた、村請・町請も地租改正によって解体された。近世を生きた人びとの生活を支えていた三つの関係のうち、「領主支配」「身分団体」が解体されたことになる。明治政府の掲げた文明開化・殖産興業の方針や財源不足のもと、「家」にかかる負担が重くなり、救貧の受け手だった「最下層」にも「自立」が強いられるようになった。

近世以来の救貧事業である感恩講も、一八七一（明治四）年の廃藩置県後、財政と事業内容の面で存続の危機に直面した。感恩講がそうした危機を克服したのは、那波祐章・祐富父子による財政・運営面での尽力があり、一八七八年に備荒貯蓄の実績への期待から秋田県庁が同講の支持に転じ、一八八一年の明治天皇の公認によって県の支持が永続的になったことがある。感恩講事業の存続によって、明治中後期の秋田町（市）には、恤救規則とは桁違いの規模の救貧が供給されることになった。秋田町（市）の富者の多くは、寄付者として感恩講事業の財政面を支え、一部の富者には、年番（理事）として運営に従事する機会もあった。年番には、近世以来の旧家だけではなく、辻兵吉や本間金之助のような近代転換期に成長した新興の資産家も就任している。

感恩講の存続を支えた那波家では、前述した衣類・薪炭等の恵与を明治期にも継続した。秋田県内では、こうした富者による盆暮れの救貧が、少なくとも二〇世紀初頭まで広がりをみせていた。また、加賀谷長兵衛と村山三之助は、居住地区周辺において米の無利子での貸付を実施していた。両家が、近世以来の旧家であることは、こうした貸付が、近世の生活を支えた町の役割の系譜にあることをうかがわせる。

「行政」による救貧が極めて限定的だった明治期において、秋田町（市）では、中間団体や富者個人による救貧がみられた。当該期の秋田町（市）には、「行政」を含めた福祉の複合があったことになる。

また、民間の救貧は、「慈善」と呼ばれることが多かった。近世後期には、「御仁政」と位置づけられていた感恩講も、明治期のメディアには「慈善」と呼ばれている。天皇に公認され、県の監督を受けた感恩講だったが、近世後期のように「仁政」とみなされることはなかった。

2 「慈善」と「不穏」

明治期から大正期にかけての秋田町（市）では、災害や米価騰貴によって、恒常的な貧困とは桁違いの規模で生活危機がもたらされることがあった。そうした場合も、民間の救助支援が大きな役割を果たしていたが、それらも恒常的な救貧と同じく、「慈善」と呼ばれていた。火災や米価騰貴の局面に着目することで、当該期の「慈善」の歴史的・社会的背景が明らかとなった。

一八九〇年の米価騰貴の際、秋田市では、生活危機を一定程度緩和するような対応がとられていた。大規模な米廉売も、有志の寄付などにより二回実施された。だが、「慈善」と呼ばれたそれらの対応には、複数の社会的な圧力によって促された面が認められる。米価騰貴への対応を模索していた市行政や地方政治家、米商、地方新聞などの動向、そして「貧民」の動向が、それにあたる。富者の経済的な負担は、いわば促された「慈善」だった。

秋田市のこうした動向を根底で規定していたのは「不穏」だった。「貧民」を衝動的な暴力の主体とみなす認識や他地域での暴力行使など、地方新聞の報道が「不穏」にリアリティをもたらしていた。七月八日から一二日には、「貧民」の断続的な行動が現れた。一度は確定された米廉売の受給対象者が拡大されたのは、「徒党」と呼ばれた「貧民」の行動に促されたためだった。そこには、福祉にともなう「包摂と排除」の境界線を揺るがし、再定義するという民衆運動の重要な一面が認められる。富者の「慈善」には、こうした「不穏」や社会的圧力に促された面があったことになる。

一八九七～九八、一九一二、一九一八（大正七）年の米価騰貴の際にも、一八九〇年ほどの民衆運動はみられなかったものの、複数の社会的圧力や「不穏」によって、「慈善」が促されていたことを確認できる。

3 「慈善」と名望の獲得・再生産

一八八六年の秋田町の大火後には、秋田県行政の主導で多岐にわたる救助支援活動が実施されたが、それらは民間の協力や負担にも支えられていた。民間でも有志による寄付や日用品の廉売などが実施されており、官民の救助支援活動が罹災者の「いのち」や生活を支えていたことになる。

民間の救助支援において、とりわけ重要な役割を果たしていたのが、那波祐富の活動だった。注目されるのは、罹災した出入り関係者への家屋・木材・現金の支援、各消防組への手当金贈与である。火元の近隣だった那波家は、消防組や出入り関係者らが飛び火を防いだことにより、延焼を免れた。近代的な消防設備や技術の普及以前には、飛び火を防ぐことが、家屋・財産を守るための現実的な防火活動の一つだった。那波家の防火にあたった出入り関係者や消防夫の一部には、平常の出入り先である那波家への義理立てがあった。かれらが災害等に見舞われた場合にも、那波家による手厚い支援が期待できたはずである。那波家と出入り関係者とのあいだには、双方にとって一定のメリットのある相互関係が取り結ばれていたことになる。そうした「積善の家」をめぐる相互関係も、那波家と出入り関係者らの双方によって、その局面ごとに「選びとられ紡がれて」いたものだった。

一九〇五年七月の市役所火災は、「積善の家」をめぐる相互関係が、この時期まで「選びとられ紡がれて」いたことを示している。この火災と同年五月の大火の局面に着目すると、八代目祐生以来の代々の福祉活動によって、那波家が他の資産家をはるかに凌ぐ名望を獲得していたことを確認できる。二〇世紀初頭、秋田県内の資産家には、那波家の福祉活動を模範とする傾向が広くみられたという。那波家の際立った名望は、秋田市内にとどまらず、県内各地の資産家にも福祉活動を促す要因になっていた。

一九〇五年五月の大火後には、火元争いの当事者の一方である辻兵吉への不信が現れていた。そうした不信には、辻が、その経済力に相応しい福祉活動をしていないとの認識も関わっていた。二代にわたる通俗道徳的な実践を基底において、近代転換期以降に市内第一位の資産家にまで成長を遂げた辻家だったが、地域の名望を獲得するのは容易ではなかったことになる。他方、同じ新興商家で、辻の実兄である本間金之助が、一定の名望を確保していたことも確認できる。本間の名望獲得には、貧困児童の教育機関である福田小学校の創設が関わっていた。辻と本間の対照的な事例は、福祉活動の実績が名望の獲得を大きく左右していたことを示している。

その本間金之助も、一九〇五年五月の大火後の救助支援を見送ったことで、地方新聞の批判に曝された。近世以来の旧家で居住地区周辺の福祉に貢献していた加賀谷長兵衛も、同様の批判を受けている。本間や加賀谷のような福祉活動の実績を有する資産家であっても、その局面、局面で対応を問われていたことになる。それは、名望の再生産が容易ではなかったことを示すとともに、資産家の福祉活動には、名望の再生産のためにやむを得なかったという、消極的な面があったことをうかがわせる。

秋田町（市）で米価騰貴の局面でみられた「慈善」には、社会的圧力や「不穏」との関わりが、火災の局面でのそれには、防火上のメリットや名望の獲得・再生産との関わりがあったといえる。地方新聞は、局面ごとの福祉活動の有無や多寡によって資産家個々の評価を左右することで、「慈善」を間接的に支える役割を果たしていた。

4 「慈善」から社会事業・社会政策へ

明治期から大正期にかけて秋田町（市）でみられた「慈善」は、恒常的な貧困をはじめ、災害や米価騰貴がもたらした生活危機を一定程度緩和していた。そうした「慈善」の受け手は、米価騰貴の局面で民衆運動の担い手となったり、火災の局面で「好意に対する返し」を示すこともあった。だが、地方新聞の「慈善」をめぐる論調には、その受け手が、日常生活における人格的な従属を許容せざるを得ない、あるいは「惰民」といったスティグマを押される場合も少なくなかったことが明瞭に示されている。人格的な従属は、都市政治史の研究で指摘されてきた都市名望家の支配と関わる。[*1]

当該期の秋田町（市）を生きたひとりの住民の立場からとらえ返せば、あくまで個人・家（家族）による自助努力を基本としながらも、感恩講や富者の供給していた福祉に依存する局面や可能性もあったことになる。ただし、そうした福祉には、受給の代償として、日常生活における人格的な従属や、「惰民」といったスティグマがともなっていた。

一九一二年の米価騰貴のもと、秋田市においても、「中流」の生活難が社会問題化した。一八世紀以降、「自立」を求められてきた「中下層」をめぐって、福祉への「包摂と排除」の境界線に大きな揺らぎが生じたことになる。一九一八年には、全国化した米騒動が圧力となり、米廉売の受給者は、中間層にまで拡大された。それは、中間層が福祉に「包摂」されたことを示す。

だが、富者の「慈善」は従来、「人格」を損なうような代償がともなうとされてきた。実際、富者の供給する米廉売にたいして、葛藤や拒否を示す中間層もみられた。地方新聞は、従来の「慈善」を「惰民養成」「国民の生存権」といった観点からも否定し、中間層へ供給するにふさわしい福祉の担い手として「国家」や「政府」をあげている。「国家」や「政府」には、「人格」を損なうことなく福祉を供給する役割が期待されていた。

一九一八年の米騒動後、秋田市では、市行政による社会事業・社会政策が開始された。中間層へ供給する福祉の担い手となったのは、市行政だったことになる。そうした市行政の役割の拡大によって、秋田市も、社会都市へと変容していく。中間層の福祉への「包摂」が、市行政に社会都市への変容を促したことになる。生活を支える「行政」「集団」「家（家族）」の直接的な関係でいえば（序章）、市行政の担う役割が比重を増していくことになった。他方、救貧、すなわち恒常的な貧困への対応において、従来の「慈善」にみられた「人格」を損なうような代償や、「自立」を強いる論理を克服することは難しかったように思われる。

第二節　近現代日本の生活を支えた仕組みを問う

明治期から一九一〇年代までの秋田町（市）では、感恩講事業と富者が、住民の生活を支える役割を担っていた。当該期の都市部の生活を支えた仕組みとして、中間団体と富者の役割がみられたことになる。個人・家（家族）による「通俗道徳」の役割は大きかったとはいえ、それだけが支えていたわけではないことを確認しておきたい。

生活を支えた仕組みのうち、前者の感恩講は、経営面での先進性と安定した資産状況により、明治期の慈善事業では例外的な存在として位置づけられてきた。[*2] だが、明治期の秋田県では、各地の有志が秋田町（市）の感恩講を模範として感恩講事業・施設を設立している。旧秋田藩領の小都市や町場を中心に、一八八二〜八六年に八つ、一八九四~九九年に五つの感恩講が発足した。[*3] こうした感恩講事業の拡大には、慈善事業の発展にとどまらない、より大きな近代転換期の歴史的な文脈が関わっているように思われる。喜安朗は、一九世紀のフランスで「社会の共同体的編成が崩れていくなかで、そのなかにつなぎとめられていた人と人の結合関係は、より大きな広がりと多様性をもったものとして発展」「活性化」していったと論じている。[*4] 明治期の秋田県における感恩講事業の拡大も、そうした「結合関係」の「発展」「活性化」として位置づけられるのではなかろうか。

職人・職工・鉱夫などの同職集団について、東條由紀彦は、幕末以降に「親方・職人間の『交際』は、より大きく、広く」なり、「実際の具体的人格的規制はかえって強化されていった」と指摘している。[*5] 明治一〇~二〇年代に全国各地で設立された結社について、松沢裕作は、身分制社会の解体後に「人びとが新たな拠り所をもとめた結果」と論じている。[*6] こうした同職集団や結社の動向は、近代転換期の日本においても、「人と人の結合関係」が「より大きな広がりと多様性をもったものとして発展」「活性化」したことを示している。秋田県内に広がった感恩講事業も、そうした「結合関係」の「多様性」の一つだったと考えられる。[*7]

同職集団には、中間搾取や人格的従属の一方で、保護の役割も認められる。結社についても、非政治結社が福祉活動によって「地域社会の成り立ちを支えていた」事例が明らかにされている。[*8] こうした同職集団や非政治結社は、生活を支えた直接的な関係のうち、「集団」にあたる。本書では、同職集団と非政治結社には十分にふれられなかったが、秋田町(市)でも職人や職工などの同職集団による保護がみられたと考えられる。秋成社(開墾・養蚕・製糸業など)や川尻組(蚕種製造)のように、結社による授産事業も展開された。[*9] 秋田町(市)においても「身分団体」に代わって、「集団」の形成や再編がみられたことをうかがわせる。そうした「集団」の消長や位置づけなどについては、今後の研究の進展を俟ちたい。[*10]

後者の富者については、近代の農村部において地主や名望家の保護がみられたことが指摘されてきた。[*11] 本書で論じてきた秋田町（市）の事例は、近代の都市部においても富者の保護がみられた可能性を示している。近世史研究の成果もふまえれば、富者は、一七世紀に救恤の担い手となり、一八世紀から「仁政」も支え、明治維新後には「慈善」の担い手となった。とりわけ、一八世紀末から一九一〇年代にかけては、富者が福祉の主要な担い手だったことになる。

ただし、近代の農村部については、富者の保護が「不安定」であることも指摘されてきた。小島庸平は、「町村有林・救済講・地主金融・小作料減免」が「村内上層の経済的余力と、『生存に必要な物と労務』を要求する側との間の力関係によって、その実否と多寡が決定された」として、「村内上層の『徳義』と経済的余力に依存した上記の制度・慣行は、セイフティネットとしては明らかに不安定なものであった」と論じている。[*12] 近世農村においても、保護をめぐる「せめぎあいや対立」がみられたが、[*13] 富者は「仁政」の理念や村請制などにも規定されていた。それらが失われた近代農村では、保護がより「不安定」にならざるを得なかったと考えられる。また、そうした「不安定」さは、保護の有無や多寡について地域差も生じさせていたはずである。

近代の都市部も、富者による保護の「不安定」や地域的な偏差が少なくなかったと思われる。明治前期の京都と東京について、大杉由香は、町や町組の自治による救済や区と連携した慈善事業などの役割が大きかった前者にたいして、後者では町方の救済がほとんどなかったと指摘している。[*14] 感恩講事業とともに、富者の「慈善」がみられた秋田町（市）は、保護の厚かった都市の一つだったといえる。だが、その秋田町（市）においても、「慈善」は、名望の獲得・再生産との関わりで、あるいは防火上のメリットなどから、あるいは社会的圧力や「不穏」に促されたものだった。保護の厚かった都市である秋田町（市）でも、「せめぎあいや対立」や「不安定」さがみられたことになる。ただし、秋田町（市）の「慈善」を規定していた条件や社会関係には、消防活動の水準のように、同時代の他の都市でも見出しうるものが少なくない。[*15] そこに一定の普遍性が認められるとすれば、都市部での富者による保護にも相応の広がりを想定しうるのではなかろうか。一九一八年の米騒動後、全国各地でみられた米廉売も、富者の寄付によるものが少なくなかった。[*16] そうした他都市での福祉領域における富者の役割については、今後の研究の進展を俟ちたい。そこでは、富者の保護にともなう人格的な従属やスティグマについての議論が深まることも期待される。

こうした富者や「集団」による保護には、当該期の救貧や米価騰貴への対応において、「行政」の役割が限定的だったことも関わっていた。ただし、秋田町（市）の一八八六・一九〇五年の大火後の救助支援活動では、地方行政や災害救助に関する法律も大きな役割を果たしていた。恒常的な救貧や米価騰貴への対応と比べて、災害救助支援における「行政」の役割は格段に大きかったことになる。イギリス史の長谷川貴彦は、福祉の担い手となった中間団体について、「ヨーロッパでは都市化や工業化などの近代化がもたらす失業や疾病などに対応するものであったが、日本では洪水などの自然災害が全面に押し出されて救済が行われた」として、そこに「慈善活動における日本的な特質」を指摘している。[*17] 秋田町（市）の事例は、災害対応を重視する「日本的な特質」が、「行政」にも認められることを示している。近代転換期以降の災害史研究においても、「行政」と民間による福祉の複合とその変容への着目が重要であることを確認しておきたい。

一九一八年の米騒動後、日本の食糧供給構造は、外国米依存からの転換が図られた。大豆生田稔は、一九二〇年代を「米の『自給』を目指して、本国・植民地を通じた増産や、政府の市場介入による価格政策が整備される時期」と位置づけている。「この間、〔日本本国の〕年間一人あたり米消費量は安定しており、むしろ小麦粉の消費や食糧消費の多様化によって、漸減傾向をたどっている」という。[*18] 他方、一九二〇〜三四年に産米増殖計画が実施された朝鮮について、趙景達は、米の生産量の一・四倍強の増加にたいして、輸移出量が五・一倍に増加しており、増産分以上の米が日本に移出されたことを強調している。この間、朝鮮人の一人あたりの米消費量は約三四％減少した。朝鮮には、外国米や満洲産の粟が輸入されるとともに、麦や雑穀の生産が奨励されたという。[*19] 日本本国の食生活を支える仕組みが、植民地の犠牲によって成り立っていたことになる。本書では十分に論じることができなかったが、戦前日本の生活を支えた仕組みは、こうした帝国内の非対称な関係まで視野に入れて議論される必要がある。

また、米騒動後の秋田市は、市行政による社会事業・社会政策が開始されるなど、社会都市へと変容していった。それを促したのは、中間層の福祉への「包摂」だった。大阪市や東京市といった大都市だけではなく、秋田市のような地方都市においても、社会都市への変容が始まっていた。米騒動後の都市部において、中間層の福祉の担い手となったのは、そうした都市行政や大企業だった。[*20] 生活を支える「行政」「集団」「家（家族）」の直接的な関係でいえば、都市行政や「集団」の一つにあたる大企業の担う役割が比重を増していったことになる。

米騒動後のこうした変容は、生活を支える役割において、都市行政が国家に先行していたことを示している。[*21] 森宜人によれば、ドイツ史やヨーロッパ都市史の研究では、「社会国家の『前身』ないし『実験場』としての社会都市という観点」が通説となっているという。[*22] 「社会国家」とは、いわゆる福祉国家を指す。大門正克は、第一次世界大戦後の「現代社会」において「民衆の生活維持（生活保障）が政治的課題として浮上」し、それに取り組むことで、近代国家が「生活保障のための国家」＝「現代国家」へと変容したと論じているが、[*23] 日本の場合も、都市の先駆性をこうした変容の過程に位置づけることが課題となる。そこでも、「行政」「集団」「家

〈家族〉」の役割とその変容に着目することが重要ではなかろうか。それは、近現代日本の生活を支えた仕組みを、ひとりの民衆の立場からとらえ返すことにつながるはずである。

註

＊1　原田敬一『日本近代都市史研究』（思文閣出版、一九九七年）、など。

＊2　大杉由香「明治近代化の中の公的扶助と私的救済―今何を学び取るべきか―」（『法政大学イノベーション・マネジメント研究センター　ワーキングペーパーシリーズ』第三〇号、二〇〇七年）、同前「秋田感恩講に関する一考察―過去の福祉NPOから何を見るか―」（『東洋研究』第一六九号、二〇〇八年）、など。

＊3　湊彌七編『各感恩講概要』（東部感恩講、一九〇八年、東山文庫、秋田県公文書館所蔵、AH三六九―三三）、藤島正行「秋田県社会事業史―感恩講を中心に―」（『秋田近代史研究』第二一号、一九七六年）。

＊4　喜安朗「近代の社会的統合とソシアビリテ」（初出一九九九年、同『民衆騒乱の歴史人類学―街路のユートピア―』せりか書房、二〇一一年所収）、二四〇頁。

＊5　東條由紀彦「『同職集団』の生成と展開」（同『近代・労働・市民社会―近代日本の歴史認識I―』ミネルヴァ書房、二〇〇五年）、一一〇頁。

＊6　松沢裕作『自由民権運動―〈デモクラシー〉の夢と挫折―』（岩波書店、二〇一六年）、五一頁。

＊7　板垣貴志は、中国山地でみられた家畜預託慣行が、一八八〇年代の松方デフレ期に飛躍的に拡大したと指摘している（板垣貴志『牛と農村の近代史―家畜預託慣行の研究―』思文閣出版、二〇一三年）。そうした相互扶助慣行も、近代転換期の「結合関係」の「多様性」の一つと考えられる。

＊8　大月英雄「『結社の時代』を生きる―伊香西浅井郡相救社の設立―」（大門正克・長谷川貴彦編著『「生きること」の問い方―歴史の現場から―』日本経済評論社、二〇二二年）、九一頁。

＊9　秋田市編『秋田市史　第四巻　近現代Ｉ通史編』（二〇〇四年）、一四七〜一五〇頁。

＊10　「集団」については、東條前掲『近代・労働・市民社会―近代日本の歴史認識Ｉ―』などの研究蓄積があるが、近年の研究では、同郷出身者の同職集団を論じた吉田律人の研究が注目される（吉田律人「横浜における北陸地方出身浴場業者の展開―昭和戦前期を中心に―」『社会経済史学』第八七巻二号、二〇二一年八月、など）。筆者も、一九一八年の東水橋町（現富山市）の米騒動の主要な担い手だった女性仲仕について、社会集団としての両義的な性格を論じたことがある（大川啓「米騒動と女性仲仕集団―旧富山県中新川郡東水橋町における聞き取り調査の記録を中心に―」伊藤俊介・小川原宏幸・愼蒼宇編『「下から」歴史像を再考する―全体性構築のための東アジア近現代史―』有志舎、二〇二二年）。

＊11　Ｒ・Ｐ・ドーア著・並木正吉ほか訳『日本の農地改革』（岩波書店、一九六五年）、庄司俊作『近代日本農村社会の展開―国家と農村―』（ミネルヴァ書房、一九九一年）、大門正克「序説『生存』の歴史学―『一九三〇〜六〇年代の日本』と現在との往還を通じて―」（『歴史学研究』第八四六号、二〇〇八年）、など。

＊12　小島庸平『大恐慌期における日本農村社会の再編成―労働・金融・土地とセイフティネット―』（ナカニシヤ出版、二〇二〇年）、二八二頁。

＊13　倉地克直『江戸の災害史』（中央公論新社、二〇一六年）、二二九頁。

＊14　大杉由香「都市における公的扶助と私的救済―明治前期の京都を中心に―」（『社会経済史学』第六一巻第四号、一九九五年一一月）、同前「明治前期日本における公的扶助の実態―日本社会福祉史研究批判から―」（『東京大学経済学研究』第三八号、一九九六年五月）、同前「明治前期における東京の救恤状況」（『土地制度史学』第三九巻第一号、一九九六年一〇月）。

＊15　豊田正子「大晦日」には、豊田家がブリキ職人である父の得意先からの借金により、当座の生計をまかなう様子が描かれている（初出一九四一年。豊田正子著・山住正己編『新編　綴方教室』岩波書店、一九九五年、所収）。一九三〇年頃の東京においても、出入り関係（三、五章）が生活を支える役割を果たしていたことをうかがえる。

＊16　井上清・渡部徹編『米騒動の研究』第一〜五巻（有斐閣、一九五九〜一九六二年）。

＊17　長谷川貴彦「近世から近代を生きる―ヨーロッパと日本―」（同・大門前掲『「生きること」の問い方―歴史の現場から―』）、一七五、一八〇頁。

＊18　大豆生田稔『お米と食の近代史』（吉川弘文館、二〇〇七年）、二一九〜二二〇頁。

＊19　趙景達『植民地朝鮮と日本』（岩波書店、二〇一三年）、八〇〜八五頁。

＊20　大企業については、高岡裕之「『生存』をめぐる国家と社会―二〇世紀日本を中心として―」（『日本史研究』第五九四号、二〇一二年二月）、榎一江「近代日本のパターナリズムと福利施設」（『大原社会問題研究所雑誌』第七〇五号、二〇一七年七月）を参照。

＊21　高岡裕之は、近現代日本の「福祉」の諸制度には、国民健康保険法や方面委員制度のように「『地域』レベルの取り組みが国家の施策を先導したケースが少なくない」として、「『地域』が新たな『福祉』を創出してきた『伝統』が存在する」ことを強調している（高岡裕之「日本近現代史研究の現在―「社会」史の次元から考える―」（『歴史評論』第六九三号、二〇〇八年一月、七八〜七九頁）。

＊22　森宜人「市民社会の変容と社会国家の形成―『福祉社会』論の比較史的射程をめぐって―」（『一橋経済学』第一三巻第一号、二〇二二年）、一二五頁。

＊23　大門正克「高度成長の時代」（同ほか編『高度成長の時代1　復興と離陸』大月書店、二〇一〇年）、二〇頁。

あとがき

私が幼い頃、両親は秋田市の郊外に家を建てた。旧羽州街道近くの小さな山を切り開いた新興住宅地。団塊世代前後の親世代とそのジュニアが多く、町内会や子ども会の活動も盛んだった。その町内の外れから道路を一本隔てたところに、立派なグラウンドのある学校のような建物があった。「かんのんこう」という施設の名を、誰から教わったのか記憶は定かではない。小学校の学区が違ったこともあり、そこで暮らす子どもたちと接する機会はほとんどなかった。とはいえ、家族と離れて暮らす子どもたちのための場が身近にあったことは、自身や周囲の家庭環境が当たり前ではないことを知るきっかけだったと思う。

「かんのんこう」こと、感恩講児童保育院は、一九〇五（明治三八）年に設立された。旧市内から現在地へ移転したのは、一九六四（昭和三九）年。旧施設の周辺が繁華街となったため、児童の環境面に配慮してのことだったという。現在地の寺内地区は、旧市内の北西に位置する。一九四一年に秋田市に編入されるまでは、寺内町という自治体だった。

秋田市の出身だけに、地元の研究ですね、と言われることが少なくない。けれども、移転後の感恩講児童保育院の近くで育った私にとって、旧市内は、休日にデパートや大型スーパーへよそ行きで出かけるような場所だった。研究者の道に進んでからは、調査研究を通じて、旧市内と寺内地区との歴史的背景の違いを確認していくことになった。本書の脚注にあげた、茶町梅ノ丁町内会編『茶町遠くて』（一九九九年）や辻國四郎氏編『亀花の系譜』（辻家家史研究会、一九八一年）などには、旧町や家の由緒が記されている。旧市内には、口承などで伝えられてきた豊かな記憶や歴史がある。よそ者が著した本書は、そうした地域の歴史的な文脈にどこまで近づくことができたであろうか。そして、そこから近代日本の都市や社会の歴史をどこまで論じられたであろうか。読者の方々のご批評を待ちたい。

「かんのんこう」と出会い直したのは、研究者の道に進んでからだった。これまでの研究生活では、多くの方々にお世話になってきたが、安田常雄先生、趙景達先生に特にお礼を述べなくてはならない。明治大学の博士前期課程に進学し、お二人の先生に出会えたことは大きな幸運であった。民衆史・思想史はもちろん、安田先生には戦後思想や「思想の科学」の学問的な深みを、趙先生には東アジアの視座を教えていただいた。ゼミとその後の酒席での延長戦を通じて、両先生から学んだことははかりしれない。

東京都立大学の博士課程では、源川真希先生にお世話になった。私が進学した二〇〇三年、東京都は「大学改革」を強行した。源川先生は「大学改革」に毅然と対峙しつつも、研究の手を休めることなく都市史・政治史・政治思想史の成果を次々と発表された。先生のお姿から、研究者として、大学人として多くのことを学ばせていただいた。

これまで数多くの研究会にお世話になってきたが、とりわけ福祉社会研究会での出会いや学びなしには、本書をこのような形でまとめることはできなかったはずである。

研究者を志す上では、早稲田大学の学部時代に牧原憲夫先生、外園豊基先生と出会ったことが大きかった。学部三年生の時に受講した牧原先生の講義を通じて、私は近代史研究の魅力を知った。講義後に先生のお話をうかがったことも、大学院進学を意識する大きなきっかけとなった。卒業研究で挫折して就職したものの進学を諦めきれなかった私を後押ししてくださったのが、在学中にゼミでお世話になった外園先生だった。「大川は、進学してもいいと思う」という先生の言葉は、当時の私にとって唯一の拠り所だった。亡くなられた両先生との出会いなしには、研究者の道を歩むことはなかった。

お名前を記すことができなかった先生方、院生時代をともに過ごした皆さん、研究会でお世話になった皆さんにお詫びと感謝を申し上げたい。本書が先生方や研究仲間から頂戴した学恩にどこまでお応えできたのか、甚だ心許ないが、今後も研究を続けていくことで少しずつでもお返ししていきたい。

現在の所属先である神奈川大学には、二〇二二年度に国内研究の機会をいただいた。この贅沢な時間なしには、本書をこのような形で完成させることはできなかったと思われる。貴重な機会をいただいたことに感謝したい。

本書の出版に際しては、有志舎の永滝稔氏にお世話になった。また、明治大学大学院の後輩である山崎聡氏には、草稿を通読したうえで貴重なご助言や批評をいただいた。この場を借りて感謝を申し上げたい。

最後に、私のこれまでの研究生活を支えてくれた両親と妻、長男、長女に感謝の意を伝えて、本書の結びとしたい。

二〇二四年六月

大川　啓

索　引

〈事　項〉

あ　行

か　行

さ　行

た　行

な　行

は　行

ま　行

や　行

ら　行

〈人　名〉

あ　行

か　行

さ　行

た　行

な　行

は　行

ま　行

や　行

わ　行

大川　啓（おおかわ　ひろむ）
1974年生まれ。
1998年、早稲田大学教育学部社会科地理歴史専修卒業。2003年、明治大学大学院文学研究科史学専攻日本史学専修博士前期課程修了。2010年、東京都立大学大学院人文科学研究科史学専攻博士課程単位取得退学。博士（史学）。
現在、神奈川大学国際日本学部・大学院歴史民俗資料学研究科教授。
主要著作：「民衆運動と近代社会―1890年の高岡市周辺地域における米騒動を中心に―」（『日本史研究』第690号、2020年2月）
「米騒動と女性仲仕集団―旧富山県中新川郡東水橋町における聞き取り調査の記録を中心に―」（伊藤俊介・小川原宏幸・愼蒼宇編『「下から」歴史像を再考する―全体性構築のための東アジア近現代史―』有志舎、2022年）
「米騒動と体験者の語り―旧富山県中新川郡東水橋町を対象として―」（『常民文化研究』第1巻、2023年）

「慈善」と「不穏」の近代社会史

2024年9月30日　第1刷発行

著　者　大川　啓
発行者　永滝　稔
発行所　有限会社　有　志　舎
〒166-0003　東京都杉並区高円寺南4-19-2、クラブハウスビル1階
電話　03-5929-7350　FAX　03-5929-7352
https://yushisha.webnode.ne.jp
振替口座　00110-2-666491
DTP　閏月社
装　幀　野田和浩
印　刷　モリモト印刷株式会社
製　本　モリモト印刷株式会社

ISBN978-4-908672-77-4